天津社会科学院2014年度后期资助项目

汤用彤
与现代中国学术

TANG YONGTONG
AND MODERN CHINESE ACADEMIC RESEARCH

赵建永 著

人民出版社

序

　　赵建永博士在用彤先生学术研究领域的探求与钻研已有 17 年的积累，本书就是他在此基础上潜心写成的总结性专著。他长期在我身边学习、工作，因此我对他的学识有较深入的了解。自 1996 年他来北京大学哲学系，就已读过用彤先生的不少著述，常写些札记，颇富新意。随后，他做我的学术助手，协助整理出版《汤用彤全集》7 卷本。接着，又进行续编的校理和研究，十数载如一日，做了大量工作，这也使他在学术上有很大提升。为确保编校质量，他精心搜集和查阅国内外有关研究资料数千万字，在研究用彤先生学术思想方面积累了海量的背景知识。其用功之勤、治学之实，自不待言，而其广博基础上的精专，尤为可贵。

　　该书正式动笔迄今已达十年之久，诚为十年磨一剑的学术精品。作者一心向学，笃志精勤，书中各章皆厚积薄发，时发前人之所未发，字斟句酌，精益求精。该书先总论用彤先生的学术人生及其文化观，再分儒学、西学、佛教、道教、玄学与三教关系等章来系统论述他对中国学术的贡献，思路清晰，层次分明。全书以用彤先生与现代中国学术转型为落脚点，视野宏阔，角度新颖，论证有力，内容翔实。在方法、观点、材料等方面多有创新，体现出作者深厚的理论功底和学术素养。该书昭示了用彤先生学术思想研究进入新阶段，必将对中国哲学和学术史研究的深入发展起到重要作用。下面略举三点，以见一斑。

一、读用彤先生所读之书的独特方法带出研究的新视角

该书一大特色是基于对用彤先生全部著述的研究，结合我保存下来的家传藏书，采用读用彤先生所读之书的方式，力图穷尽这项研究的所有重要资料，以拓展汤学研究的深度和广度，从而加深对学衡派和现代中国学术的认识。由读原著而读作者，进而读其所读之书。这种方法可谓读懂、读透用彤先生的无上法门。赵博士在核校《汤用彤全集》引文时，饱览了用彤先生当年所阅万卷经史，能够拥有这般定力，长年坚持使用此种方法来治学，可谓难得。他创造性地运用读用彤先生所读之书的独特方法深入钻研，系统阐述了用彤先生在中外文化领域的开拓之功，认为用彤先生的学术史研究与其对外来文化中国化规律的探索是同一问题的两个方面。该书提出的此类观点深化了学界对用彤先生考证学的认识。

该书将用彤先生研究置于 20 世纪世界文化发展的背景下，以外来文化中国化过程为着眼点，提出从学术范式和学科建设的角度研究用彤先生的新视角，并从多方面论析他所开辟的学术新疆域，以期更好地把握其学术思想以及中国人文学科发展的有关内容。如：（一）阐论用彤先生关于中国佛教发展的三期划分，实际上也是印度佛教中国化过程的三个阶段，体现出不同文化由冲突到融合的规律。（二）通过对用彤先生关于三教关系及理学缘起的研究，不仅梳理了宇宙论到本体论的变迁脉络，而且发掘出本体论到心性论的转变轨迹，这是中国哲学发展史的一条基本线索。该书掌握文献充分，观点独到，特别是用跨学科的比较方法来分析三教异同，颇具创见，可以说为三教关系研究提供了一种新视角。

二、提供对用彤先生与中国学术相关领域研究更为深刻的理解

该书系统考察了用彤先生对新学的认知与反思，对其文化、道德、教育等思想进行深入挖掘，从一个侧面来加深对学衡派、新儒家、新道家及人文佛教的认识。针对学界关于用彤先生是属于学衡派，还是儒家、道家和佛家的争论，该书认为论者往往仅抓住用彤先生兼容并包的学术品格之一侧面而将其定为某家，难免顾此失彼，但这一现象却表明了用彤先生与论衡百家、自成一家的学衡派理想的联系。其实，在用彤先生所达到的公允圆融的境界里，它们都是相通的。

在用彤先生与现代中国学术关系方面，用彤先生及其师友们作为20世纪的学术大师，是近年学界所关注的热点，但联系用彤先生进行比较研究的还不多见。故而该书尽可能客观地比较用彤先生与其师友及后学学术思想和方法的异同，探寻其中所蕴规律性的成功经验。这方面研究的总结对于培养大师机制的探索和中国路径的探讨，以及中外文化关系研究皆有启迪意义。

三、重新诠释旧材料，发现新材料，提出新观点

该书对用彤先生的著作进行全面的疏理，发现了大量新史料，对于学人了解其为人为学，提供了一条捷径。赵博士在研究过程中，陆续发现出用彤先生的很多留学手稿、教学讲义及各类未收入现版《全集》的文章。该书系统展示了用彤先生对东西哲学的学习、研究和教授之经过，考辨出用彤先生开设的课程和研究领域中哪些属于首创，并通过对这些教研成果的整理，呈现出我国哲学、宗教学等学科从无到有、由微至著的发展历程。

用彤先生在毕生教学与研究中留下的大量未刊文献，是现代学术史的重要原始资料。用彤先生的藏书和手稿常写满了其与师友们的批注和题记，属于中外学术史研究的第一手材料。要想获得有关学术史的新

知，必当从这类原始性文件中取材，并据以提出新问题，再尝试加以解决。我一直期待看到一部用这种方法著成的学术史。而该书梳理这类内容，对于全面理解用彤先生的学术思想，更好地把握中国文化的发展，瞻望未来的文化建设，都具有示范作用。

总之，鉴于以往关于用彤先生的研究多集中在佛学领域内，该书把重点放在前人研究不足和未及涉猎的领域，系统总结用彤先生对现代中国学术的影响，从整体上推进了对其学术思想及相关文化研究领域的拓展和深入。作者业已具备深厚的科研实力和良好机缘，我衷心祝愿他进取更多优质成果。

汤一介

2012 年 8 月

目　录

第一章　汤用彤的学术人生

　　——中国学术现代化进程的缩影 ……………………………… 1

第一节　思想酝酿

　　——新旧过渡 ……………………………………………… 2

　一、时代背景 ……………………………………………… 2

　二、家学渊源 ……………………………………………… 3

　三、清华立志 ……………………………………………… 7

　四、美国留学 ……………………………………………… 8

第二节　学术建构

　　——探求真理 ……………………………………………… 13

　一、初创期 ………………………………………………… 13

　二、鼎盛期 ………………………………………………… 19

　三、新时期 ………………………………………………… 34

　四、薪火相传 ……………………………………………… 38

第二章　学术思想的元理论

　　——融贯古今中外的文化观 ……………………………… 41

第一节　汤用彤与学衡派之形成

　　——《学衡》重估 ………………………………………… 42

　一、汤用彤与新人文主义 ………………………………… 42

　二、《学衡》缘起 ………………………………………… 52

第二节　汤用彤与学衡派的文化运思理路

　　——昌明国粹，融化新知 ………………………………… 63

一、汤用彤《学衡》时期的文化观 …………… 63

二、文明平等交流互鉴理论的先期探索 …………… 73

第三章　儒家研究
　　　　——新儒学的渊源 …………………………………… 83

第一节　清华时期的道德立国论
　　　　——现代新儒学先声 …………………… 84

一、古今中西之争激发的道德立国论 ………………… 84

二、以主体性人格阐扬民族文化主体性 ………… 89

第二节　理学救国论
　　　　——传统儒学的现代诠释 ………………… 97

一、道德救世说 ………………………………………… 97

二、民族文化的新开展 ………………………… 101

第三节　由礼学看文化启蒙
　　　　——新儒学、学衡派与新文化派的共生关系 …… 107

一、以公允心态阐释礼学现代精神 …………… 107

二、礼教观中个体价值的弘发 …………………… 112

三、中西会通新境界的开启 ……………………… 116

第四章　西学研究
　　　　——跨文化比较研究的先驱 ………………… 119

第一节　全方位深研西方哲学
　　　　——为中国现代学术奠基的历史作用 …………… 119

一、汉姆林大学时期文稿探微 …………………… 120

二、哈佛时期的哲学研究 ………………………… 130

第二节　宗教学研究
　　　　——开创中国现代意义上宗教研究新局面 ………… 137

一、《宗教学专辑》研究 ………………………… 138

二、《哲学专辑》里的宗教问题 ……………… 147

第五章　佛教研究
　　　　——创立中国佛教史学科 …………………………………… 150
第一节　印度学研究
　　　　——奠基我国印度学学科 ………………………………… 150
　一、治印度哲学的过程 …………………………………………… 151
　二、《印度哲学史略》的成书 …………………………………… 154
第二节　中国佛教史研究
　　　　——中国佛教史研究体系的创立 ………………………… 157
　一、治佛教史的历程 ……………………………………………… 157
　二、汤著佛教史体系的主题 ……………………………………… 168
　三、汤用彤在现代佛教学术史上的地位 ………………………… 174
第三节　治中国佛教史门径
　　　　——《高僧传》研究的方法论意义 ……………………… 182
　一、《高僧传》对汤著佛教史的基础作用 ……………………… 182
　二、高僧人格精神对汤著佛教史的影响 ………………………… 187
　三、校理《高僧传》 ……………………………………………… 191

第六章　道家、道教研究
　　　　——奠基道教史学科 ……………………………………… 199
第一节　佛道论衡下的《太平经》考证研究
　　　　——道教研究的基石 ……………………………………… 200
　一、《太平经》和道教的前奏 …………………………………… 200
　二、《太平经》出世真伪考 ……………………………………… 203
　三、《太平经》与佛道关系 ……………………………………… 205
第二节　武则天与佛道教关系研究
　　　　——初唐宗教史的开拓 …………………………………… 213
　一、武则天与佛教关系 …………………………………………… 213
　二、武则天与道教关系 …………………………………………… 218
第三节　汤用彤道教研究的意义
　　　　——道教史学科的草创 …………………………………… 228

一、治学的道教转向 ·· 228

二、现代新道家的于启 ·· 232

第七章　玄学研究
　　　　——开创魏晋玄学与三教关系研究 ··············· 239

第一节　魏晋玄学的开创历程
　　　　——哲学断代史研究的典范 ····················· 239

一、《魏晋玄学论稿》的结集 ·························· 240

二、玄学研究的影响 ································· 245

三、对汤用彤玄学研究的再认识 ······················ 249

第二节　本体论的发现
　　　　——中国哲学史研究的划时代贡献 ··············· 253

一、宇宙发生论到本体论的转变 ······················ 254

二、体用一如的阐明 ································· 258

三、本体论的研究范式 ······························ 263

第三节　本末之争与三教关系的总结
　　　　——理学发生史的考察 ························· 266

一、三教会通的契合点 ······························ 266

二、跨文化对话下梳理三教关系 ······················ 274

结语：汤用彤在现代学术史上的地位与影响 ··············· 280

附录一：汤用彤已刊论著系年 ·························· 287

附录二：汤用彤未刊稿简目 ·························· 299

后　记 ··· 308

第一章

汤用彤的学术人生

——中国学术现代化进程的缩影

　　本章评述汤用彤的生平及学术活动。由于汤用彤不喜记录自己心路历程，也很少向人谈起他的往事，且前人关于汤用彤行状的介绍都很简略。他去世虽仅五十年，但很多行迹却已模糊不清，甚至以讹传讹，众说纷纭。笔者在尽可能全面掌握第一手文献资料的基础上，结合调查访问等方法，从学术史与生活史相交融的视角，挖掘以往被遮蔽或遗忘的历史细节，重新考订汤用彤一生的治学经历和主要事迹，订正了以往的诸多误记，使历史原貌更加清晰准确地呈现出来。经过这番考察，汤用彤的学行历程和学术分期已经基本得以厘清。希冀能为学人研讨汤用彤的为人为学和为师提供便利，也希望通过这一具体的研究有助于了解一代宗师的成长道路和探索培养学术文化大师的机制。

第一节　思想酝酿

——新旧过渡

一、时代背景

汤用彤先生（1893—1964，字锡予）是享有国际声誉的佛教史家、哲学史家、教育家和国学大师，也是 20 世纪中国学术界涌现出的一批学贯东西、会通古今的大师级思想家的代表之一。他身处一个新旧过渡的时代，这种过渡体现在政治、经济、文化各个方面。汤用彤对此有清醒的自觉，他在 1916 年评论英国哲学家嘉莱尔所著《时象》（*The Signs of Time*）一书时说："中国现处精神物质过渡时代，外洋科学之法则，机械之势力均渐输入。吾人或将为此新潮之重要人物，自不可不明其利害。"[①] 汤用彤的全部思想即在这一过渡的时代背景下展开，以解决如何实现新旧顺利过渡的时代问题为其核心，并推动了这一时代学术发展的新陈代谢。其学术人生鲜明体现了时代的特点，可谓中国学术现代化进程的一个缩影。

任继愈先生说：汤用彤是"我国第一代经过近代科学方法训练的专业学者，对古代圣贤经传不那么迷信，敢于怀疑，善于推敲，他治学的条件比前代有优势。这新旧文化的结合点，在汤先生的学术著作中有很好的体现。这是他们这一辈学人特具的优势，因而他们治文史之学可左右逢源。"[②] 汤用彤治学一向致意于文化思想变迁兴衰之迹，从世界文化会通的高度融合新旧。从根本上说，其动力是源自他对国家前途、文化命运以至人生问题的深切关怀。

汤用彤致力于外来文化本土化规律的整理总结，主张在学习西方文

[①] 汤用彤：《书评四篇》，《汤用彤全集》第 5 卷，河北人民出版社 2000 年版，第 67 页。

[②] 任继愈：《〈汤用彤全集〉序二》，《汤用彤全集》第 1 卷，河北人民出版社 2000 年版，第 2 页。

化的同时，应注意本国文化的固有特点和社会环境状况，在传统与现代的整合中寻找发展之路。汤一介先生常说：20 世纪中国文化发展的大势是中国文化走向世界，同时世界文化也走向中国。方克立先生也认为："20 世纪中国哲学最重要的特点就是中国走向世界，同时世界也走向中国，出现了这样一种双向交流的运动，中西哲学交流、融合、会通成为时代的潮流和趋势。20 世纪的中国哲学，不论哪一家哪一派，要在现代中国哲学中占有一席之地，并且发生较大影响，都不能不走中西交融、会通的道路。"① 笔者认为，汤用彤就是顺应这一潮流，既出乎中国哲学之外而又入乎中国哲学之内，并加以综合创新的现代学人。良好的传统家庭教育养成的高尚道德情操和对于家国天下的忧患意识，使他时常思考如何将传统文化与现代社会结合，为今人开辟出思想的新方向。

二、家学渊源

汤用彤光绪十九年农历六月二十一日出生于甘肃省渭源县，原籍湖北省黄州府黄梅县孔垅镇汤大墩村。其家学渊源深厚，为世代书香人家，多以教书为业。这也一直影响着汤家子女们的职业选择。

（一）诗书世家

黄梅县坐落在长江北岸，对面是庐山佳胜。黄梅的汤氏家族原居江西永丰，是当地名门望族，到了汤用彤的曾祖父正谊公时已迁至湖北黄梅县孔垅镇东厢。汤用彤的父亲汤霖（1850—1914），字雨三，号崇道，晚年号颐园老人。光绪十六年（1890），他参加光绪庚寅科②殿试，登进士三甲 127 名，与廖平、文廷式同科。该科为清德宗亲政恩科，其中不少人成为参赞维新变法运动的嫡系和骨干。汤霖对新学了解和开明思

---

① 方克立：《20 世纪中国哲学的宏观审视》，《现代新儒学与中国现代化》，天津人民出版社 1997 年版，第 542 页。

② 《黄梅县志》谓汤霖于光绪十五年中进士，各种先生传记多也误为 1889 年，今据国子监进士题名碑改正。现在那块进士碑依然立在孔庙里，只是由于年久风化，上面的字迹已经有些模糊不清了。汤一介先生为汤家留下了一张进士碑拓片，还较为清晰。

想多与他们的交往有关。同年五月，经吏部掣签，分发各省以知县即用。

汤霖遂于当年赴任甘肃省凉州府平番（今庄浪县）知县。他历任渭源、碾伯、宁翔等县知县，加同知衔①，为官清正，道德学问修养很高。清光绪十九年（1893）至光绪二十三年（1897），任兰州府渭源县知县。汤用彤即出生在渭源县衙，并随父在渭源生活了6个年头。《渭源风土调查录》载，汤霖"名士风流，政尚平恕"，"民感其化，尽除险诈之风"，"在在善政甚多，邑人以汤青天呼之"，深得当地百姓的敬爱。

1906年3月，汤霖与志同道合的故友陈曾佑等在兰州创办起甘肃优级师范学堂。该学堂培养出了一批优秀学子，如西北史地学家张维、教育家杨汉公、画家吴本钧等。这是因为他对新学持开放态度，他的学生江宁吴廷燮在《颐园老人生日讌游图》的题词中有"公茂志道，劬学毋缓……九夏师资，群伦效则"之语。陈时隽1928年为《颐园老人生日讌游图》题词中回忆说："师孳孳弗倦，日举中外学术源流变迁与今古君子隐居、行义、进退，不失其正之故，指诲纤悉至尽。"可见他当时对"新学"也颇为留心，也有所认识。他不仅力主实施创办新学，而且将自己的两个儿子汤用彬、汤用彤兄弟先后送进新式学堂，这是汤霖接受新式教育的明智之举，说明他看到了时世迁流之趋势。汤霖回北京后继续传道授业，弟子成才甚众。

（二）家风传承

1911年6月13日，汤用彤与兄用彬及汤霖弟子20余人于北京万牲园为父亲庆贺61寿辰。随后汤霖门人固原画家吴本钧绘有《颐园老人生日讌游图》记此盛况。他当月25日为该图所题五百余字的跋语，可以说是他留下的最有思想价值之精神遗产，字字珠玑。今据汤府家藏原

---

① 明清时期同知为知府的副职，正五品，因事而设，每府设一二人，无定员。同知负责分掌地方政军民等事务，同知办事衙署称"厅"。清朝的地方机构是省、府（相当于现在的地市级）、县三级。康熙后，一些派驻在外分管某一事务的同知，逐渐成为主持当地政务的实际长官。

件，节录于下：

> 事不避难，义不逃责，素位而行，随适而安。固吾人立身行己
> 之大要也。时势迁流，今后变幻不可测。要当静以应之，徐以俟
> 之，毋戚戚于功名，毋孜孜于逸乐。

"事不避难，义不逃责"是全篇的主题句，诚可谓汤氏三代学人终生奉行的座右铭，也可以说是中国传统知识分子的风骨。这篇跋文高度概括了他平生融合儒道两家思想精义的为人为学旨归，足能透显出他做人处世之宗旨，亦为汤氏家风立定了规则。随后，10 月 10 日武昌起义，次年民国建立，清廷倾覆，正如他所预测。

汤一介先生回忆父亲曾对他说："祖父对仕途并无多大兴趣，而对学问颇有所求，对'汉易'有点研究，而无时间著述，深以为憾。这是因为他要为家庭糊口，而劳于吏事。"汤霖在《颐园老人生日讌游图》跋中对当时包括子女在内的同游者说：希望这是一次'可收旧学商量之益，兼留为他日请念之券"的聚会。可见，汤霖无意于"功名"，但很留意"中外学术治术的源流变迁兴失"。汤一介先生认为："这也许是祖父为什么要把我伯父汤用彬和我父亲都送入新式学堂，而希望他们在'学问'上有所成就之原因。但我祖父却不希望他们从政。据我所知，父亲和伯父汤用彬虽无什么表面上的矛盾与冲突，但他们的关系并不密切，或者是由于我父亲认为我伯父没有按照祖父的意愿在'学问'上下功夫，而对做官颇有兴趣，而在感情上有着隔膜。……从这里看，我父亲和伯父走的是两条不同道路。但祖父本希望他们都能在'学问'上有成，以补其'学不足以成名'之憾。"在"学问"之道上，汤用彤和汤一介先生都充分实现了汤霖的期望。

汤用彤中年时用"幼承庭训，早览乙部"来描述自己的家学传统教育。此处"乙部"是指史书。古代中国图书四部分类法有甲、乙、丙、丁四部类，亦即经、史、子、集四部。汤用彤早年所阅乙部史书

对其文化保守主义思想的形成产生了决定性影响，但他当年到底看过哪些史书，却罕见探讨。幸运的是，汤用彤的藏书仍由汤一介先生珍存至今。其中史籍甚丰，通过他以下所阅相关史书之简目，可略知其心路成长历程之梗概：《竹书统笺》、《逸周书》、《春秋穀梁传记》、《左传事纬》（光绪戊寅版）、《越绝书》、《战国纪年》（道光戊戌本）、《史记探源》、《史记天官书补目》（光绪十三年广雅丛书本）、《西汉会要》（光绪甲午本）、《东汉会要》、《前汉书补注》（光绪王氏刊）、《后汉书集解》（三十册，乙卯王氏刊）、《两汉三国学案》（龙溪精舍本）、《三国志集解》、《补三国艺文志》、《晋书斠注》（六十册）、《晋略》（光绪二年本）、《魏书》（明版残本）、《补宋书食货志、刑法志》（静常斋本）、《唐书》、《南汉书》、《西夏纪事本末》（光绪乙酉本）、《宋史翼》（丁未本）、《南宋书》（扫叶山房刊）、《宋元通鉴》（三十六册，文雅堂本）、《明史例案》（嘉业堂刊）、《明季北略》（琉璃厂本）、《绎史》（四十八册，康熙九年版）、《绎史补》、《百衲本已出十八史跋文汇刊》、《八史经籍志》（光绪本）、《甲骨年表》、《历代史表》（光绪十九年古香阁本）、《震旦识略》、《通志》（一一八册，乾隆十二年刊）、《通典》（四十册，同治十年学海堂刊）、《钦定续通典》（四十册，武英殿刊）等。

1908 年，汤用彤随父亲来到北京，就学于北京顺天高等学堂，接受新式教育。该学堂前身是戊戌维新时期就开始筹设的顺天府中学堂。汤用彤除了上国文课外，还学习英文和数、理、化各科。汤用彤在戊班，梁漱溟在丙班，张申府在丁班，李继侗与郑天挺在庚班，一个年级为一班。[①] 他尝与梁漱溟共读印度哲学之书与佛教典籍。稍早考入顺天学堂的梁漱溟，当时名梁焕鼎，其回忆录中多次提及汤用彤等昔日中学同窗。

---

① 郑天挺在自传里曾提到这些同学。参见由冯尔康、郑克晟编：《郑天挺学记》，三联书店 1991 年版，第 44、372 页。

三、清华立志

在清华读书时期，汤用彤已立志于学术研究，虽终日接受洋化教育，然其"稍长，寄心于玄远之学，居恒爱读内典。顾亦颇喜疏寻往古思想之脉络、宗派之变迁"。我们后面会看到，这种观念事实上一直支配着汤用彤终生的学术生涯。

1909 年 7 月，游美学务处在北京成立，同时筹备附设肄业馆，让各地考选来的学生在此学习留学相关知识。1911 年 3 月，汤用彤与吴宓分别从北京顺天学堂、西安宏道学堂考入刚成立的清华学堂中等科。张伯苓时任清华教务长兼南开中学堂监督，他常在清华食堂发表演说，给同学们留下了"和蔼明通"的印象。① 这是汤用彤与张伯苓的最早接触。1912 年 5 月，清华学堂重新开学，11 月改名清华学校。有关传记常误写为汤用彤辛亥革命后入清华学校。

汤用彤在清华期间阅读中外图书甚多，经常发表读书心得，多醒世警言和奇思妙想，揭示出社会、哲学、宗教学乃至科学的不少重要问题。如：1914 年 12 月至次年 1 月，他连载《植物之心理》于《清华周刊》第 27—29 期。文中引证现代科学发现对亚里士多德所谓"动植物俱有灵魂，惟植物无感觉"旧说作出新诠释："在动物能受刺戟而动，则谓之为有知觉。夫植物固亦然，胡为谓之无知觉耶？人恒以他人为有知者，因见其言语动作一如已也。然二者动作尤为知觉强健之证据，故下等动物能动、能适其生存，则谓之有知觉也，而于植物何以又否也？是真大惑不解矣！故吾人已知植物与动物亦有心理之知觉，知刺戟、知运动，不过知觉极简单耳。以后之发明，或可证明植物有思想、有感情、有意思，亦未可定。"现代的科学实验已开始部分证明了汤用彤早年的这些科学假想。

清华唐国安、周诒春相继任校长期间（1912—1913 年、1913—

---

① 吴宓：《吴宓日记》第 1 册，三联书店 1998 年版，第 124、127 页。

1918 年）是校务扩展，校风形成的重要时期。他们将耶鲁大学严谨求实，认真负责，处事条理，决不懈怠等精神带进清华。汤用彤深受其益，在清华打下了国学和西方语言、科学等西学的扎实基础。他 1913 年于清华学校学完中等科，接着就读于高等科（1913—1917）。[①] 他所修课程除国文与英文贯穿始终外，还包括法语、德语、拉丁文、化学、物理、数学、高等几何、心理学、历史、体育、音乐、国际法等课程。1914 年，他担任清华学校达德学会刊物《益智》的总编辑，于 1916 年至 1917 年担任《清华周刊》总编辑，遂后任该刊顾问，还曾担任 1917 届学生年级手册编辑。由于汤用彤工作出色，1917 年 6 月荣获金奖。这枚金质奖章前几年已由汤一介先生捐献给北京大学校史馆永久珍藏。

1916 年夏，吴宓于清华毕业。任继愈曾说："那时体育不及格不让毕业。诗人吴宓留学晚了一年，让他学游泳去。我的老师汤用彤，学了三年没学好，就留在清华。"汤用彤在清华 1917 年夏毕业，考取官费留学美国，因治疗沙眼和体育课游泳成绩未过关而缓行一年，以学生身份留校任国文和中国历史课教员。由是钱穆认为"其时锡予之国学基础亦可想见"。[②]沃尔科特教授曾于 1917 年至 1918 年间在清华讲授心理学和伦理学。他在 1919 年 9 月 28 日的信中写道："两年前，我在中国北京的清华学校得以深入地了解汤用彤，尽管他那时并不是我的学生——因为他在我去之前一年就已经毕业担任教员。"[③]

四、美国留学

对于汤用彤留学时期的历史，此前有关他的研究和传记大多采用《吴宓日记》和《吴宓自编年谱》的从旁记录。本节旨在整理汤用彤留学的相关档案和手稿，尝试性地重构他在这一时期的经历与学术思想。

---

① 吴宓：《吴宓自编年谱》，三联书店 1995 年版，第 100、127 页。

② 钱穆：《忆锡予》，《燕园论学集》，北京大学出版社 1984 年版，第 23 页。

③ Gregory D. Walcott to Chairman of Committee on Graduate Studies, September 28, 1919, Tang Yung Tung Student Folder, Harvard University Archives, UAV 161. 201. 10, Box 105.

（一）汉姆林再显才华

1918 年 8 月 14 日，汤用彤随同清华戊午级毕业生，乘坐上海东关码头的驳船到吴淞口外，登上"南京号"远航客轮启程，取道横滨、檀香山前往美国大陆。同船者有楼光来、李济、张歆海、徐志摩、余青松、查良钊、张道宏、程其保、董任坚、杨石先、刘叔和等一百多人，还有北洋政府公费派遣留学的朱家骅、刘半农、陈大齐、周作人、刘复、邓萃英、杨荫榆七教授，是为我国教授留学之始。

9 月 4 日，经过 21 天的航海生活，汤用彤所乘"南京号"抵达旧金山。这群踌躇满志的留学生于此挥手泣别，各奔前程。李济与徐志摩、董任坚一道，经芝加哥、纽约去马萨诸塞州乌斯特的克拉克大学。汤用彤则赴明尼苏达州首府圣保罗城所在的汉姆林大学（Hamline University）哲学系。该校创建于 1854 年，为该州历史最悠久的大学。当时清华学校规定，留学五年为期，一般是到美以后，先分派到普通的大学，完成大学毕业的课程，然后再进入有研究院的大学。

汤用彤的汉姆林大学成绩单显示，他的注册时间为 1918 年 9 月，英文名用"Yung-Tung Tang"。2004 年笔者整理汤用彤汉姆林大学文稿时，承蒙杜维明教授告知，该校当时的哲学系主任与汤月彤来美前的清华学校早有渊源。而新近汤用彤留学史料的发现，则为我们更为详细地了解其具体经过提供了可能。

汤用彤与其清华同学程其保，皆由格雷戈里·沃尔科特（Gregory D. Walcott）教授的引荐而进入汉姆林大学。1918 年 10 月出版的《汉姆林大学校友季刊》上有一则关于他们到汉姆林大学的消息："这两位中国朋友与沃尔科特博士一同来校，他们给我们所有人留下了相当良好的印象。他们都是绅士和学生。"在清华读书时，美国沃尔科特博士曾为他们教授过心理学等课，并首次在中国学生中进行智商测验。李济受其影响，对心理学也产生极大兴趣，所以在马萨诸塞省的克拉克大学选择攻读心理学专业。

到汉姆林后，汤用彤与早其一年入哈佛的吴宓经常通信联系。1918

年 9 月 20 日，吴宓日记载："迭接汤、曹诸人来函，知先后抵校。"9 月 29 日，吴宓再记："锡予近来函甚多，足见关切公私之意，甚为欣幸。"[①] 1918 年 9 月，吴宓由弗吉尼亚大学转入哈佛大学不久，梅光迪就为他讲述白璧德思想要旨，介绍他读白璧德及其同道好友穆尔（Paul Elmer More）的著作，又陪同拜谒白师。

白璧德（Irving Babbitt，1865—1933）生于美国俄亥俄州的兑顿（Dayton），1889 年在哈佛大学毕业。他不愿做德国学派专重考据的博士论文，而去巴黎大学从列维（Sylvian Levi）教授治梵文与佛教经典，并以巴黎为文艺复兴以来人文传统的故乡。1894 年回哈佛大学任教，1912 年晋升教授。白璧德学识渊博，精通法文，兼通希腊文、拉丁文、梵文与巴利文，熟悉汉文化。其学说远承柏拉图、亚里士多德之精义微言，近接文艺复兴诸贤及英国约翰生、安诺德等遗绪，采撷西方文化菁英，考镜源流，辨章学术，卓然自成一家之言。

吴宓认为白璧德的新人文主义"综合古今东西的文化传统，是超国界的"，"立论为全世界，而不为一时一地"，自己能受其教、读其书、明其学、传其业，深感荣幸。吴宓对白璧德特别崇敬，早在汤用彤来哈佛之前，久已写信告知老友自己师事白璧德，受知甚深的情况。

汤用彤在汉姆林大学期间学习了七门课程：英文写作、初级德文、心理学导论、哲学史、发生心理学、经济学和社会学，都获得优异成绩。其中，英文写作是初入美国的留学生必修的课程，其余均为汤用彤依据自己的学术兴趣选修的课程。他的英文写作得到 B，其余均为 A。现存其哲学、普通心理学、发生心理学的课外作业论文依次是 4 篇、4 篇、2 篇，成绩均在 95 分以上。

如此优异的成绩使得汤用彤成为该校优等生协会（Taalam Society）的会员，以"极高的荣誉"（magna cum laude）毕业。[②]"Taalam"为阿

---

① 吴宓：《吴宓日记》第 2 册，三联书店 1998 年版，第 13、16 页；吴宓：《吴宓自编年谱》，三联书店 1995 年版，第 208 页。

② Annual Catalogue of Hamline University，1918—1919. St. Paul：The Pioneer Company，1920.

拉伯词语，意为"年轻人，追求智慧吧"（Acquire Wisdom, Oh Youth）。该组织规定平均绩点在 88 分以上的三、四年级学生才有资格申请，1919 届毕业生中仅有七位学生获此殊荣。汤用彤勤勉好学的品格得到了大家的认可，在汉姆林大学 1919 届毕业生刊物《细画笔》（*The Liner*）上，汤用彤照片旁的评语是"他的乐趣全在书中，或阅读或书写。"① 他认真学习各门课程，如饥似渴地汲取西方文化，本科留学生活既紧张又充实，仅一学年（9 个多月）就获得文学二学位（B. A.）。当时汉姆林大学校报上面曾有两篇关于他的报道。因其学绩出类拔萃，被荐入哈佛大学继续深造。

（二）"哈佛三杰"

现在有关"哈佛三杰"汤用彤、陈寅恪、吴宓的著述数不胜数，但大都详于他们中晚年在学界的活动，而略于他们早年在哈佛大学的经历。所以，对后一方面情况感兴趣的专业学人和普通读者，每有材料不足之憾。近些年来，吴宓日记、自编年谱等资料的出版，使相关研究得以推进，而陈寅恪和汤用彤哈佛档案、留学手稿等文献的发掘整理，弥补了史料的不足。根据这些材料，我们可以在更为深远辽阔的视野里，探究"哈佛三杰"说的来龙去脉，及其在哈佛留学时的主要经过。

关于"哈佛三杰"之说的缘起，学界一般认为是当时在哈佛中国留学生中流传着这一说法。此说以孙尚扬教授之《汤用彤年谱简编》为代表，他说："（1919 年）暑假期间与吴宓同留哈佛校园，进暑校。此顷，公与陈寅恪、吴宓被誉为'哈佛三杰'"。这是关于"哈佛三杰"较早的直接文献记载。周一良先生对该说来历颇为关注，特地请教汤一介先生。汤一介答复："这一条是根据李赋宁先生在纪念吴宓先生一次会上所讲。"李赋宁还在《我与北大人》一文中写道："1937 年 11 月初，我随吴宓先生和汤用彤先生自长沙赴南岳。汤先生和吴先生是清华学堂和美国哈佛大学两度同学。加上陈寅恪先生，他们三人当年曾被称为中国

---

① Hamline University, *The Liner*, St. Paul：1920, p. 129.

留美学生中的'哈佛三杰'。"李赋宁是吴宓的及门弟子，必定言之有据。

此外，"哈佛三杰"还有两说，分别是：梅光迪、吴宓、汤用彤；俞大维、陈寅恪、汤用彤，这在后世学人的著述中时有体现。无论是哪一种说法，汤用彤都名列其中。大概当年"仁者见仁，智者见智"的同时流传着几种说法，惟后来由于第一种最合事实，而被历史所选择。根据"方以类聚，物（人）以群分"的道理，如果我们梳理清楚梅光迪、俞大维、吴宓、陈寅恪、汤用彤在哈佛大学的时间段，及其学术思想的内在联系，自可明了个中缘由。

他们五人早年同为哈佛大学最杰出的中国留学生，关系极为密切。他们归国后，除俞大维转入军政界而"出局"外，其余皆成为学衡派的中坚。吴宓与梅光迪、陈寅恪相识分别在1918年和1919年。汤用彤认识陈寅恪、梅光迪，是通过老友吴宓的介绍。而梅光迪之遇陈寅恪，则稍后于吴宓结识陈寅恪。1921年夏，吴宓赴东南大学任教，同年9月陈寅恪离开哈佛，一年后汤用彤也到东南大学。可见，他们在哈佛共处对于梅光迪来说仅1919年的三个月，而陈寅恪、汤用彤和吴宓同窗则两年多（1919至1921年）。若将梅光迪与汤用彤、吴宓并列"哈佛三杰"，于时间显然不符。因此，"三杰"以陈寅恪、汤用彤、吴宓三人并称最为合情合理，诚为实至名归。至于这一称号最早出自谁人之口，后人已无从考证。

陈寅恪、汤用彤与吴宓在1920年前后就学于哈佛大学，分别主攻比较语言学、哲学和文学。他们虽学业和性情殊异，却志趣相投，文化理念契合，初识就引为知己，相交莫逆。又因三人在哈佛中国留学生中成绩优异，学问超群，名噪校园，故而被誉为"哈佛三杰"。自此，他们便在学术上切磋共进，人生上互相支持，结下贯穿一生的深厚友情，演绎了一系列激励后学的文坛佳话，成为中国文化史上三座巍峨连峰。

1922年1月，梅光迪、刘伯明、吴宓、胡先骕、柳诒徵等人于南京东南大学创办《学衡》杂志，其宗旨为："昌明国粹，融化新知。"梅光迪在《学衡》从创刊号上撰文《评提倡新文化者》，将"胡梅之争"升级为新文化派与学衡派的对垒。汤用彤回国前，吴宓邮寄《学衡》各期并随长函至其哈佛寓所。

《学衡》创刊后，很快吸引了一群文化精英与宏通博学之士，如王国维、陈寅恪、吴芳吉、张鑫海、李思纯、浦江清、张荫麟、黄华、张其昀、向达、刘盼遂、黄节等，均为《学衡》撰稿人。《学衡》从创刊至1933年因吴宓辞职而停刊，前后达12年，成为发表文言文论与旧体诗词、批评新文学弊病，以及展开真正新文化建设的重要阵地。

由于国家对人才急切的需要和友人的热诚邀请，汤用彤放弃了继续攻读博士学位的机会，及早回国效力。汤用彤和陈寅恪等人在哈佛师从白璧德、兰曼诸硕学泰斗，其所受科学训练奠定了他们治学的基础和方向。他们留学时的手稿和所搜集的丰富藏书多幸存至今。这些厚重的文献满载着他们从哈佛学到的学术精神，具有思想启蒙和为现代中国学术奠基的划时代历史意义。

第二节　学术建构
——探求真理

一、初创期

1922年夏，由梅光迪、吴宓推荐，汤用彤应东南大学副校长刘伯明之聘，回国出任哲学系教授，随后任系主任。他的学术工作主要从协助吴宓办理《学衡》杂志，讲授东西方哲学史、宗教史，译介西方哲学、印度哲学，以及在此基础上的撰著等方面展开。此间，归国留美生逐渐成为我国教育界的主要力量，很大程度上解决了近代中国教育师资尤其是高等教育师资严重匮乏的燃眉之急，也一改过去中国高等教育多聘外籍教员甚或主持校政的现象，为现代教育的发展奠定了基础。他们中的许多人更是当之无愧的教育家，在此后的教育改革中发挥了重要作用，在中国教育史上占有不可磨灭的地位。

（一）东南大学时期

在东南大学期间，汤用彤的各项学术活动都是围绕落实学衡派的理念来展开的，因此这一阶段在他的思想分期上可称之为学衡时期。汤用彤刚回国时，恰逢欧阳竟无经过数年筹备的支那内学院在南京正式成立。1922 年 10 月 17 日，支那内学院开学于南京公园路，欧阳竟无主讲《唯识抉择谈》，一时学人云集。梁启超赴内学院受业兼旬，张君劢亦负书问学，又如吕澂、姚柏年、梁漱溟、陈铭枢、王恩洋、黄树因等，皆拜投欧阳门下学习唯识，汤用彤于课余亦前往受学。内学院初建即英才汇集，一时声誉鹊起，与太虚法师创办的武昌佛学院遥相辉映，成为全国两大佛学中心。内学院是一所由居士主持的高级佛学院，设学问、研究、法相大学三部。它开办 30 年间，培育僧俗学员数百人。

钱穆《师友杂忆》载："锡予在中大（按东南大学为中央大学前身），曾赴欧阳竟无之支那内学院听佛学，熊十力、蒙文通皆内学院同时听讲之友。"这一记述稍嫌笼统，更为具体的情况是：1920 年暑期后，熊十力没有回南开中学继续任教，而是从江西德安直接去南京，拜在欧阳竟无大师门下学佛。1922 年秋，汤用彤到内学院后与熊十力等人一同问学。1923 年，蒙文通来到内学院与汤用彤共同旁听欧阳竟无讲学。蒙文通所写《中国禅学考》等，深得欧阳赞赏。同年，北大印刷熊十力《唯识学概论》讲义，尚忠实于内学院所学。同年，汤用彤所讲《叔本华之天才主义》之概要，由学生张廷休整理成文，发表于《文哲学报》第三期。

1923 年 9 月，内学院研究部分设的正班和试学班开学，汤用彤参与主持其事。招收学员二十六人，其中正学班十人，试学班十六人。学制均为二年，试学班结业后，成绩及格可升入正学班。研究部有如现在的研究生院，实行导师制，招收学生十几人，通习唯识要典。以汤用彤博学，受聘为研究部导师。每两个月开研究会一次，发表研究成果，年终则编印年刊及杂刊。将内学院办成佛教大学是欧阳竟无的理想，由于条件尚未成熟，故先从试学班开始，由欧阳竟无、汤用彤、邱稀明、王恩洋、吕澂、聂耦庚六位导师指导。

同年，内学院院刊《内学》在南京创刊，由欧阳竟无主编。汤用彤的《释迦时代之外道》发表于《内学》第一辑。《内学》年刊是富有纯粹学术价值的佛学刊物，专门刊登国内佛学名家和学者如汤用彤、欧阳竟无、吕澂、王恩洋等人的研究心得，反映出当时佛学研究的水准。举凡收集20世纪最有价值的佛学成果和了解现代中国佛学的早期发展及其方向，必离不开此刊。此刊第四期以后，以《内院杂刊》的形式继续出版。当时各地较大的佛教团体、佛学院都创办刊物。社会上许多报纸、电台也辟有佛教副刊或专栏、节目，佛教社会影响空前扩大，大有复兴之势。

1924年，汤用彤任内学院巴利文导师。1月至6月，他指导"《长阿含游行经》演习"一课。9月至12月，他开讲"金七十论解说"及"释迦时代之外道"两课程，这两门讲义整理成文皆刊于《内学》杂志。1925年7月，自1923年9月开办的内学院试学班，在汤用彤赴南开前夕圆满结束，共有蒙尔达、韩孟钧、刘定权、谢质诚、李艺、邱仲、释存厚、释蓁觉、黄通、曹天任、陈经、黄金文、刘志远、阎毅、樊毅远、释碧纯16名学员顺利毕业。

1923年夏，庐山新大林寺讲堂正式开办暑期佛学演讲会，由太虚、王林甫、史一如等主办，并邀请汤用彤等参加主讲，黄侃、张纯一等学者亦应邀演说。太虚共讲四次：佛法略释、佛法与科学、佛法与哲学、佛法悟入渐次。办此活动有意借此平衡一下西洋教会的优势。听众除游客、佛教徒外，基督徒亦侧身其中，时生问难。由此次讲会发展而有次年"世界佛教联合会"的产生，日本及欧美诸国，均有代表出席参加，共扬佛法真义。

1924年4月，楼光来辞去东南大学英语系主任之职，受聘为南开大学英语系主任。5月，西洋文学系主任梅光迪辞职，接受哈佛大学汉语讲师之聘。三天后，东南大学校方宣布裁撤西洋文学系并入英语系。于是《学衡》诸友先后散之四方。1925 年，由于国民党与院系之间的势力斗争引发东南大学"易长"风潮，汤用彤也受到牵连，因而准备另觅大学教书。

汤用彤讲授过旧大学哲学系的大多数课程，在东南大学开设的课程有：哲学史、唯心论、行动主义、伦理学、印度学说史等。这一时期（1922—1925 年），他培养的学生有向达、陈康①、范存忠、严济慈等人。

（二）南开大学时期

1925 年 8 月，汤用彤在张伯苓的感召下，受聘转任南开大学哲学系教授、系主任。当时系主任的主要职责是商同文科主任（建校初期由大学部主任凌冰兼任，1926 年起由黄钰生担任）办理以下事项："1. 计划及研究该系学程之进行；2. 规划该系预算；3. 推荐该系教员；4. 筹划该系教科上之设备。"② 此前南开大学哲学系主要由凌冰、张彭春、黄钰生等教师兼课，汤用彤到来后便成了系里的台柱。

钱宝琮与汤用彤同年到南开，又同时与汤用彤、竺可桢一起去中央大学任教。据其长孙钱永红先生向笔者提供的钱宝琮 1952 年 8 月写的《自我检讨》中所说：他去南开任数学系教授，是因为"（南开）大学里当教授，授课钟点每周至多九小时，可以有充分时间研究数学史"。汤用彤于 1928 年 8 月 10 日致胡适函也说："私立学校较官立者安静。"由此，我们可以推测汤用彤选择南开大学任教的一个重要原因是为了有充分的时间写作佛教史。

南开大学素有"家庭学校"之誉，实行教授治校、师生合作的校务管理方针，家庭温情的魅力召唤了大批著名学者加入南开大家庭。学生会主办的《南大周刊》特邀汤用彤、范文澜、蒋廷黻、黄钰生等教授做

---

① 汤用彤在东南大学时的讲义里古希腊哲学文化占相当比重。在他的影响下陈康走上致力于古希腊哲学研究的道路。见汤一介：《汤用彤先生与东南大学》，《光明日报》2002 年 6 月 14 日。

② 参见《南开大学一览》，1923 年 6 月。

顾问，成为师生沟通、合作的重要桥梁。该刊主编开篇语中讲，所请的九位顾问"除指导一切外，并须自己做文章"。① 汤用彤应邀撰《佛典举要》发表于《南大周刊》两周年纪念号。文中前言部分叙述写作缘起，谈道："余草此篇之夜，适全校为毕业班开欢送纪念会。余于箫竹管弦声中，独居斗室，急迫书此，未始非个人之纪念也。"当时汤用彤住在校内丛树环绕的百树村（今思源堂以西，专家楼一带）一间简朴幽雅的西式平房，故称"斗室"。张伯苓在资金紧张的情况下，免费为教员提供宿舍、早餐等（约占收入 1/4），竭力营造安居乐业的环境。宿舍毗邻其平时讲课的秀山堂等学生活动的中心场所，故而撰文时能听到传来的乐声，于是将此文作为送别毕业生的纪念。

南开建校初期，学制照搬美国，存在很大弊端。《南大周刊》发表《轮回教育》一文，严厉批评当时教育制度脱离社会实际的现象②，引发了教育界的轩然大波，促成了南开逐步改变原来的西化教育模式。张伯苓制订《南开大学发展方案》，明确提出以建立适合中国国情的教育模式为目标的"土货化"③ 道路，作为日后发展的根本方针，标志着南开办学理念的成熟。汤用彤初入南开，正值"轮回教育"事件平息不久。该事件与"土货化"方针的意义在于向教育界提出了西方教育思想和制度的中国化问题。这无疑进一步促使汤用彤通过对佛教中国化变迁过程的深入探索，整理总结外来文化本土化发展的一般规律。他南开时期的讲义即是探索该问题的结晶，为南开模式的奠定贡献了自己的一份力量。

南开常邀名家来校讲演，哲学界翘楚胡适、李大钊、贺麟、梁漱溟皆欣赴讲席。汤用彤亦做过《气候与社会之影响》等讲演④。汤用彤在南开期间与学衡派的吴宓、柳诒徵及新儒家熊十力、梁漱溟、冯友兰诸

① 包寿眉：《本刊的过去与将来》，《南大周刊》第 34 期（1926 年），第 3 页。
② 笑萍：《轮回教育》，《南大周刊》第 8 期，1924 年 11 月 28 日。
③ 《南开大学校史资料选》，南开大学出版社 1989 年版，第 37—39 页。
④ 刘文英：《哲学家汤用彤》，王文俊主编《南开人物志》第一辑，南开大学出版社 1994 年版，第 157 页。

友时常往来。汤一介先生生前一直珍藏着熊十力 1927 年来南开讲学时赠给汤用彤的明版《魏书·释老志》，上有其遒劲狂放的毛笔所书"熊十力购于天津　十六年四月八日题于天津南开大学"。《释老志》是《魏书》十志之一，为作者魏收首次设立，记述了佛教在中原传播过程中与儒道等本土文化的碰撞及变革，在正史中最为详尽条理，可看作一部中国早期佛教简史。汤用彤经常参引该书，他后来开创的三教关系研究于此可见端倪。

在南开哲学系期间，汤用彤主讲过该系几乎所有课程，如西洋哲学史、现今哲学、实用主义、实用主义与教育、康德哲学、逻辑学、社会学纲要、伦理学、印度学说史、印度哲学、宗教哲学、佛学史等，为南开哲学学科的发展奠定了基础。[①] 他培养的学生，如郑昕后成为我国最杰出的康德研究专家，江泽涵则成为著名数学家、学部委员。汤用彤回南京前，南开师生为他在秀山堂举行欢送会，依依惜别。据当时《南大周刊》报道，活动内容主要有合影、演说、游艺、茶点等。[②] 此后冯文潜来南开接替了汤用彤的工作。

（三）中央大学时期

1927 年 9 月，汤用彤进入南京第四中山大学（后改为中央大学）工作，出任哲学院院长。次年，汤用彤邀请熊十力来校讲学。此间是熊十力由佛转儒，奠定其新儒学体系的关键时期。1930 年，汤用彤的一篇讲演发表于《中央大学日刊》，论述熊十力《新唯识论》及其思想的关键性转变。正是通过汤用彤的这篇讲演及其保存的熊十力讲义，学界才得以了解熊十力逐步扬弃旧论师说，形成新唯识论体系的过程。

汤用彤中央大学时期开设的课程有：19 世纪哲学、近代哲学、洛克贝克莱休谟著作选读、梵文、《金七十论》、印度学说史、印度佛教初

[①] 南开大学校史编写组编：《南开大学校史（一九一九——一九四九）》，南开大学出版社 1989 年版，第 147 页。

[②] 《南大周刊》（1927 年）第 39 期《校闻》，第 36 页。

期理论、汉魏六朝佛教史等。当时唐君毅先生得列门墙①，常与汤用彤讨论唯心论问题。汤用彤此时期（1927—1931）培养的学生还有程石泉、邓子琴、常任侠②等人。1931年夏，汤用彤受聘北京大学哲学系教授。在他推荐下，宗白华继任中央大学哲学系主任。

二、鼎盛期

（一）北京大学时期

1931年蒋梦麟正式任北大校长，聘请胡适为文学院长。他们商定，教授之聘任主要视其对学术之贡献，蒋梦麟对各院院长说："辞退旧人，我去做；选聘新人，你们去作。"于是胡适用以研究教授名义，请汤用彤至北大哲学系任教。自此汤用彤一直与胡适愉快相处共事，直至1948年底胡适南下诀别为止。究其原因当为二人均把致力于学术的自由探索置于一切之首位。

"九一八"事变以后，日本飞机在北平上空盘旋时，汤用彤依然在红楼教室里给学生讲佛教史，并蔑视说"我的声音压过飞机的声音"。新中国成立后，他的学生、时任北京大学数理逻辑教授的胡世华，在一次会上说："'九一八'事变后，汤先生在北大红楼讲《中国佛教史》，而天上的日本飞机在飞，他无动于衷，照样讲课。"当时有人认为汤先生对"国难"并不关心。笔者认为不应如此解读，而是反映了他独特的抗日救国方式。他认为天之不亡我中华，必不亡我中华文化，作为一个学者所能做的是在学术上的贡献，学人肩负着复兴民族文化的使命。因而他主张学术救国，通过文化的传承来振奋民族精神，增强抗战的信心。1935年，华北事变后，汤用彤与忧心如焚的熊

---

① 汤用彤在中央大学授课情况及所教西方哲学对唐君毅诸人的影响，参见张祥浩：《唐君毅思想研究》，天津人民出版社1994年版，第11页。

② 常任侠回忆说："在中央大学的哲学系里我只听过两位教授的课 汤用彤先生的梵文和《金七十论》，宗白华先生的歌德和斯庞葛尔，各有所得，给我在中文系所习的国学知识以外，又增加了域外的文化知识，对于学术研究，辅助我以新的发展。"常任侠：《往日的回忆》，《人民日报》1987年3月19日第8版。

十力、邓高镜①联名写信敦请胡适也出来公开反对《何梅协定》。胡适遂与北平教育界发表宣言，反对日本策动的冀察自治。

汤用彤到北大后与冯友兰、钱穆、蒙文通②、张东荪、梁漱溟、林宰平等人更是时相过从，切磋学问。汤用彤为人温润，宽厚平和，与人为善，拥有令人钦佩的人格魅力。他做学问极为谨严，对认定的学术见解颇为坚持，但与朋友聚会，他常默然，不喜争论。汤用彤与当时学者们相处友好，无门户之见。熊十力在佛学、理学问题上常与吕澂、蒙文通相左，争辩不休，然均与其相得。梁漱溟常谈及政事，亦有争议，独汤用彤"每沉默不发一语"（钱穆语），绝非无学问无思想，性喜不争使然也。故钱穆赞其为"柳下惠圣之和者"。

对于中国20世纪的哲学学科而言，汤用彤最重要的贡献并不仅是他的哲学思想、学术体系和观点，而且包括他对中国哲学学科的制度化建设所起的推动作用。1934年起汤用彤任北大哲学系主任，主持系务20多年，北大哲学学科的教学研究方向和深度均与他本人的研究和领导有很密切的关系③。他还主持文学院及校务10多年，奠定了北大文科教学研究的基础和特色。

1931年至1949年是汤用彤学术思想的鼎盛期。对中古时期中外文化关系史全面深入的研究，使他在反思文化问题时具有更成熟的会通古今中西的特性和更为厚重的文化历史感。他到北京大学后每学期开两门课，中外并授，开讲中国佛教史、笛卡尔及英国经验主义、哲学概论、

---

① 邓高镜后来生活潦倒，熊十力约集林宰平、汤用彤诸先生按月给他生活费，由任继愈汇总寄给他，直至邓先生过世。

② 1933年3月22日，蒙文通在南京致函汤用彤，谈到汤用彤佛教研究对他奉欧阳竟无之命撰写《中国哲学史》的影响，以及不同地域文化之渗透与中国文化发展的关系。信末还表达了自己身体"湿重"，适宜迁居北方的愿望。同年，经汤用彤推荐，蒙文通离河南大学，任北京大学史学系教授，主讲周秦民族史、魏晋南北朝史和隋唐史。详见蒙文通：《致汤锡予书》，四川大学历史文化学院编：《蒙文通先生诞辰110周年纪念文集》，线装书局2005年版，第25页。

③ 任继愈：《汤用彤先生治学的态度和方法》，《燕园论学集》，北京大学出版社1984年版，第32页。汤用彤在北大哲学系建设中的突出作用，详见《汤用彤与北大哲学系》，北京大学哲学系八十周年系庆筹备委员会编：《北京大学哲学系简史》，第32—34页。

汉魏两晋南北朝佛学研究（1935 年开设）等课程。1931 年至抗战前，他在北大培养的学生有任继愈、石峻、韩裕文、王维诚、王森、韩镜清、熊伟、胡世华、齐良骥、庞景仁、逯钦立等。

1935 年 4 月 13 日至 15 日，汤用彤与冯友兰、金岳霖等哲学界同仁发起成立的中国哲学会首届年会在北京大学召开，20 余名哲学家出席会议，冯友兰致开幕词，胡适介绍了哲学会的发起、经过和意义。它的第一届委员会由汤用彤与黄建中、方东美、宗白华、张君劢、范寿康、林志钧、胡适、冯友兰、金岳霖、贺麟、祝百英 12 人组成，汤用彤与金岳霖、冯友兰当选为哲学会常务理事，负责日常会务工作。他们在会上宣读了自己的研究成果，如冯友兰的《历史演变中之形式与实际》、胡适的《楞伽宗的研究》、汤用彤的《汉魏佛学理论之两大系统》、贺麟的《宋儒的思想与方法》等，标志着中国哲学家各自创立学术研究系统的时机业已成熟。

汤用彤希望把北大哲学系办成汇通中、西、印文化的学术重镇。从 1937 年该系聘任教授的名单，可以看到他的良苦用心。当时聘任讲授中国哲学的有熊十力、容肇祖，教授西方哲学的有张颐、贺麟（中西兼授）、陈康、胡世华、郑昕，并聘请印度师觉月教授来北大教印度哲学。汤一介先生认为，这点今日办大学似应注意，办学所设定的目标应比较具体，各院系的具体目标能实现，自成世界一流大学；现在我们许多大学空喊"把学校办成世界一流大学"，但缺乏比较具体的目标。

牟宗三晚年评论早期中国哲学界时说：北大"讲中国哲学以熊（十力）先生为中心，再加上汤用彤先生讲佛教史。抗战期搬到昆明，就成了完全以汤用彤为中心。"[①] 中国佛教史是汤用彤一直重点讲授的课程。他在北大主要致力于中国佛教史讲义的修订、补充。1937 年 1 月，汤用彤将《汉魏两晋南北朝佛教史》稿本（今存）交胡适校阅，胡适称"此书为最有权威之作"，并荐之于商务印书馆馆长王云五。

---

① 牟宗三：《时代与感受》，《牟宗三先生全集》第 23 卷，联经出版事业股份有限公司（台北）2003 年版，第 167 页。

1937 年夏，汤用彤陪同母亲消暑于牯岭，并与钱穆同游匡庐佳胜，读书著文。七七事变前夕，欧阳竟无召集门人于南京支那内学院设《涅槃》讲会，提无余涅槃三德相应之义，讲演对于孔佛二家学说会通的看法。汤用彤、蒙文通赴南京支那内学院主持会议。会竟，而"七七"事起，成为欧阳竟无在南京内学院讲学的终结，内学院遂转移到四川江津。

（二）西南联大时期

本节以汤用彤为代表的学者对西南联大的奠基为切入点，力图展现这一特殊历史境遇下中国知识分子的心路历程，还原他们在西南联大时的经历与风采，进而探求西南联大精神之所在。

1937 年 7 月 7 日夜晚，日军炮轰卢沟桥。中国驻军奋起抗击，揭开了全国抗战的序幕。7 月 24 日，北大全体教授为卢沟桥事变发表宣言，痛斥日军野蛮暴行。7 月 29 日，北平失陷，宋哲元逃往保定。日军入北平后，汤用彤协助郑天挺共同支撑北大残局。8 月 13 日上午，罗常培邀集汤用彤、马裕藻、孟心史、邱大年、毛子水、陈雪屏、魏建功、李晓宇、卢吉忱等人，在第二院校长室讨论如何维持校务。10 月，汤用彤与贺麟、钱穆等人同行离开北平，在天津小住数日，取海道从天津去香港，再辗转于 11 月到长沙。

11 月 1 日，北京大学、清华大学、南开大学在湖南长沙岳麓山下组成国立长沙临时大学，由冯友兰任哲学心理教育系教授会主席兼文学院长。因文学院设在南岳衡山，汤用彤旋转赴南岳。

1938 年 4 月 2 日，国立长沙临时大学正式更名为国立西南联合大学（以下简称西南联大），校址现为云南师范大学。同月，汤用彤赴蒙自联大文学院，与贺麟、吴宓、浦江清及子一雄[①]同住在校外西式二层小楼。5 月 4 日，西南联大正式开课。此间北大校长蒋梦麟自昆明来蒙自，北

---

① 11 月，中共中央长江局任命青年特派员王亚文组建联大党支部，由徐贤议任支部书记，还有党员汤一雄、张遵骧、张鹃梅、莫家鼎 4 人。党支部的领导关系，先在长江局，后在南方局。

大师生集会欢迎，有举汤用彤为联大文学院长之动议。西南联大沿袭长沙临大建制，由清华大学校长梅贻琦、北京大学校长蒋梦麟和南开大学校长张伯苓组成常务委员会，作为最高行政领导机构共同管理校务。12月21日，联大第98次常委会决议，决定由三校校长轮任常务委员会主席，任期一年，本学年由清华大学校长梅贻琦担任。后因蒋梦麟、张伯苓均在重庆任职，只有梅贻琦长期留于昆明，故没有实施轮任制度，一直由梅贻琦任主席，主导校务。梅贻琦离校期间，汤用彤曾担任联大常委会代理主席①。

1941年1月，皖南事变使国共关系十分紧张。后方白色恐怖日趋严重，盛传国民党特务已开出黑名单，即将派武装到西南联大进行大搜捕。一时风声鹤唳，人心惶惶，于是地下党决定停止"群社"的公开活动，并把许多骨干分子疏散到乡下。这时冯契便到昆明郊区龙泉镇龙头村北大文科研究所暂住，当时正师从汤用彤读研究生的王明为他在数百函《道藏》的包围中，安了个书桌，搭了个帆布床。考虑到受国共摩擦影响，联大哲学系学生刚已散去数人，汤用彤遂去慰留冯契。

有一天，汤用彤忽然来找冯契，悄悄问他："哲学系有几个学生不见了，你知道他们到哪里去了吗？"冯契说："不知道。""不会是被捕了吧？""没听说。""你不会走吧？"冯契踌躇了一下说："暂时不会走。"他叹了口气，恳切地对冯契说："希望你能留下来！"冯契晚年回忆说："这一次简短的谈话给了我深刻印象。我原来以为汤先生是个不问政治的学者，他洁身自好，抱狷者有所不为的生活态度，想不到在这严峻的时刻，他对进步同学竟如此爱护，如此关心。而且他这种关心是完全真诚的，这就使得我在感情上跟他更接近了些。"②

---

① 《西南联大常委会第375次会议记录通知》，见张爱蓉、郭建荣主编：《国立西南联合大学史料》第2卷，云南教育出版社1998年版，第439—440页。梅贻琦日记中关于与汤用彤的交往，及他们商议设置西南联大纪念碑等事，多有记述。参见梅贻琦：《梅贻琦日记（1941—1946）》，清华大学出版社2001年版。

② 冯契：《忆在昆明从汤先生受教的日子》，汤一介编：《国故新知》，北京大学出版社1993年版，第37页。

　　1941 年 6 月，国民政府教育部颁行《部聘教授办法》，实行"部聘教授"制度。由教育部直接聘任的部聘教授是当时中国教育界的最高荣誉，被称之为"教授中的教授"。其条件为：在大学任教授十年以上，教学确有成绩，声誉卓著，并对于本学科有专门著作，且具有特殊贡献者。层层筛选后，由教育部学术审议委员会全体会议给予确认。经上述程序，最终确定 29 人为部聘教授，哲学学科中仅汤用彤和冯友兰二人当选。吴宓在日记中说："此固不足荣，然得与陈寅恪、汤用彤两兄其列，实宓之大幸也。"部聘教授任期五年，可续聘。这些学者的第一个任期自 1942 年 8 月至 1947 年 7 月，经学术审议委员会 1947 年 7 月议决，这 29 人一律续聘第二个任期。

　　1941 年夏，老舍立邀到西南联大讲学，其间遇汤用彤，于是"偷偷地"读他的《汉魏两晋南北朝佛教史》，获益匪浅。不久，老舍在《大地龙蛇》的创作中，描写了一位虔诚的佛教徒形象。此后，老舍对佛教文化做了更多的思考，从长篇小说《火葬》和《四世同堂》等作品中可以明显地看出这种思考的轨迹。佛教文化对老舍平生的思想发展和创作实践的影响是极其深刻的，这是老舍平生中众多活动领域的一个重要方面，只有进一步加以探究，才能映现出一个完整的老舍来。

　　此际，日本飞机对昆明多次狂轰滥炸，殃及西南联大。为了躲避轰炸，许多教授只好到郊区农村借房子安家。当时冯友兰家在昆明龙泉镇龙头村东端，金岳霖和钱端升家住一处，在龙头村西端，朱自清和闻一多都住在司家营，汤用彤家在麦地村，处于司家营和龙头村之间，相距各约一里，一住两年多。闻一多研究《周易》，是 1937 年在南岳开始，住到司家营以后，逐渐转到伏羲的神话上。汤用彤与其毗邻，常来和他讨论《周易》里的问题，等到闻一多专研究伏羲了，才中止了他们的讨论。

　　西南联大时期，汤用彤以往主讲的许多课程多由其时已学有所成的学生接替，如"哲学概论"由郑昕、齐良骥、石峻等讲授，"康德哲学"由郑昕主讲，"希腊哲学史"、"柏拉图、亚里士多德哲学"由陈康主讲。汤用彤只讲别人没有讲过的，即使自己开设多年的课程，每次讲授仍然认真备课，修订讲课提纲，甚至重新拟写，体现着严谨求实和日新月异的治学精神。他新开讲了9门课程：印度哲学史、汉唐佛学、魏晋玄学、斯宾诺莎哲学、中国哲学与佛学研究、佛典选读、欧洲大陆理性主义、英国经验主义、印度佛学通论。必修课与选修课搭配合理，选修课门类很多，学生有很大选择余地。他以民族文化的继承、弘扬为使命，安贫乐道，耕耘不辍。教书育人注重因材施教，深入浅出，循循善诱，诲人不倦，奖掖后学，形成独特的教学风格。

汤用彤虽因贫困痛失长子一雄、爱女一平（分别于1939年、1944年病逝），心灵遭受剧创，然矢志不移，教学、著述未尝间断，为民族文化之复兴屡献硕果，培养了一批学界新人。西南联大时期，汤用彤培养的学生有石峻、任继愈、冯契、王叔岷、张世英、汪子嵩、陈修斋、王明、王利器、周法高、郑敏、宿白、杨辛、许鲁嘉[①]等，还有后来以老庄研究名世的杨柳桥先生也曾前来向汤用彤问学。

抗战期间，国民党专制独裁加剧，民主与反民主的斗争很激烈。当时昆明的学生运动日趋高涨，许多教授也投身到民主运动中去。昆明"一二·一"运动时，他为学生们的爱国激情所感动，有条不紊地展开工作，边敦促政府惩凶，边要求学生复课，对于保证此次民主运动之有理有利有节起了重要作用。"一二·一"运动期间，联大最为活跃的当属教授会。每次会议均有决议，且态度明确，措施得力。如，第二次会议"推派周炳琳、汤用彤、霍秉权三先生参加死难学生入殓仪式，代表本会同人致吊"。杨辛教授晚年回忆当时情形说："12月初在昆明有四位进步青年遭受国民党反动派杀害，激起了社会各阶层的愤怒，爆发了'12·1'学生运动，郭沫若、冯至先生写的悼诗陈列在四位烈士的灵堂，我和一介都投入了学生运动，我们写诗、画讽刺漫画控诉刽子手，这些诗、画也都悬挂在灵堂。我还在街头卖进步的学生报，并参加四烈士的出殡游行，这些

---

① 许鲁嘉是印度政府派来的研究生，跟汤用彤研究孔子思想。

活动也得到汤先生的支持!"①

1945 年 6 月,任北京大学校长十五年之久的蒋梦麟被任命为国民政府秘书长,北大校长的后继人选成为当务之急。众望所归之下,北大教授会推举汤用彤为北大代理校长。蒋梦麟也请汤用彤做代理校长,而汤用彤一再推谢让贤,诚恳劝留蒋梦麟。因蒋梦麟去意已决,汤用彤也坚辞代理校长之职,故汤用彤与北大同人周炳琳(法学院长)、张景钺(理学院代理院长)、毛子水(图书馆长)遂于 1945 年 8 月中旬,发电报劝在美国的胡适早日返校主持工作。

在胡适到任前,曰傅斯年做代理校长。傅斯年常赴渝开会,他在离校时,委托汤用彤主管北大并代理联大常委职责。汤用彤时常出席联大常委会、校务会议、教授会,与南开张伯苓、黄钰生、杨石先、陈序经、李继侗、饶毓泰、查良钊等各级领导精诚合作,共商决策。汤用彤又同南开师生在一起,对南开大学各项建设作出不可磨灭的贡献,延续着中国教育的命脉,形成了西南联大的新风格,创造出世界一流大学的成功办学模式。

(三)复校北归

抗战胜利后,由于原主要负责人大多离开昆明,傅斯年遂委托汤用彤主持北大复校,任重事繁,加之经费拮据,肩上的担子很重,尤其是聘任教员的工作。汤用彤竭尽全力,为聘任各院系教授颇费心思。经过汤用彤诸先生的努力,至 1946 年秋北平开学时,北大的师资力量已相当不错了。

1946 年 7 月 31 日,西南联大正式宣布解散,恢复北大、清华、南开三校建制。汤用彤的学生韩镜清、王维诚、庞景仁、张世英等,随南开大学复校到哲学教育系任教。他在文科研究所带的研究生杨志玖、王达津、王玉哲及杨翼骧先后至南开历史系、文学系任教,均成为本学科的学术带头人,为南开大学文科的建设与发展奠定了良好基础。

---

① 杨辛:《谁言寸草心,报得三春晖》,汤一介、赵建永选编:《会通中印西》,东方出版中心 2012 年版,第 466 页

9月20日，胡适为傅斯年卸任"代理"校长举办茶话会后，正式接任北大校长。同时聘任汤用彤为文学院长兼哲学系主任，饶毓泰为理学院长，周炳琳为法学院长，马文昭为医学院长，俞大绂为农学院长，马大猷为工学院长，樊际昌为教务长，陈雪屏（后为贺麟）为训导长，郑天挺为总务长，组建了复员后的北大领导班子。至此，北大复校大体就绪。胡适提出了《争取学术独立的十年计划》等一系列大学教育的蓝图。胡适热衷于政治活动，常在南京开会，北大校务多由傅斯年与汤用彤协理。

11月，在西南联大9周年纪念会上，胡适以自己和梅贻琦、汤用彤等人为例来说明，三校原本是"通家"，患难与共，休戚相关，合作精神应继续发扬下去。12月11日，汤用彤联同北大、清华、南开等校教授致函国民政府主席蒋介石，迫切陈言物价暴涨对国家教育与学术影响深巨，吁请政府重视教育，要求公平合理地调整教师待遇。他们希望的调整办法在原则上有两点："（一）对一般教师待遇，应按生活费指数计算，以达一合理之标准，俾足以维持安定之生活；（二）政府对各地区与各部门公教人员，不应有不公平之差别待遇。"①

汤用彤在北大工作时间最长，与老一辈学者一道为北京大学的学科和学风建设作出了重大贡献。他任北大文学院院长期间聘请张颐、贺麟、郑昕、游国恩、朱光潜、废名、季羡林等为教授。当时北大哲学系的课程，根据汤用彤的意见，除设数理逻辑外，主要是中国哲学史和西方哲学史两大类。通论性和专门性课程、必修课和选修课搭配合理。在西方哲学方面，除汤用彤的经验主义和理性主义外，还有贺麟的西方哲学史的通论课、张颐的黑格尔哲学、郑昕的康德哲学、陈康的希腊哲学（主要讲柏拉图和亚里士多德）、齐良骥的英国哲学名著选读等。汤用彤还规定哲学系学生都要学习自然科学，这对提升学子们文理兼通的素养大有好处。张岱之当年选过生物学和普通物理，认为自己在后来的工作

---

① 《北大、清华、南大等校教授要求合理调整待遇》，《南开大学校史资料选》，南开大学出版社1989年版，第687—689页。

中受益颇深。汤用彤在北大执教 34 年，在原来基础上，教学质量精益求精。这一时期他的西方哲学史教学重点讲授大陆理性主义、英国经验主义。

1947 年 7 月，汤用彤因应美国柏克莱大学之聘，请假一年。9 月，他在美国加州的柏克莱大学开始讲授《中国汉隋思想史》一课。1948 年夏，汤用彤在美国讲学满一年后，又收到哥伦比亚大学的聘请，治学条件和生活待遇远非国内大学可及。但因他对故土的眷恋，又因他与胡适有一年之约，故决定谢绝邀请，义无反顾地返回了行将解放的祖国。他和一年前回国时的冯友兰心情一样，日常吟诵得最多的是王粲的《登楼赋》："虽信美而非吾土兮，曾何足以少留？"

1948 年秋，中央研究院经过反复筛选，产生了中国的第一批院士 81 人，皆国内一时之选。9 月 21 日，汤用彤与冯友兰一起到南京出席中央研究院第一届院士会议，二人在会上又共同入选评议员（即常务委员，属人文组哲学门）。23 日，他们又出席中央研究院成立 20 周年纪念会，与众院士集体合影今存。

（四）主校北大

1948 年底，胡适南下时委托汤用彤等人维持北大。胡适一走，北大教授会随即召开会议，决定成立校务委员会以主持学校各项事宜。通过选举，深孚众望的汤用彤被推选为校务委员会主席，成为事实上的北大校长。尽管汤用彤素喜清净，不愿卷入行政事务，此前也曾多次坚拒做校长，然而在此重大历史关头，他挺身而出，临危受命，义无反顾地挑起重任，行使校长之职，充分表现了"事不避难，义不逃责"的高风亮节。

此后，汤用彤收到政府派人送他的两张机票。他的去留和态度势必影响其他学者的选择。若其南下，学者们或将蜂拥南去，而刚刚成立的北大管理机构也将面临解散。经地下党竭力挽留，加之师生们的信任，汤用彤决定留下来，履行校长职责，与北大师生共济时艰。在其影响下，北大等校绝大多数教授也选择了留下。

围城中，北平地下党发动各界群众，开展和平解放北平运动，使和平解决北平问题成为当时人民群众的一致要求。陈国符等北大教授纷纷集体上书和平请愿。1949 年 1 月中旬，在北平和平抉择的最后关头，傅作义托华北伪"剿总"副总司令邓宝珊将军出面，通过《大公报》记者徐盈邀请汤用彤、郑天挺、周炳琳和杨振声在邓家吃午饭，探询教育界对局势的意见，以作定夺。大家一致认为，必须保全北平，以民意为依归（即和平解放），邓亦表示赞同。几天后，傅作义又在更大范围内约请北大等校文教界名人 20 余位到中南海座谈，大家亦皆如此表示。当天散会后，傅作义正式指示同意与解放军签订和平协议。在中共的耐心工作及各界开明人士的开导和敦促下，傅作义终于下定决心顺应人民的意愿。

傅作义有儒将之风，素敬重文化教育界人士，常虚心求教。这是他不同于其他国民党将领的明智之处。在此关键时刻，倾听民意作决策是需要魄力的。因为他不仅要安定全市二百万人民，更要应付市内的蒋系军队和特务。这两次聚会，傅作义不仅是在集思广益，在某种程度上也是让这些社会名流替他做工作，为其宣传拟采取的和平行动。到月底，傅作义召集各大学及其他机关负责人宣布和平解放之事，并说次日晨有飞机去南京，愿走的仍可以走。汤用彤决意坚守岗位，保护学校，迎接解放，领导北大度过新旧更替的关键时期，把北大完整地移交到人民手中。2 月 3 日上午，解放军举行盛大的入城式，北大组织师生上街列队热烈欢迎。同日，汤用彤代表北大，接受新政权管理。

解放军入城后，北平市军事管制委员会文化接管委员会召集各校代表开会，北京大学由汤用彤和郑天挺参加。2 月 28 日，文管会主任钱俊瑞等十人到北大，与汤用彤及师生员工代表在孑民纪念堂开会，商谈接管及建设新民主主义的北京大学诸问题。当天下午，接管大会在民主广场举行，汤用彤致辞表示欢迎。北大的接管可以说是成功的，它对全国其他大学的接管起到了良好的示范和安定作用。

为加强集体领导，更加有效地推行和改进校务，北京大学于 5 月 4 日，成立了由汤用彤、许德珩、钱端升、曾昭抡、袁翰青、向达、闻家驷、费青、樊弘、饶毓泰、马大猷、俞大绂、胡传揆、严镜清、金涛、杨振声、郑天挺、俞平伯、郑昕等十九位教授，两位讲师、助教代表俞铭传、谭元堃，两位学生代表许世华、王学珍，共二十三人组成的校务委员会。汤用彤任常务委员会委员兼主席，每月给予相当于1500斤小米的优厚待遇。

5月9日，文管会宣布：派驻北大的军管代表和联络员，因校务委员会的成立而决定撤销。新一届校委会较胡适刚走后的校委会人员①多有增加，当与汤用彤所说"还是人多些好"的建议有关。同日，周恩来到北大，在孑民堂与汤用彤诸教授座谈②，并由周恩来主谈新民主主义教育和外国文化中国化等问题。他的为人、气度和见识让汤用彤深感敬佩。周恩来十分熟悉和理解知识分子，与汤用彤一直保持着联系和友谊。③

5月13日，北平市军事管制委员会主任兼北平市长叶剑英正式任命汤用彤为北京大学校务委员会主席兼文学院院长。6月1日，华北人民政府主席董必武任命汤用彤、黄炎培、郭沫若、徐特立等人为华北高等教育委员会委员④。

当时北大不设校长，亦未实行后来的党委负责制，校务委员会遂成为北大最高领导机构。这种情况一直延续到1951年马寅初来接任校长后为止。因此，在北大校史上，都把汤用彤排在胡适之后、马寅初之前的校长行列，成为北京大学第二十二任校长。而且，汤用彤既是"老北大"的末任校长，也是"新北大"的开山校长。从孙家鼐出任管学大

---

① 汤用彤现存遗稿中有一份他任北京大学校务委员会主席时领导集体成员名单的手写稿，其中有副主任钱端升、王学珍、汪家缪及干事李天授等，并含分工。自胡适走后到次年5月4日期间的校委会组成情况，校史研究上往往付诸阙如，而这份名单则可填补这一空白。汤用彤留下的相关文献和实物具有珍贵的文物价值，对于研究北大校史和中国现代教育史有一定意义。

② 参阅中共中央文献研究室编：《周恩来年谱（一八九八——一九四九）》，中央文献出版社1989年版，第826页。

③ 参阅中共中央文献研究室编：《周恩来年谱（一九四九——一九七六）》，中央文献出版社1989年版，第174—175页；金冲及：《周恩来传》，中央文献出版社1998年版，第1188—1191页。

④ 召开成立大会的函件及汤用彤的委任状，存北京大学档案馆，案卷号：2011949006。

臣，到汤用彤担当校务委员会主席，百余年的北大历史，至此刚好半个世纪。

新中国成立初，政府对各校采取"接而不管"的政策，北大各项事宜仍由汤用彤负责。他以"事不避难，义不逃责"的精神为建设新北大颇费心血，以至于不得不忍痛舍弃了自己钟爱的学术研究。汤用彤主持的校务委员会工作十分繁忙，除领导学校日常的教务、行政、后勤工作外，还要筹建工会等组织，开展新民主主义学习运动，组织师生员工参加各类游行及声援抗美援朝等活动，并经常请中央领导、知名人士、战斗英雄来做报告。汤用彤曾邀请陈毅、陆定一、周扬、谢觉哉、艾思奇、范文澜、胡绳等到北大做讲演，并聘请卞之琳、张志让、沙千里、千家驹、沈志远、楚图南、何干之、薛暮桥等专家来校任教。上述专家任教聘书和名人演讲等各项学校活动在北京大学档案馆都有详细记录。从现存档案中汤用彤批示的大量文件可略窥其繁重校务之一斑。这批档案连同汤用彤家藏遗稿的发掘整理将为重新发现汤用彤、研究北大校史和中国教育史乃至文化史提供丰富的史料，并开拓出新的途径。

1949 年 9 月 21 日，中国人民政治协商会议第一届全体会议在中南海怀仁堂隆重开幕，汤用彤作为"中华全国教育工作者代表会议筹备委员会"的代表出席了大会。

在筹备新北大第一次校庆之际，应学生会的要求，经汤用彤和郑天挺协商同意，决定以北大全体师生的名义，给毛泽东写封信，请他回来参加校庆，并请他给北大校徽题字。信于 12 月 12 日发出，当时毛泽东正在访苏。次年他回京不久即于 3 月 17 日，把亲笔书写的校徽题字函件，经中共中央办公厅秘书室送到了汤用彤的校长办公室。北大校委会当即决定在全校师生中广泛征求校徽图案，随即制成长 4 厘米、宽 1.5 厘米，印有红底白字和白底红字两种长方形校徽，分别由教工和学生佩戴，并沿用至今。这是毛泽东第一次为高校题写校徽，反映了他对北大的特殊情怀。从 1917 年蔡元培请鲁迅设计并书写篆体"北大"两字的竖牌校徽到毛泽东题写的"北京大学"横牌校徽，这两枚校徽的延续历程，从一个侧面反映了北大的光荣历史。

在新北大首次校庆的前一天，《北大周刊》刊出汤用彤纪念校庆51 周年的文章，一方面批评老北大的"为学术而学术"脱离现实的弊端，一方面力图重新阐释"兼容并包"口号。[①]1949 年 12 月 17 日上午，北大在三院礼堂举行 51 周年校庆纪念大会，教育部副部长曾昭抡、中宣部副部长徐特立到会祝贺。汤用彤致开幕词，回顾了北京大学的历史，特别是再度着重分析了蔡元培校长提出的"兼容并包"在当时历史条件下所起的进步作用。他说，今天，按此精神，凡古今中外有利于人民利益的文化均可包容，而帝国主义和封建主义之流毒则不能兼容。愿全体北大人在怀念过去、瞻望将来之际，同心协力担负起建设新民主主义文化教育的任务。针对当时与老北大传统彻底决裂的激进主张，汤用彤总是维护和发扬蔡元培"兼容并包"的思想，力图阐明在尊重历史连续性的前提下，寻求新机制在旧体制内的渐进成熟的规律，以实现新旧思想的平稳过渡。历史的发展证明，这正是实现传统教育现代转化的最为稳妥和有效的途径。

1950 年 5 月 4 日，汤用彤新作《五四与北大》发表于《文汇报》第 8 版。由于新北大的校务委员会成立于"五四"运动三十周年纪念日，又鉴于原校庆日 12 月 17 日，天气太冷、期末较忙等原因，1951 年12 月，经汤用彤提议并最终确定以每年的 5 月 4 日为北大校庆日。这样既能发扬"五四精神"，又利于校友返校。汤用彤自早年留学时即积极支援国内的五四运动。他晚年的一篇读书札记末尾，将日期记为"5·4前一天"而不写当日的日期。这都从一定意义上说明了他对五四精神的契赏。

当新北大的运行基本步入常规后，汤用彤多次提出辞职，并推荐李四光来接任北京大学校长，但他因就任中国科学院副院长等职而改成马寅初。北大校史上把汤用彤长校离任时间定在 1951 年 9 月，而马寅初

---

① 汤用彤：《纪念解放后第一次校庆》，《北大周刊》1949 年 12 月 16 日。

就职校长典礼则为 1951 年 6 月 1 日。这看似矛盾的日期，实际上反映了北大领导机制过渡时期的特点。1949 年初到 1951 年 5 月期间，北京大学公函中校长一栏只由汤用彤签名，而 1951 年 6 月到 9 月间公函的校长一栏往往由马寅初和汤用彤同时签署，亦可说明北大当时领导班子的过渡情况。①

1951 年 6 月 18 日，教育部通知北京大学，政务院第 89 次政务会议已通过汤用彤为北京大学副校长，除提请中央人民政府委员会批准任命外，请即通知先行到职。② 9 月 3 日，经中央人民政府委员会第 12 次会议通过，毛泽东主席亲笔签发"府字第 3984 号"令，正式任命汤用彤为北京大学副校长，至此北大圆满实现了领导体制的新旧更替。

此后，汤用彤负责主管基建③和财政，助手为张龙翔④，虽学非所用，仍勤恳工作，直到病逝。另一副校长由党委书记江隆基兼任，实际上汤用彤也兼管教学和科研。他同时继续兼任文学院长，并在钱端升外出参加土改期间曾任代理法学院长。这一时期，北大师生心情舒畅，朝气蓬勃，干劲十足，都希望为新北大尽一点自己的力量。全校充满着喜气洋洋的气氛，北大各项建设也都取得了长足进展。

总之，汤用彤主校期间，顺承历史使命，继往开来，使北大历史翻开了新的一页。在此过程中，他为保护学校安全、维护北大学风、推动学校改革和学科建设、优化教师队伍、争取各界对北大的支持、响应国家需要、配合统战等工作尽心尽力，使得北大渡过了新旧交替、革故鼎新的关键阶段，为北大的新生立下了不朽的历史功勋。我们综观汤用彤一生的思想和作为，正是百年来"中国梦"和"北大梦"的鲜明体现，

---

① 汤用彤接待马寅初校长到校就职的材料，详见北京大学档案馆，案卷号：2011951004。

② 王学珍、王效挺、黄文一、郭建荣主编：《北京大学纪事》，北京大学出版社 1998 年版，第 436 页。

③ 笔者在"汤用彤学术讲座"上，曾听到任继愈回忆说，"中关村"（原名中官村）之名就是由汤用彤先生在主持北大校园规划时定下的。

④ 张龙翔（1916—1996），生物化学家。1946 年起，历任北京大学化学系、生物学系教授、副校长。1981 年 5 月至 1984 年 3 月任北京大学校长。

研究汤用彤长校期间的北大校史，对于我们今天继续"实干兴校"，更加执着地加快建设世界一流大学，为民族伟大复兴及人类文明发展作出新的贡献，从而共圆"中国梦"和"北大梦"有着非凡价值和深远意义。①

三、新时期

北平解放初，由"新哲学会"和"中国哲学会"发起组建全国性的中国哲学研究会。张岱年回忆说：该会主要由汤用彤先生和胡绳先生领导，每周座谈一次。在一次座谈会上，汤用彤建议在北大清华等校开设"近代思想史"课程，内容不分中西，既讲中国的，又讲西方的。他在一次课程讨论会上说："我们一定要把工作做好，一定要把工作做好！"态度非常恳切，听者深受感动。北大课程改革时，汤用彤的课程全部停开，而开始认真学习研究马列主义。他关于日丹诺夫哲学史讲话的笔记今存。可惜他忙于处理校务，无暇将隋唐佛教、魏晋玄学等讲稿扩充整理成书。

1952 年秋季，全国高校实行了院系调整。北京大学自城内沙滩，搬到西郊风光秀丽的燕园，融进了清华大学、燕京大学等校的文理科，组成了一个新的综合性大学。经济学家马寅初任北大校长，汤用彤任副校长，原清华校务委员会副主任、教务长、物理学家周培源任教务长。10 月初，江隆基自西北抵达阔别多年的母校，任第一副校长，主持学校的日常工作，不久又兼任党委书记。他负责主管教学改革及思想政治教育，实际上汤用彤也兼管教学和科研。几位举世闻名的大学者、大科学家和一个党内资深的教育家，共同组成了北京大学坚强的领导班子，从而开创了北京大学的一个新时代。

汤用彤治校的特点之一是以人格魅力团结人才。院系调整后，全国的哲学专家一度皆调集到北京大学，他作为校领导尽力做好团结工作。

① 参见赵建永：《胡适南下时致汤用彤函考述》，《北京大学学报》2013 年第 3 期。

张岱年回忆说："汤先生以博大的胸怀、诚挚的态度，使哲学界同仁都感到温暖。汤先生的高尚的情操，令人至今感念不忘。'①

经过解放初的知识分子思想改造、全国院系调整和"三反"、"五反"等运动，到1954年学校的教学秩序初步稳定。汤用彤遂提出大学虽以教学为主，但也要积极开展科学研究的主张。为此他筹备创办《北京大学学报》，开展学术上的自由论辩以推动科学研究工作，并亲自积极组稿。侯仁之先生告诉笔者，他发表在《北京大学学报》创刊号上的那篇关于北京水资源研究的论文，就是汤先生向他约稿而写成的。文中首次提出的问题至今还是北京城市发展的首要制约因素。

1950年10月12日，汤用彤被聘请为中国科学院专门委员。郭沫若院长颁发的"院人字第3096号"聘书今存。1953年，汤用彤兼任中国科学院历史考古委员会委员。历任第一届全国政协会议代表、第三届常委（政协主席是周恩来），第一、二、三届全国人大代表。

1955年2月，《历史研究》创刊号出版。毛泽东为该刊提出"百家争鸣"的办刊方针。第一届编辑委员会成员有郭沫若、尹达、白寿彝、向达、吕振羽、杜国庠、吴晗、季羡林、侯外庐、胡绳、范文澜、陈垣、陈寅恪、夏鼐、嵇文甫、汤用彤、刘大年、翦伯赞，体现了新中国史学家强大的合力。历任主编有尹达、黎澍、庞朴、徐宗勉等。1955年3月，《哲学研究》创刊，由中国科学院哲学研究所编辑出版，汤用彤、冯友兰等人任编委。1955年6月，中国科学院学部委员会成立，汤用彤被选为哲学社会科学部学部委员。

1957年5月27日，汤用彤向中国科学院学部委员会第二次全体会议递呈书面发言，此发言稿由助手汤一介先生笔录而成。发表于《光明日报》的汤用彤发言稿摘要以《改善科学院和高等学校的关系——在科学院学部会议上的书面发言》为题，文中批评了科学院、高等院校及生产部门相互隔离的现象，认为这"实质上是宗派主义"并提出具体

---

① 张岱年：《深切怀念汤锡予先生》，汤一介编：《国故新知》，北京大学出版社1993年版，第41页。

意见。

1954 年 11 月 13 日，汤用彤与冯友兰等人同往人民日报社开会后患脑出血。经马寅初请卫生部长组织苏联专家会诊，特护治疗数月方脱险。此后，他长期卧病，撰写文章多由任继愈、汤一介先生协助，但仍谆谆教导后学，耕耘不辍，辛勤培养提携年轻科研人才，在运动频仍的岁月里依旧保持对学术的执着追求。

1956 年，汤用彤经多方治疗，逐渐康复。他经常对人说："若不是解放了，若不是党和人民的关怀，我这个病是不可能治好的。"汤用彤年纪大了不能行走，只能坐着轮椅出来。季羡林有时候见着他，他总讲是共产党救了自己，自己感谢党的改造、培养。他说现在我病了，党又关怀我、照顾我，我感谢党的关怀、照顾。他说到这些也是非常真诚的。

1956 年 1 月，党中央关于知识分子问题会议召开后，为落实重视知识分子的政策，应汤用彤等老专家的要求，北大相继为他们配备了助手，以传承其学说。是年汤一介、杨辛调到北京大学哲学系，作为助手帮助整理汤用彤的著述。从此汤用彤又开始抱病为北大哲学系部分师生讲授印度佛教哲学。他晚年一心想着的是："虽将迟暮供多病，还必涓埃答圣民。"

为使我国佛学研究后继有人，他决定招收中国佛学史专业研究生。1963 年，许抗生、武维琴考上汤用彤的研究生时，他尽管重病缠身，却一心想尽快把毕生所学倾囊传授给后学，以接好老一辈的班，所以他总是不辞劳苦地为学生的学业操心着，坚持讲解佛经，辅导《出三藏记集经序》、《弘明集》等书的学习。汤夫人为爱护他的身体，常要求每次讲课不超过四十分钟，学生们也出于同样的担心劝他少讲些，但每堂课总大大超过这个时间。他常说："中国佛学的知识那样丰富，佛经又是那样难懂，不多讲些，你们青年人怎么能学好呢？"任继愈用朱熹晚年的境遇来形容汤老："'虽疾病支离，至诸生问辨，则若陈疴之去体。一日不讲学则惕然常以为忧。'汤先生只要一谈起学问来，什么医生的嘱咐、家人的劝告全都忘了。"①

1963 年劳动节晚，汤用彤应邀上天安门城楼观赏焰火，由周恩来总理导见毛泽东主席。毛泽东询问其身体状况，说自己阅读过汤用彤"所撰全部文章"，嘱咐他量力而行写些短文②。同年国庆节，汤用彤又上天安门观礼。

1963 年入冬后，由于过度劳累，汤用彤身体日衰，但他仍然不肯停止工作，躺在病榻上继续坚持讲解佛典难懂之处。为了弥补讲课时间的不足，当他精神稍好时，就在指定学生阅读的书上，吃力地写上文字注解，包括名相解释、年代考证、人物考证和文字校勘等。许抗生说所有这些，"对于帮助我读懂佛教典籍都有着很大的作用。汤老如此认真、负责，不惜自己带病的身体坚持指导我学习的精神，是我一生难以忘却的。……每当我回忆起在汤老身边学习的那些日子，汤老和蔼可亲的面容，就会浮现在我的面前。他那严肃认真的教导，一丝不苟的治学态度，总给我以极大的鼓舞与力量。我只有加倍地努力学习，才不致辜负汤老对我的期望与栽培。"③

汤用彤所开的最后课程是 1963 年为他的研究生讲授中国佛教，辅导如何阅读佛经；还兼授数论哲学，他亲笔所出的此课试卷至今仍存，其特点是在每题下注明考核要求：如"略述僧佉学说之变迁发展"一题下注云"此题考我们的理解和综合能力（说理功夫）。答案宜简明"等。1964 年劳动节上午，汤用彤因心脏病发去世。他临终前念念不忘的遗憾，一是研究计划还没完成，二是他的两个研究生还没培养到毕业。汤用彤追悼会由陈毅元帅主持，葬于八宝山革命公墓。

---

①　任继愈：《汤用彤先生治学的态度和方法》，《燕园论学集》，北京大学出版社 1984 年版，第 31 页。

②　孙尚扬：《汤用彤年谱简编》，《汤用彤全集》第 7 卷，河北人民出版社 2000 年版，第 683 页。

③　汤用彤诞辰 90 周年之际，许抗生先生特作一文以表对先师怀念与崇敬之情，并将汤老指导他阅读《出三藏记集经序》一书上所写的一些注解，抄录出来以为纪念。详见许抗生：《忆在汤老身边学习的岁月》，《燕园论学集》，北京大学出版社 1984 年版，第 73—78 页。

汤用彤的教学生涯主要在北大度过，几部传世之作皆发表于北大期间，至今仍是哲学系和宗教学系的基本参考教材。由于他成就卓著和高风亮节，深得北大师生敬重与爱戴，因而"长期担任北大重要职务，起着文科教学和学术研究的主要组织者和带头人的作用。因此，他的治学态度、方法和办学方针对北大文科的学术传统的形成与发展，对北大之特殊精神的弘扬，都产生了深远的影响。"① 1946 年北大复校至 1964 年病逝，他在北大培养的学生有汤一介、张岂之、杨祖陶、黄心川、萧萐父、武维琴、许抗生等。②

汤用彤病逝后，为照顾汤夫人的生活，国家按月给她发放生活费，但"文革"开始后被取消，汤一介先生又受到冲击，老人生活陷入困境。周恩来在日理万机中仍过问此事，在总理的关怀下，有关部门又恢复了她的生活费，直到她去世为止。在北大档案馆校长办公室的专档里，仍保藏着有关部门给汤夫人发放生活费用的记录。

四、薪火相传

作为百年树人的大学教授，汤用彤深知人才对学术传承与流播的深远意义。《易传》云'继之者善也"。善歌者使人继其声，善教者使人继其志。此正汤用彤之谓也。解放后，"北大哲学系重视中外哲学史和佛教史的风气仍然得以延续，这一传统及其所达到的水平可以说是该系的'家底'。受过相关训练的学生往往功底扎实，视野开阔，见解不俗，其研究成果多能在严谨中透出较恢宏的文化历史感。此种学术特色或传统之影响面则不仅限于北大，还向全国辐射。"③

汤用彤学为师表，行为世范，教泽广布，40 多年诲人不倦的辛勤

---

① 汤一介、孙尚扬：《不激不随 至博至大——汤用彤与北大》，萧超然主编：《巍巍上庠百年星辰——名人与北大》，北京大学出版社 1998 年版，第 115 页。

② 参见赵建永：《汤用彤学术历程考论——基于生活史与学术史相交融的审察》，《天府新论》2012 年第 2 期。

③ 汤一介、孙尚扬：《不激不随 至博至大——汤用彤与北大》，萧超然主编：《巍巍上庠百年星辰——名人与北大》，北京大学出版社 1998 年版，第 116 页。

耕耘，为我国各高校及研究机构培养了一大批科研和教学骨干。在中国哲学（包括道教、佛教领域）有唐君毅、任继愈、石峻、冯契、汤一介、杨辛、韩裕文、萧萐父、许抗生、王维诚、王明、王叔岷、王森、常任侠、韩镜清、季羡林、黄公伟、黄心川、武维琴等；西方哲学领域有陈康、郑昕、熊伟、胡世华、汪子嵩、张世英、齐良骥、杨祖陶、庞景仁等；史学领域有向达、张岂之、王利器、邓子琴、宿白等；还有严济慈、牟宗三、胡绳、陈修斋、邓艾民、欧阳中石、叶朗、郑敏、方立天、牟钟鉴诸贤都曾受教于汤用彤。

冯契是在汤用彤启发、鼓励下，从"言意之辨"的研究发展到对"转识成智机制"的探讨，从而成为当代在中国哲学史上大陆最有原创性的哲学家之一。汤用彤对学术严谨、求实、创新的态度，深深地影响了他的这一批弟子，而更多的学界后人则是从其论著中获益。楼宇烈教授称："我虽未能忝列汤老门下，然对汤老为人学问，私淑久矣，获益宏矣。"① 他笃实谨严的学风使后进之士深受教益。中国学坛名家荟萃，大家辈出。大家之所以成名成家，除自身天资和努力之外，站在背后鼎力支撑的大师功不可没。

汤用彤望重学林，弟子成才众多，殆非偶然。他是当时读书最多且最博学的学者之一，遍览大藏，兼通四部，成为一代文化研究的宗师。他的学问有如大海，难测底蕴。可惜他过世太早而未及充分阐述自己的文化理念，不能不说是历史留给我们的一个遗憾。

汤用彤注重将科研成果转化为教学内容，授课领域横跨中、西、印三大文化系统，其教学特色是注重启发式教学和善用比较法，并与研究紧密结合，相辅相成。人文教育内容和方法的改进，主要系于教师的研究功力和研究心得。汤用彤在这方面做出了表率。其业绩正如北大副校长何芳川教授所说："汤用彤先生是我国著名的学术大师，他的名字是和 20 世纪中国学术的发展分不开的，是和中国 20 世纪教育的发展分不

---

① 楼宇烈：《"文化之研究乃真理之讨论"——读汤老两篇旧文》，《燕园论学集》，北京大学出版社 1984 年版，第 79 页。

开的，是同北大的百年辉煌分不开的。"

宗师虽逝，风范犹存。1993 年，海内外近百名学者在北京隆重举行"纪念汤用彤先生诞辰百周年学术座谈会"。季羡林、任继愈、张岂之等与会者怀着崇敬的心情追述了汤老在学问、道德上对他们的深刻影响，来自海外的学者就其亲身体会探讨了汤老在国际学术界的崇高地位。现代中国能超出国界，对异国学者产生重大影响的学者，并不多见。而汤用彤却以其渊博的学识、严谨的治学、极多的创见，蜚声海内外。会上宣布拟筹建汤用彤学术基金，以奖励研究佛教、魏晋玄学和汤用彤学术思想卓有建树的青年学者。

自 1997 年起，"汤用彤学术讲座"在北大已连续举办了 14 届，该讲座每年均由北京大学校长签发邀请函，邀请海内外有代表性的国际知名学者就其所关心的学术文化问题做主讲，每次讲座旨在引介哲学与宗教等人文学科中一新兴的研究方向，以纪念和传承汤老求实创新的治学精神。自创办至今，汤用彤学术讲座与同期举办的蔡元培学术讲座，在北京大学校内外已产生广泛影响，并成为北京大学人文学科的一项传统学术文化活动。汤用彤鞠躬尽瘁的一生，为弘扬东方文化建设呕心沥血，培养了一批优秀的后继人才，为当代学人树立了崇高典范，是学界的一份珍贵精神遗产。缅怀汤老，不仅是为了纪念一位值得尊敬的学者，更是为了引发我们思考如何继承和弘扬东方文化，如何进一步完成汤老未竟的事业，推动文化的发展与长久的昌盛。重温汤用彤的学术历程，对于继承发扬他的治学精神和汲取总结中外哲学文化建设的宝贵经验，是十分有益的。

第二章

学术思想的元理论

——融贯古今中外的文化观

汤用彤把《学衡》座右铭"昌明国粹，融化新知"[①] 贯穿于毕生的学术探索和实践，与吴宓、梅光迪、柳诒徵、陈寅恪、三国维等组成学衡派的中坚力量。汤用彤既看到了中国传统文化的缺陷，也看到了其长处，避免了激进派与保守派的偏颇，臻于平和而又公允的圆融境界。在当时各类学说的纷争中，表现出更为健全、开放、成熟的文化心态。他主张通过对民族文化自身的发展、演变的历史及中外文化交流史的客观研究，从中总结规律，展示经验和教训，以解决中国文化如何发展的重大问题。

---

① 《学衡》宗旨的阐释，详见乐黛云：《昌明国粹，融化新知》，汤一介编：《国故新知》，北京大学出版社1993年版。"昌明国粹，融化新知"一语，后来也多写作"昌明国故，融会新知"。

第一节　汤用彤与学衡派之形成
——《学衡》重估

学衡派在新人文主义指引下进行的文化批评和由此而展开的学术研究，是把他们和国粹派、激进派、西化派区别开来的标志。以往学界的关注点主要是在文化批评方面，而对以汤用彤为代表的学衡派成员学术思想的发掘是有待加强的重要环节。本节根据新旧史料对汤用彤与新人文主义及学衡派的历史渊源进行梳理；同时探讨汤用彤与学衡同仁对在中国传播西方文化的积极作用，并将之放在现代文化思想史大背景下加以考察。希望能够拓展和深化学衡派的研究，对中国现代学术史、思想史的研究、中外文化交流和当前文化建设有所裨益。

一、汤用彤与新人文主义

学衡派是受美国白璧德新人文主义影响而产生的一个学派，活跃于20世纪二三十年代，在文化界产生了深远影响。《学衡》发刊词中规定凡为该刊写稿者即是《学衡》社员。虽然《学衡》的一百多位作者学术性格各异，但他们的思想有其内在的一致性。因此，可将之合称为学衡派。以往学界对学衡派存在较多误解，过于强调学衡派与新文化派的对立。实际上，《学衡》的重点不只是批评新文化运动的不足，更根本的是其在新人文主义指引下的学术研究。无论从数量还是从质量上看，后者都不亚于前者。近年来学界对陈寅恪、柳诒徵等《学衡》社员学术思想研究的发掘，就体现了对于学衡派的学术成就开始引起重视。然而对于学衡派成员中进行学术思想研究的典型代表汤用彤的发掘依然十分不够，以至于学界对汤用彤与新人文主义和学衡派关系出现不少质疑。

（一）学界对学衡派的反思

学衡派自诞生起的60多年里，一直被视作新文化运动的敌人。1922年《学衡》创刊伊始，鲁迅即撰《估〈学衡〉》批判道："夫所谓

《学衡》者，据我看来，实不过聚在'聚宝之门'左近的几个假古董所放的假毫光；虽然自称为'衡'，而本身的称星尚且未曾钉好，更何论于他所衡的轻重的是非。"① 文末总结说："诸公掊击新文化而张皇旧学问，倘不自相矛盾，倒也不失其为一种主张。可惜的是于旧学并无门径，并主张也还不配。"其实，学衡派主将们大多是学贯中西的学术文化大师，并非反对新文化。这表明鲁迅对于学衡派融合新旧的基本理念没有全面的认识，也没有同情的理解。鲁迅在写此文时，只看到《学衡》第 1 期，他主要是对这期中某些文章的文字进行了一些就事论事的批评。单凭一期杂志来评估整个学衡派，难免失之偏颇。但由于鲁迅的地位，他的评价成为否定学衡派的经典话语，长期以来有着重大影响。

随后，学衡派被茅盾、周作人、郑振铎、邓中夏等人定性为"复古派"、"反动运动"，遭到激进派和西化派的共同围攻，原因是其提出了不同于新文化运动的文化建构理想，且对新文化派持批评态度。新中国成立后的评价承其余绪，将学衡派彻底否定，故在相当长的一段时间里学衡派被视为"顽固保守"、"反动复古"的守旧势力而备受批判和冷落。汤用彤在 1959 年还被迫检讨了自己"过去参加《学衡》是走反动路线"② 的错误。

20 世纪 90 年代以来，文化激进主义受挫，"国学热"等形式的保守主义勃兴，学界开始反思新文化运动中激进主义的负面影响，学衡派也开始受到重视。乐黛云教授是国内为学衡派平反的先行者。早在 1980 年，她去哈佛大学进修，寻觅"哈佛三杰"的足迹，收集了不少《学衡》的材料，重点研究了汤用彤的思想，发现他那时就特别强调古今中外的文化交汇，提出要了解世界的问题在哪里，自身的问题在哪里；要了解各自最好的东西是什么，还要知道怎么才能适合各自的需要。这种既未造成断裂，也未形成封闭的文化理念之魅力，促使她

---

① 鲁迅（署名风声）：《估〈学衡〉》，《晨报副刊》1922 年 2 月 9 日，收入《热风》，见《鲁迅全集》第 1 卷，人民文学出版社 1981 年版，第 377 页。

② 汤用彤：《印度哲学史略·后记》，中华书局 1960 年版。

将《学衡》全部 79 期杂志通览了一遍。研究《学衡》也成为她做比较文学和跨文化研究的重要基础。1989 年，乐黛云教授率先发表了《重估〈学衡〉——兼论现代保守主义》，为国内的《学衡》研究启封。①随后，汤一介先生的《昌明国粹，融化新知——纪念汤用彤先生诞生 100 周年》一文，认为从汤用彤一生之为学都是在探索和实践《学衡》杂志"昌明国粹，融化新知"的宗旨，并阐释了其深刻内涵。②

在此前研究基础上，乐黛云教授又发表《"昌明国粹，融化新知"——汤用彤与〈学衡〉杂志》和《世界文化对话中的中国现代保守主义》两文，认为在学衡派众多成员里，足可称为灵魂和核心的是吴宓、汤用彤、梅光迪、柳诒徵、陈寅恪等人。在"昌明国粹"方面，学衡派不同意自由派的"弃旧图新"，更不同意激进派的"破旧立新"，而认同于以"存旧立新"、"推陈出新"或"层层递嬗而为新"的新人文主义；在"融化新知"方面，学衡派反对"窥时俯仰"、"惟新是骛"，强调摒除西洋文明根据其特殊之历史、民情等为解决一时一地问题而发的部分，而寻求其具有普遍永久性的、真正属于世界的西方文化。在古今中西的坐标上，学衡派一方面不同意革命论和直线进化论，与激进派和自由派相抗衡；另一方面强调变化和发展，因而超越了当时的旧保守主义。学衡派在引介西学方面则以全面考察，深及根底，取我所需，抛弃长期纠缠的"体用"框架而独树一帜，代表了五四新文化运动的另一潮流。激进派、自由派和保守派实际上共同构成了中国 20 世纪初期的文化启蒙。③

乐黛云与汤一介先生的上述文章，被多次转载，影响广泛。研究者

---

① 乐黛云：《重估〈学衡〉——兼论现代保守主义》，《论传统与反传统：五四七十周年纪念文选》，联经出版社 1989 年版（台北），第 415—428 页。

② 汤一介：《昌明国粹，融化新知——纪念汤用彤先生诞生 100 周年》，《中国文化》1994 年第 1、2 期。

③ 乐黛云：《"昌明国粹，融化新知"——汤用彤与〈学衡〉杂志》，《社会科学》1993 年第 5 期；乐黛云：《世界文化语境中的学衡派》，《中国现代文学研究丛刊》2005 年第 3 期；另载《新华文摘》2005 年第 16 期。

多沿用其观点，将学衡派放在世界文化对话的语境下来看待，把学衡派当作文化保守主义的代表，是对激进派的制衡和有益补充。在此之前，研究者视野中的学衡派基本上只是梅光迪、吴宓等少数最活跃的人物对于新文化运动的批评。而此后，学衡派在学术研究和文化建设方面的贡献逐渐引起学界重视并得到承认。学衡派的内涵也在不断拓展，汤用彤、陈寅恪、王国维等其他《学衡》作者也开始被纳入学衡派范围内，学衡派研究的广度和深度不断加大，对学衡派的评价也日趋公正。但也有研究者受旧有否定《学衡》观念的影响，仍把学衡派作为历史潮流的对立面，没有作历史的、同情的理解，未充分挖掘其正面作用，但已经不是主流。①

　　现在至少在学界，正处于向学衡理念回归的阶段。有学者提出"守成主义"、"折中派"、"会通派"、"改良派"等与"保守主义"不同的说法，以回避"保守"一词的贬义色彩。徐葆耕认为学衡派是从文化意义上对"中西会通"展开全面研究之最早者，因此名之为"会通派"。②笔者认为"会通派"这一提法最为准确，更为符合《学衡》杂志论衡百家，自成一家的包容品格。学衡派的新人文主义的国际视野和由此而具备的当时最新且最全面的知识结构，是把他们和国粹派、东方文化派、甲寅派、孔教会乃至新儒家区别开来的标志。

　　虽然近年来学衡派引起学术界较多关注，出现了一个《学衡》研究热潮，研究成果已相当丰富，但作为一个蕴含丰厚的文化资源，学衡派研究的潜力依然巨大。其中较为突出的不足之处是汤用彤与学衡派及白璧德新人文主义的关系少有人注意。由于难度较大和缺乏材料，学衡派研究中往往对汤用彤只是一带而过，点到即止。如，沈卫威的《回眸"学衡派"——文化保守主义的现代命运》③是大陆第一本整体性研究学衡派的专著，对梅光迪、胡先骕、吴宓作了个案分析，而对汤

---

① 参见宋志坚：《重读鲁迅的〈估《学衡》〉》，《杂文月刊》2005 年第 2 期。
② 徐葆耕编选：《会通派如是说———吴宓集·前言》，上海文艺出版社 1998 年版。
③ 沈卫威：《回眸"学衡派"——文化保守主义的现代命运》，人民文学出版社 1999 年版。

用彤仅略陈数语。郑师渠的《在欧化与国粹之间——学衡派文化思想研究》① 一书是他主持的 1991 年立项的国家社会科学基金项目"学衡派文化思想研究"的最终成果，从文学、史学、教育多方面论述学衡派的文化思想，将学衡派研究推向了一个新水准，但其中关于汤用彤的内容叙述并不多。

国内研究白璧德新人文主义与学衡派关系的专著、文章也日渐增多，而直接有关汤用彤的论述却极少。② 一些学者还对汤用彤与白璧德的思想渊源提出质疑。由于材料发掘不足，以致有些学者认为汤用彤不算是学衡派重要成员，与白璧德关系不密切，也不刻意宣传白璧德，更谈不上是其弟子。③ 这些论断既与汤用彤作为学衡派"灵魂和核心"的地位极不相称，也在一定程度上影响了研究者对学衡派认识的拓展，因而有必要对此做一番全面的考察。

上述持反对意见者，往往忽视了汤用彤与白璧德在思想上的密切联系，以及汤用彤未刊稿中与白璧德直接相关的材料。实际上，汤用彤与吴宓一样都全面继承了其师白璧德的新人文主义思想，并身体力行，投身教育，以图通过经典文化的传承和道德人格的提升来实现民族复兴。近来在新编《汤用彤全集》的过程中，笔者对汤用彤留学文稿及归国后的讲义等未刊稿进行了梳理，新发现的史料为细致而深入地考察汤用彤新人文主义思想及实践提供了可能。它表明了汤用彤与白璧德新人文主义的深厚渊源，以及汤用彤在学衡派中的核心地位。

（二）新史料的发掘与印证

新人文主义是 20 世纪初形成于美国的文化守成主义思潮，因其源于古典人文主义而又赋予新阐释而得名，一度与杜威的实用主义相抗衡。其代表人物美国新人文主义批评家白璧德针对近代西方功利主义和

---

① 郑师渠:《在欧化与国粹之间——学衡派文化思想研究》，北京师范大学出版社 2001 年版。

② 详见段怀清:《白璧德与中国文化》，首都师范大学出版社 2006 年版，收于乐黛云主编:《中学西渐丛书》。

③ 参见高恒文:《东南大学与"学衡派"》，广西师范大学出版社 2002 年版；陈怀宇:《白璧德之佛学及其对中国学者的影响》，《清华大学学报》2005 年第 5 期。

泛情主义带来的道德沦丧，物欲横流的现实，系统提出解决方案：以品德修养为中心，重倡古典文明，融会东西文化规范，通过人文教育重建"人事之律"，强调在同情和选择之间保持一种适度平衡的训练，以挽回西方文化道德意识的衰退。他倡导为学必须从涵养人格始，以东西古今圣贤为榜样，并对儒道释三家的学说有多方面的认同。他培养了汤用彤、吴宓、梅光迪、梁实秋等一代中国学人，被学衡派奉为精神导师，开启了新人文主义与中国文化沟通交汇的广阔空间，经过学衡派与新月派的传播，在中国文化现代化进程中起到独特的作用。

　　汤用彤在拜会白璧德之前，已在研读他的著作。汤用彤的《1918—1919 年写于汉姆林大学的论文集》特意征引了白璧德的名著《新拉奥孔》，并把它排在各类参考文献之首，而此时他尚未转去哈佛大学。《新拉奥孔》一书承接《文学与美国的大学》（*Literature and the American College*）里的新人文主义思想，另辟角度，以莱辛（Lessing）的名作《拉奥孔》对伪古典主义艺术形式混乱的批判为引，批评了自卢梭以来19 世纪浪漫主义运动忽视艺术类型之间的界限，缺乏约束所造成的不同艺术形式间的浪漫主义混乱（the Romantic confusion of the arts）。而这种艺术领域的混乱与社会生活领域缺乏道德约束其实都是息息相关的。对此，他倡导内在制约以克制人的本能冲动，实现自律，从而调治混乱。白璧德抨击对西方近现代文化影响甚巨的以培根为代表的科学人道主义（scientific humanitarianism）和以卢梭为代表的泛情人道主义（sentimental humanitarianism），呼吁人文学术的复兴。汤用彤文化观的形成与白璧德新人文主义的关系，确如乐黛云所论，他是受白璧德学说的吸引而后转入哈佛大学的，"并不是白璧德塑造了《学衡》诸人的思想，而是某些已初步形成的想法使他们主动选择了白璧德。"[①] 此类初步碰撞迸发的思想火花，在这册论文集的字里行间已有不少展现。新人文主义不但强化了汤用彤对传统文化的自信，而且使他的眼界更为开

---

① 乐黛云：《世界文化对话中的现代保守主义》，《跨文化之桥》，北京大学出版社 2002年版，第 184 页。

阔，从而能够提出世界性的文化理想。

汤用彤1919年初入哈佛，没等到开学，即于7月14日由吴宓、梅光迪引见，与陈寅恪一起拜会了白璧德教授，当晚谈至11时半始归。白氏认为中西文化传统在人文方面应"互为表里"，对孔子尤为称赞，并希望中国学人能撷采中西文化精华，以求救亡图存，而免蹈西方之覆辙。汤用彤一开学就选修了白璧德开设的"19世纪的浪漫主义运动"一课。汤用彤的文化观和治学态度，基本上与白氏相契合。汤用彤主要从事的印度哲学与佛教研究是他于哈佛大学时期在白璧德的鼓励启发下开展的。白氏于留美中国学生年会上讲：

> 吾少时，以欲研究佛教而苦攻巴利文与梵文时，吾每觉本来之佛教，比之中国通行之大乘佛教，实较合于近日精确之批评精神。中国学生亟宜学习巴利文（今留美学生中，习之者已有二三人），以求知中国佛教之往史，且可望发明佛教中尚有何精义，可为今日社会之纲维。[1]

这番话可谓昭示了汤用彤发掘整理和研究印度哲学与佛教的初衷。汤用彤与陈寅恪即演讲中所提及留学生中习巴利文之人。在白氏新人文主义的指引下，中国这批青年学子对于通过佛教振兴中国思想和社会抱有共同的期望。汤用彤在哈佛期间逐渐由西方哲学史转向以印度语言学为核心的印度哲学与佛教，师从梵学大师兰曼深造梵文、巴利文。

1921年2月，吴宓记述："巴师（白璧德）谓于中国事，至切关心。东西各国之儒者（Humanist）应联为一气，协力行事，则淑世易俗之功或可冀成。故渠于中国学生在此者，如张（鑫海）、汤（锡予）、楼（光来）、陈（寅恪）及宓等，期望至殷云云。"[2] 在哈佛期间，在汤用彤、吴宓周围逐步形成了一个以融合新旧文化为志向的留学生群体，

---

① 白璧德撰，胡先骕译：《白璧德中西人文教育谈》，《学衡》第3期，1922年3月。

② 吴宓：《吴宓日记》第2册，三联书店1998年版，第212—213页。

他们时常聚会交流读书的心得体会。

汤用彤还时常研读新人文主义的另一位领袖穆尔（Paul Elmer More，1864—1937，白璧德的终生挚友）的论著。现存汤用彤的外文藏书尽管已散失近半，但其中仍保存下来他留学哈佛前后所获穆尔的《柏拉图主义》（*Platonism*，Princeton：Princeton University Press，1917）和《新约中的基督》（*The Christ of the New Testament*，Princeton：Princeton University Press，1924）两本著作。他们以上种种学术活动都为学衡派的成立作了思想和组织上的准备。

有些学者近年远赴美国查阅有关学衡派的原始文献，成绩斐然，发现了许多新材料。然而，有的人以哈佛大学所藏白璧德档案中未曾见到多少与汤用彤直接相关的材料为由，来质疑汤用彤之于白璧德的师承渊源，并以哈佛的兰曼档案中汤用彤的材料最丰富为据来推测：在哈佛诸师中，兰曼对汤用彤的影响最大，且远甚于白璧德。笔者认为仅凭档案材料尚不能作此论断，尤其是在思想方面。理由有三：

其一是哈佛现藏白璧德档案的材料构成，在年份和种类上并不完整。由于有些材料可能已遗失，因此不能判定汤用彤与白璧德的关系疏远。这正如我们在汤用彤留学文稿及归国后的讲义中，没有发现与兰曼直接相关的材料，但这并不能否认汤用彤曾受到兰曼的巨大影响。

其二是兰曼、白璧德与汤用彤交往的记录方式不同。由于兰曼是个非常细心的人，他不仅保持写日记的习惯，还将学生的上课记录和信件悉数保存妥当，而白璧德却没有这一习惯。因而，兰曼保存与汤用彤交往的材料最多。

其三是相关材料不仅要看数量，更要看材料背后所体现的思想影响的深度。这可以通过兰曼、白璧德的学术思想同汤用彤学术思想的交集来参证。对照汤用彤与哈佛诸师各类著述的比较，才能理清汤用彤对他们的继承和发展。可以说白璧德和兰曼都是美国老师中对汤用彤影响最为深远者。兰曼的影响主要为语言学等具体的学术知识，而白璧德的影响则不仅包括学术知识，更主要的是体现在文化理念和学术方向的指引上。

白璧德档案中虽没有保存下来他与汤用彤直接往来的信函，但通过吴宓与白璧德的函件，依然可以折射出汤用彤与白璧德的师生情谊。吴宓在《学衡》创刊之际，致函白璧德抱怨该刊稿源匮乏，白璧德 1922 年 9 月 17 日复函为之出谋划策，并推荐汤用彤所撰叔本华哲学及佛教方面的文章。其中有关汤用彤的评论如下：

> 听闻哈佛的中国学人对你新办的《学衡》杂志评价甚高，我感觉这正是当下所需。以后不知道你能否召集到充足的作者群。去年冬天，你来信提及所遇到的诸多困难和挫折。在这种情形之下，明智的办法似应是，只要总体观点一致者，就可以与之合作。汤用彤先生难道不是证明对《学衡》杂志大有辅佐之功吗？在他离开坎布里奇回国之前，我与他就中国哲学进行了一次谈话。我感觉他比我遇到的任何其他中国人都更通晓这一领域。他在《中国留学生月刊》上发表的关于叔本华与佛教的论文（或者相应的文章）对于你们《学衡》不是很好的稿源吗？楼光来先生关于笑的理论的大作打动了我，这是一部非常出色的作品，或许适宜介绍给中国的读者。汤先生和楼先生也许没有目前中国似乎需要的那种激进性，但不管怎么说，他们皆是非常有用的人才。……顺便说一下，我希望你们能对约翰·杜威新出的两卷本发表评论，以揭露其肤浅性。他在美国影响殊恶，我怀疑在中国亦复如是。但愿汤先生能对你有所帮助。①

白璧德常与汤用彤讨论东西方哲学，而他的聪慧给白璧德留下了深刻的印象。因此，白璧德称汤用彤是他所遇"最通达中国哲学之人"，并寄予厚望。信中所推荐的汤文是指："Schopenhauer's Philosophy of Genius"

---

① Xuezhao Wu, The Birth of a Chinese Cultural Movement: Letters Between Babbitt and Wu Mi, *Humanitas* 17. 1—2 (Spring—Fall 2004).

（《叔本华天才哲学述评》）①、"Oriental Elements in Schopenhauer"（《叔本华哲学中东方思想成分考原》）②。前者作于 1921 年 1 月 17 日，原文收于汤用彤哈佛时期文集《哲学专辑》第 1 册之第 2 篇。该文提要以《叔本华之天才主义》为题，发表于《文哲学报》（1923 年 3 月，第 3 期）③。文中认为，当时学界有过分强调叔本华思想中柏拉图和东方思想因素的倾向。此时他已发现宗教性的奥义书、佛教与属于浪漫主义的叔本华哲学之间的根本差异。随后他继续研究这一问题，并写成专文《叔本华哲学中东方思想成分考原》，于 1921 年 12 月发表在《中国留学生月刊》（The Chinese Students' Monthly），与前文专门分析叔本华思想的西方思想因素正相呼应，合而观之正得其全。白璧德在函中还期望汤用彤等《学衡》成员全面评介杜威，肃清其实用主义在中国的流弊。可见，汤用彤归国后讲义中对实用主义和功利主义的批判性引介，深受白璧德的影响。

尽管白璧德档案直接提到汤用彤的材料不多，但是该档案的发掘还是大有可为。白璧德档案中如下文稿都是汤用彤相关西方哲学讲义的主题：《卢梭与浪漫主义》（Rousseau and Romanticism）、《柏格森与卢梭》（Bergson and Rousseau）、《浪漫主义运动》（Romantic Movement）、《中西方的人文主义教育》（Humanistic Education in China and the West），等等。汤用彤归国后即将白璧德新人文主义付诸学术实践，他的各种讲义多次讲到白氏的思想。汤用彤在白璧德讲授的"19 世纪的浪漫主义运动"课程基础上加以扩展，开设了"19 世纪哲学"一课，把 19 世纪的浪漫主义运动放在当时哲学文化变迁的整体大背景下加以深化。其中涉及的浪漫主义作家很多，且相关文学批评家也几乎是最新的一些人物，反映出汤用彤对于浪漫主义运动的谙熟。我们对照现存白璧德档案的相关讲稿，可以看出汤用彤的讲义是在白璧德的讲稿和自己的读书笔记基

---

① 该文由赵建永译，刊于《世界哲学》2007 年第 4 期。
② 该文由钱文忠译，刊于《跨文化对话》第七辑，2001 年 9 月。
③ 该文后收进《汤用彤全集》第 5 卷，河北人民出版社 2000 年版，第 54—547 页。

础上写成的。

我们将白璧德档案材料与汤用彤的讲义进行比对，还需要考虑汤用彤对所学新知的自我理解和创造性，他并不是完全照搬美国诸师的学说。白璧德"19世纪的浪漫主义运动"这门课主要讲的是此时期的各种文学流派和代表人物，汤用彤则将其中的阿诺德、施莱格尔等文学家着重与哲学思潮联系起来讲述。该讲义一大特色是文史哲的会通，这方面很像白璧德的渊博贯通的风格。汤用彤在《行动主义》（Activism）讲义中认为"浪漫主义是反理智主义的先导"，因此，汤用彤哈佛手稿和讲义中关于反理智主义的内容可以看作是对白璧德的浪漫主义研究的一种拓展。其中直接引述白璧德所著《卢梭与浪漫主义》（Rousseau and Romanticism），即为一个例证。

白璧德在汤用彤回国后并未与他失去联系，仍保持书信往来，并寄赠自己于1924年首版的新书《民治与领袖》（Democracy and Leadership）。白璧德该书将他的道德和美学思想与政治学的基本主张联系成一体而完备起来，使其成为一个真正的时代文化批评大师。汤用彤的《唯心论》讲义也讲到该书的思想。从汤用彤现存讲义，以及白璧德与吴宓的往来书信中，可以看到他们为新人文主义在中国的传播和为维持《学衡》杂志所作的种种努力。1933年，吴宓在《悼白璧德先生》一文中列出白璧德的八位中国的"及门弟子"①，其中就有汤用彤，可谓实至名归。实际上，汤用彤也的确把白璧德师训和《学衡》座右铭"论究学术，阐求真知，昌明国粹，融化新知"贯穿于毕生的学术探索和实践，成为学衡派的中坚力量。②

二、《学衡》缘起

学衡派思想的缘起，可追溯到汤用彤、吴宓等人在清华学校对平生志业的规划，特别是天人学会的创建。关于汤用彤等人创办天人学会对

---

①　吴宓：《悼白璧德先生》，《大公报·文艺副刊》（132），1933年12月25日。
②　参见赵建永：《汤用彤与新人文主义关系新证》，《河南社会科学》2014年第6期。

于《学衡》的意义，迄今尚无专题探讨。笔者遂留心辑佚有关史料而成此节，以供治现代学术思想史参考。

（一）天人学会的酝酿和成立

1911 年 3 月，汤用彤与吴宓考入刚成立的清华学堂。两人性情虽异而志趣相近，意气相投，很快结为契友。就二人品性而言，吴宓躁急多虑而热心公益，汤用彤则沉潜坚毅而志在自修，他们在性格抱负方面是恰好相反相成。然则在对各自心目中道德文章的追求方式方面，两人却又是殊途同归的。他们心系国家之兴废存亡，极其注重道德品性的修养，常互相督促，一起切磋文章道义，畅谈人生。

自入学的当年至 1913 年，清华学校把国文较好，爱读国学书籍的学生选出七八人，特开一班研习国文典籍，派学问渊博，深具资格名望的国学家姚茫父、饶麓樵诸先生来讲授。此特别班的学生，有汤用彤、吴宓、刘朴、闻一多，还有高等科何传骢等人。于是他们互相督促、切磋、共同勤读。汤用彤虽只比吴宓年长一岁，但在学问、人情各方面都更为成熟稳健，因而成为吴宓当时最钦敬的知音。吴宓日记评论道："（汤用彤）喜愠不轻触发，德量汪汪，风概类黄叔度[1]。而于事之本原，理之秘奥，独得深窥。交久益醇，令人心醉，故最能投机。"[2] 吴宓以黄叔度比喻汤用彤当年气象风度，可谓深得其神韵。在当今其事虽可供好古者叹赏唏嘘，但早成绝响，遥不可及。

吴宓三次作诗赠汤用彤，充分表现了他们的友谊和以天下为怀的使命感。1913 年，吴宓的七言律诗《示锡予》云："风霜廿载感时迁，憔悴潘郎发白先。心冷不为尘世热，泪多思向古人涟。茫茫苦海尝忧乐，滚滚横流笑蚁羶。醉舞哀歌咸底事，沧桑砥柱励他年。" 由此诗可遥想汤用彤当年忧国忧民，伤今吊古，年方二十已华发早生。特立独行的他追踪先贤，以出世的态度来入世，力图唤醒醉生梦死的众生，并与吴宓

---

[1] 黄叔度名宪，东汉名士道德风度之楷模。唐黄滔《祭崔补阙道融文》称："多君于士元廊庙，待我以叔度陂湖。""叔度陂湖"成为赞美人格雅量的一种象征。

[2] 吴宓：《吴宓日记》第 1 册，三联书店 1998 年版，第 495 页。

立志发愿以延续文化命脉相共勉。

1915 年，吴宓赠汤用彤以诗《偶成示锡予》二首：其一为："少年心久藏忧患，一蟹生涯想旧著。亲狱无缘哭北阙，国仇有誓指东邻。十洲芳草归芟刈，千载灵光总劫尘。天意讵随人事改，晦霾醒醉怅何因。"其二为："柱国人材公漫诩，魑魔入鉴敢辞形。铅华肤御同颦笑，邱壑胸藏别渭泾。巢燕居鸠仍愤愤，卧薪尝胆尽惺惺。激随我逊卿谋贵，常度温涵有至馨。"

1916 年初，在汤用彤回黄梅探亲前夕，吴宓赠诗《送锡予归省》三首。其一："皇皇何所事，风雪苦奔波。堂上亲情切，斑衣孝思多。江山舒秀色，文字遣愁魔。劳我无端感，十年客梦过。"其二："毋为伤短别，已有岁寒盟。远举图鹏奋，深心耻鹜争。结庐云水好，励志箪瓢清。沧海行暌隔，悬怜怅望情。"其三："一卷青灯泪，斑斓着墨痕。嘱君慎取择，与世共临存。古艳名山閟，斯文吾道尊。平生铅椠业，敢复怨时繁。"

吴宓在诗中注释说："《青灯泪传奇》，锡予乡人蒋公作，闻名有年矣。"《吴宓诗话》还有《蒋西泉青灯泪》的条目，文中言其好友汤用彤最喜欢同邑蒋西泉的《青灯泪传奇》，于是推荐给他。1916 年 2 月，汤用彤发表《谈助》于《清华周刊》第 65 期，着重指出："吾乡蒋西泉先生所著《青灯泪传奇》，仅词曲中未显著之一种耳，亦仅吾乡人士得而知之，得而读之，得而赏之。然先生作是书时，一腔情怀，正与蒲松龄著《聊斋志异》时同。盖先生亦以孝廉终身，一生潦倒，虽写美人薄命，然寓意实在名士怀才不遇。其曲未出，隐隐言及之，与蒲氏论叶生一文，同一激昂慷慨，使先生而飞黄腾达，则自无此可贵之文章。信乎，立言之难，而为三不朽之一也。《青灯泪》歌遣一出，不落前人窠臼，文最善，吾家人类相能背诵其一部。"[①] 该文借此阐述其文学观，认为："无道德者不能工文章，无道德之文章，或可期于典雅，而终为

---

① 汤用彤：《谈助》，《汤用彤全集》第 5 卷，河北人民出版社 2000 年版，第 47 页。

靡靡之音；无卓识者不能工文章，无识力之文章，或可眩其华丽，而难免堆砌之讥；无怀抱郁积者（即真实性情）不能工文章，无怀抱郁积之文章，虽可敷衍成篇，然乏缠绵恺恻之致。诗穷而后工，非诗之能穷力，实穷而后工也。文章天成，天然之物，非有天与之爵禄，非有天赋之智识，非有天生之情性，不能得之。"① 吴宓对汤用彤此说甚为赞同，也作为自己的创作指针，并在其《吴宓诗集》中特作转载。

汤用彤与吴宓为阐发其人生道德理想，于是在 1912 年暑假合著长篇章回体小说——《崆峒片羽录》。据吴宓日记载：8 月 4 日，"晚及汤君用彤议著一长篇章回体小说。议决明日着手编辑。" 8 月 5 日，"与汤君议著小说事，定名为《崆峒片羽录》。全书三十回。因先拟定前十五回之内容。午后余为缘起回，汤则为第一回。未成而一日已尽矣。" 8 月 6 日，"是日上午，余缘起回告成。汤君第一回至晚亦竣。每回十页。以后作法皆由余等二人共拟大纲，然后由汤君著笔编述，余为之润词。于是数日来遂纯以此为二人之事。" 8 月 7 日，"是日为《崆峒片羽录》第二回，成。" 8 月 8 日，"是日为《崆峒片羽录》第三回，几于成矣。"

全书拟撰三十回，只完成了缘起回及前三回（3 万余字）。《崆峒片羽录》楔子为吴宓撰作，略仿韩愈《毛颖传》，借毛颖之议论以说明著作小说之原理及方法。以下则由二人共拟大纲，然后由汤用彤执笔，吴宓润色。全书大旨，在写"二人之经历，及对于人生道德之感想。书中主人，为黄毅兄弟及其妹黄英，皆理想人物"。此稿从未刊布，吴宓于 1923 年 10 月由南京鼓楼北二条巷，移寓保泰街，搬家时被家人遗失。为此吴宓常深感痛心与遗憾，他 1926 年 12 月在自己的小说《如果我闻》跋中说："每一念及，极为痛恨。盖少年心境，创作始基，终无由得见。其损失岂仅千金而已哉。"《崆峒片羽录》现仅残存部分回目：第一回：小学子味理解谈经，侠男儿拯溺独贾勇；第二回：乌水黔山初浮宦海，黄笏白简终误鹏程；第四回：燃春灯老制军淘情，捷秋闱小书

---

① 汤用彤：《谈助》，《汤用彤全集》第 5 卷，河北人民出版社 2000 年版，第 47 页。

生感遇。其余回目均佚。吴宓在西南联大时曾谈及，小说中主人公的籍贯是贵州修文，因为他与汤用彤觉得修文两个字非常好。而王阳明流放悟道的龙场驿，就在修文县。这部小说反映了汤用彤与吴宓早年共同的道德救世理想。

随后，汤用彤与吴宓不满足于创作小说来阐发人生感想，进而组织学会，联合志同道合之友，共同推行其理想事业。时值袁世凯称帝前夕，国家前途茫茫。在此严峻形势下，汤用彤等人能够专心向学是因为他们以传承民族文化为己任。在他们看来，即使国可亡，但民族文化精神却不可亡。国运飘摇之际，学人更应悉心呵护民族文化的一线命脉并光大之。1914 年 4 月 6 日夜，汤用彤与吴宓讨论起国亡时"吾辈将何作"的沉重话题。吴宓说："上则杀身成仁，轰轰烈烈为节义死，下则削发空门遁迹山林，以诗味禅理了此余生。如是而已。"汤用彤则谓：

> 国亡之后不必死，而有二事可为：其小者，则以武力图恢复；其大者，则肆力学问，以绝大之魄力，用我国五千年之精神文明，创出一种极有势力之新宗教或新学说，使中国之形式虽亡，而中国之精神、之灵魂永久长存宇宙，则中国不幸后之大幸也。①

此言令吴宓深为叹服汤用彤的超凡魄力，感到自己的境界还须提升，并预为修养浩然之勇气，以欲图死节于亡国之后。从中可见他们那时已就如何以道义救世，弘传国魂，并创造普适性新文化等问题进行了探讨，意见甚为相合。

在《二十一条》签订之际，汤用彤愤于国耻，联合吴宓、黄华诸友，于 1915 年冬，在清华组织起"天人学会"。会名为汤用彤所定，吴宓的解释甚为符合他们的共识：

---

① 吴宓：《吴宓日记》第 1 册，三联书店 1998 年版，第 331 页。

　　天者天理，人者人情。此四字，实为古今学术、政教之本，亦吾人之方针所向。至以人力挽回天运，以天道启悟人生，乃会众之责任也。①

　　该会用意在于"欲得若干性情、德智、学术、事功之朋友，相助相慰，谊若兄弟，以共行其所志。"② 吴宓在回忆自己思想形成缘由时说："昔在清华立天人学会，陈义甚高，取友殊严，希望甚大，初立之时，人少而极和洽，互为莫逆。"他尝发表演说："天人兄弟，当取诚信相孚，识见高卓。无论其中何人，将来如何遭遇，处危疑之际，蒙诟负谤，纵举国举世，咸谓此人为奸为罪，证据确凿，不庸迟疑，而我天人中余人，到此地步，必仍信得过此人之别有深心，中实清白，仍然协赞不衰。天人之交情，必须至如此之深。物色会员，亦必信其与众能如此，乃敢介绍。"③ 学会创办者的满腔热诚和济世宏愿，正如吴宓所述："方其创立伊始，理想甚高，情感甚真，志气甚盛。"④

　　天人学会会员选择很严格，前后有吴芳吉、张广舆、汪缉斋、曾昭抡、曹理卿等30余人。冯友兰于1915年入北京大学文科中国哲学门后不久，经好友张广舆介绍后欣然递交志愿书而入会⑤。从天人学会制定的会章、会簿、介绍书和志愿书来看，虽有似美国大学的兄弟会，但该会理论的系统性和严密的组织性、纪律性使其已具备了党派的一些性质，汤用彤与吴宓等人在学会组织的各项活动中建立了兄弟般的情谊。

　　从天人学会的宗旨和汤用彤、吴宓的日常研讨中都可看到《学衡》主旋律"昌明国粹，融化新知"不断反复出现。该会要旨，除共事牺

---

　　① 吴宓1916年4月3日《致吴芳吉书》，见吕效祖编：《吴宓诗及其诗话》，陕西人民出版社1992年版，第211页。

　　② 吴宓：《空轩诗话》，吕效祖编：《吴宓诗及其诗话》，陕西人民出版社1992年版，第210页。

　　③ 吴宓：《吴宓日记》第2册，三联书店1998年版，第114页。

　　④ 吴宓：《空轩诗话》，吕效祖编：《吴宓诗及其诗话》，陕西人民出版社1992年版，第211—212页。

　　⑤ 蔡仲德：《冯友兰先生年谱初编》，《三松堂全集》附录，河南人民出版社2001年版，第27页。

牲，益国益群外，还欲"融合新旧，撷精立极，造成一种新学说，以影响社会，改良群治。又欲以我辈为起点造成一种光明磊落、仁慈侠骨之品格。必期道德与事功合一，公义与私情并重，为世俗表率，而蔚成一时之风尚。"①

《天人学会会章》规定会员必须遵守的原则有五："（一）行事必本乎道德；（二）人之价值以良心之厚薄定之；（三）谋生糊口以外，须为国家社会尽力，处处作实益及真是之牺牲；（四）持躬涉世，不计毁誉，成败利害，惟以吾心之真是非为权衡；（五）扶正人心，为改良群治之根本。险诈、圆滑、奔竞、浮华、残刻、偏私，皆今日恶习之最甚者，务宜摧抑净尽。'立会宗旨有七："现时宗旨：（一）敦友谊；（二）励道德；（三）练才识；（四）谋公益。其终极之宗旨：（一）造成淳美之风俗，使社会人人知尚气节、廉耻；（二）造成平正通实之学说，折衷新旧，发挥固有之文明，以学术、道理，运用凡百事项；（三）普及社会教育，使人人晓然于一己之天职及行事之正谊。"成员义务有四："（一）会员当求为有益于世之人，故先期一己有任事之才具。宜各就其地位及性之所近，殚精学业，练习治事，异途同归，以道德、良心为指针；（二）会员当相互切磋，毋隐毋忌，相互扶助，必敬必诚；（三）会员当恪守本会会章，及其他规约，躬行实践，并汲引同志，导人于善；（四）又在必需时，量力筹集会费。"②

把汤用彤稍前发表的《道德为立国之本议》、《理学诡言》诸文与天人学会会章进行对比就会发现，后者系前文的延续、提炼和具体化，并且在文风和内容上，两者极为契合，因此会章很可能是出自他的手笔，至少可视作汤用彤与学会创办者的共同作品。后来学衡派的主张，在会章中都可找出端倪，初步显露了学衡派文化运思的理路，即以砥砺道德人格为起

---

① 吴宓：《空轩诗话》，吕效祖编：《吴宓诗及其诗话》，陕西人民出版社1992年版，第209—210页。

② 吴宓：《空轩诗话》，吕效祖编：《吴宓诗及其诗话》，陕西人民出版社1992年版，第211页。

点，发扬传统，融汇中西，进而改良社会。这虽然没有完全上升到后来学衡派的理论高度，但实际上已在践行着"昌明国粹，融化新知"的学衡宗旨。这为他们日后共事《学衡》奠定了思想基础。

（二）天人学会会刊的筹办

汤用彤与吴宓落实文化救国理想的具体措施是创办弘扬天人学会宗旨的刊物。早在 1914 年 3 月 13 日，吴宓就对汤用彤谈志向谓：

> 拟联络同志诸人，开一学社，造成一种学说，专以提倡道德、扶持社会为旨呼号。有济则为日本之福泽谕吉，美之佛兰克林；即不济者，使国亡种衰之后，世界史上尚得留一纪念，谓神州古国当其末季、风雨如晦之中，尚有此三数人者，期期于道义文章，则尚为不幸中之小幸耳。至进行之法，则发刊杂志多种，并设印刷厂，取中国古书全体校印一过，并取外国佳书尽数翻译，期成学术文章之大观，而于国家精神之前途，亦不无小补；而尤要之事则社友均当实行完全之道德，期为世之修学者、营业者树一模范，使知躬行道德未尽无用，且终致最后之成功，或者道可光明、俗可变易，则区区百年之志也。①

1915 年 2 月 16 日，他们又谈到献身中国文化要从办杂志入手："他日行事，拟以印刷杂志业，为入手之举。而后造成一是学说，发挥国有文明，沟通东西事理，以熔铸风俗、改进道德、引导社会，虽成功不敢期，窃愿常自勉也。"② 乐黛云教授据此推断，这就是后来《学衡》杂志所标举的"昌明国粹，融化新知"的最早提法，可见创办《学衡》杂志的理想早有酝酿。③

笔者找到以下史料，亦可佐证，并进一步深入理解乐教授之说。汤

---

① 吴宓：《吴宓日记》第 1 册，三联书店 1998 年版，第 312 页。
② 吴宓：《吴宓日记》第 1 册，三联书店 1998 年版，第 410 页。
③ 乐黛云：《汤用彤与〈学衡〉杂志》，《汤用彤学记》，三联书店 2011 年版，第 146、147 页。

用彤先后担任清华《益智》、《清华周刊》两大杂志的总编辑，为日后《学衡》办刊积累了丰富经验。1916 年，吴宓《送锡予归省》诗云"嘱君慎取择，与世共临存。……平生铅椠业，敢复怨时繁"，可知他们对普世价值的探索，以及吴宓拟选择报业作为留学的专业和一生的志业。他们心中的"报业救国"理想非以营利为目的，而是秉持公正、引导公众、启蒙救亡。

汤用彤在留美前夕致函吴芳吉，赞成他到东京留学的计划，但极力反对他去学艺术，力劝其改习新闻专业：

> 美术固可陶养性情，究非民生大计切时之务。至于以美感代宗教，则虽有其说而实属空谈，世界各国俱无发达到此程度者。至日本可成行，能学新闻业最妙。以此事近于文学，又不蹈空言，日后如有天人杂志出现，则请足下为之，尤驾轻就熟也。①

此处所言"天人杂志"即天人学会拟创办的会刊。汤用彤抵美后继续向吴芳吉强调报业对国民性改造的重要作用："夫觇国运者，恒视其报纸。"② 后来，吴芳吉虽然留日没能成行，但其创办起《湘君》杂志，成为《学衡》的辅翼，同时他还是《学衡》杂志的重要撰稿人，与吴宓并号"二吴生"，开一派文学新风；汤用彤则成为《学衡》的"灵魂和核心"，开辟了口西文化研究的新局面，并终生保持日常翻阅报刊的习惯，一直关注着国情民生。

吴宓留学哈佛时曾任"国防会"机关报《民心》周刊驻美编辑长，负责该报在美国的征稿、发行，异常忙累。汤用彤竭诚相助，曾与吴宓长谈至深夜，大意说这次办报机会极佳，吴宓虽勤劳尽职，然主办者"学识缺乏，虽具热诚，而办报之条理全无。此间收得之稿，恶劣不堪，仅资敷衍，实为左计。是宜设法联络友朋中高明之士，一鼓作气，自定

---

① 吴芳吉：《吴芳吉集·日记》，巴蜀书社 1994 年版，第 1303 页。
② 吴芳吉：《吴芳吉集·日记》，巴蜀书社 1994 年版，第 1275 页。

办法，文稿慎为选择，严格收取，立意必求高，而每篇文字，必具精采，专由美国集稿寄回中国……如是则报出可以动人，而实达救国益群之初志。"① 吴宓甚以为然，可惜不久接到该报停办的通知而未及实施，然而他们的办刊志向却痴情不改，愈挫愈奋。

清华天人学会主体是汤用彤所在丙辰级的同学，毕业后大部分会员赴美，相互间联系减少，低年级同学入会条件放宽而涣散。汤用彤1917年毕业留校任教一年后留学美国四年。冯友兰于 1919 年赴美留学，通过天人学会印的通讯资料继续维系他们当初复兴中国文化的共同理想。冯友兰与汤用彤在 20 年代仍常有来往。1920 年 1 月 3 日，冯友兰在哥伦比亚大学自记收到汤用彤从哈佛大学的来信，6 日复函汤用彤和曹理卿等天人学会盟友。② 尽管留学美国后，吴宓与冯友兰已逐渐产生隔阂，但汤用彤对待冯友兰依然一如既往，这在《吴宓日记》也有体现。

受天人学会崇高理想的深刻影响，冯友兰以《天人损益论》（又名《人生理想之比较研究》）作为自己博士论文的题目。1923 年夏，冯友兰此文顺利通过美国哥伦比亚大学博士学位答辩。该文的写作引发冯友兰对于哲学史的兴趣，奠定了他以后哲学史工作的方向。是年秋，他回国后，沿此方向写成《一种人生观》。1924 年，他把《天人损益论》和《一种人生观》合写成《人生哲学》，作为高中教材之用。在以上三书中，冯友兰确立了新实在主义的哲学信仰，并开始将之与程朱理学相结合。

随着年事稍长，汤用彤、吴宓等天人学会主要负责人认识到学术广大，非一会所能涵盖，且为事求才不需有会，于是该会活动逐渐中止。天人学会的组织形式虽然消失，但他们为理想事业而奋斗的精神依然日益高涨和成熟。经过留学哈佛期间白璧德新人文主义的升华，终于在1922 年实现其多年的愿望，一同办起了《学衡》杂志。以此为阵地，

---

① 吴宓：《吴宓日记》第 2 册，三联书店 1998 年版，第 97 页。
② 蔡仲德：《冯友兰先生年谱初编》，《三松堂全集》附录，河南人民出版社 2001 年版，第40—41 页。

他们重新集结同道，明确将办刊宗旨概括为"昌明国粹，融化新知"，并印在《学衡》封页上，成为学衡派成员的共同理念。

通过梳理汤用彤、吴宓等人于国家危亡之时，成立天人学会到创办《学衡》杂志的历史和思想发展脉络，我们发现，在不同的历史时期，汤用彤、吴宓等人实现人生理念的具体方式尽管差异很大，但他们期望通过昌明国粹来融合西学之精髓，以道德、责任感树立一种新人文主义的学术，进而改造社会，影响世界的追求则一。这也是他们能够被视为学衡派的根本所在。他们的拳拳报国之心令人动容，对当今缺乏信仰和抱负的国人来说，仍不失其爱国主义教育的意义。

作为《学衡》理念在当代的一种回响，在清华天人学会成立的81年后，一批北大学子出于对汤用彤、吴宓道德文章的景仰，曾重新发起"天人学会"。1996年春，北京大学六院系的十名学生会集于未名湖畔，一致认为虽然时代发生了很大变化，但天人学会的理念依然极具现实意义，一定要予以继承并发扬光大，以为中华民族的复兴作出应有贡献。为此，他们决定恢复天人学会活动，同时创建北京大学天人学会。在北大注册成立后，考虑到当代青年与天人学会最初成员相比，较为缺乏传统文化的基础。所以每周以读书会的形式，研读儒家经典，逐步展开各类学术活动，以期实现服务社会，益国益群之初志。

该会主要筹划人是杨立华，骨干有蒋怀栋（会长，经济系博士生）、聂清等人。杨立华时为哲学系博士生，兼《北京大学研究生学刊》主编。在此期间他将"商略旧学，融会新知"①作为办刊宗旨，与《学衡》"昌明国粹，融化新知"的宗旨相映成趣。这不应仅看作为历史巧合，而是一种承继和阐扬。《北京大学研究生学刊》虽早已改名《北京大学研究生学志》，但这一宗旨作为不变的理念依然印在封面上，引导着广大学子。

清华和北大的天人学会都是随着骨干们的毕业而渐消于无形。清

---

① 朱熹有"旧学商量加邃密，新知培养转深沉"之说。汤用彤服膺理学，其"国故新知"的思想当与朱熹此语有关。

华天人学会的会簿及志愿书、介绍书等均散佚，惟于《吴芳吉日记》、《吴宓日记》、《吴宓诗集》、《三松堂全集》中存其鳞爪。北大天人学会当年印发的成立宣言和会员表，笔者珍存至今。1996年早春，笔者负笈北大，恰逢该会筹建，深感志同道合，于是自始至终地参与了学会的活动。随后的18年来，我一直从事《汤用彤全集》的整理研究，回顾前缘，参加该会对引导我走上研究汤用彤及学衡派的道路起了重要作用。①

第二节　汤用彤与学衡派的文化运思理路
——昌明国粹，融化新知

汤用彤本着"文化之研究乃真理之探求"的治学精神，精考事实，探本求源，平情立言，提出了文化冲突与融合的三阶段理论，阐扬了文化交流中本土文化的主体性地位，以及主体性人格对于构建文化主体性的关键意义。他会通东西的努力，成为20世纪中国文化启蒙运动的重要组成部分，促进了中国学术的现代转型。他的各项研究及其方法论都是其文化思想的具体落实和体现。其结论宏通平正，对今人学术文化研究和中国文化建设都具有重要参考价值和启迪意义。

一、汤用彤《学衡》时期的文化观

汤用彤1922年夏由哈佛大学回国任教。早在美国留学期间，学衡派的文化理念已基本形成，学成归来的汤用彤立即将其新人文主义思想付诸学术实践。这项工作主要从参与组办《学衡》，以及体现其学衡派理念的东西方哲学文化著述和课程讲授等方面来展开。汤用彤主持东南大学哲学系期间，他讲过东南大学哲学系几乎所有课程，为东大哲学学科的发展奠定了基础。1925年，东南大学发生"易长"风潮而停课，汤用彤遂转任南开大学哲学系教授、系主任。事件平息后，汤用彤随即

---

① 参见赵建永：《汤用彤、吴宓与天人学会》（上下篇），《中国社会科学报》2011年9月22日、29日学林版。

返校（当时改名为第四中山大学）任哲学院院长，直到 1931 年到北京大学任教授。此后他历任北大哲学系主任、文学院长、校长，还曾担任西南联大常委会代理主席，将东大优良学风继续发扬光大。

（一）《学衡》中坚　独树一帜

在东南大学期间，汤用彤对维护《学衡》杂志致力尤多，他与柳诒徵担任《学衡》干事，积极为该杂志撰写论文，并译介西方哲学、印度哲学，成为学衡派的中坚力量，共同使《学衡》成为中国现代人文学术的启蒙刊物。《学衡》主张"论究学术，阐求真知，昌明国粹，融化新知，以中正之眼光，行批评之能事。无偏无党，不激不随"，旨在融合古今中外的优秀文化，创建新的中国文化。这在汤用彤那里有更为具体而深刻的阐述。

汤用彤在《学衡》杂志共发表 7 篇论文，其中直接讨论中西文化的专文只有《评近人之文化研究》一篇[①]，但集中体现出学衡派的文化思想。他有感于当时中西文化论战中的谬误，于 1922 年 12 月在《学衡》第 12 期发表《评近人之文化研究》，批评了各派大而无当的比附和肤浅的价值评判，力图重建学术规范。他开篇引西方哲人之言指出：

> 希腊文治之季世，得神经衰弱症（Greek Failure of Nerves）。盖内则学术崩颓，偷慢怀疑之说兴，外则魔教四侵，妖异诡密之神彩，亦以荣卫不良，病菌自盛也。今日中国固有之精神湮灭。饥不择食、寒不择衣，聚议纷纷，莫衷一是，所谓文化之研究，实亦衰象之一。[②]

汤用彤用古希腊末世对照中国近世文化的衰象，以表明那时中国正重蹈希腊衰亡之覆辙。因此，他重点批判了造成这种衰象的三种不良倾向：

---

① 汤用彤直接讨论中西文化的专文现存仅有《评近人之文化研究》和《文化思想之冲突与调和》两篇。

② 汤用彤：《评近人之文化研究》，《汤用彤全集》第 5 卷，河北人民出版社 2000 年版，第 275 页。

一是菲薄国学。此属以胡适为代表的自由主义激进派所为，他们意气用事，把辱骂古人作为进步的标志，破坏了学术的正常发展。他们认为中西文化的差异纯粹是时代性的，中国的前途就是西方的道路。菲薄国学论者只见到中国文化的落后和缺点，而忽视中国文化也含有超越时代而常新的优秀传统。与激进派彻底抛弃旧文化不同，汤用彤认为不能割断历史，主张"融化新知"的前提是一定要了解过去。激进派对中国文化采取全盘否定态度，其实是在为西化张目。他们崇拜欧美，然而西方却把人类卷入空前野蛮的世界大战中，所以西方近代文明并非社会发展的楷模。汤用彤基于其对新旧文化关系的认识，紧接着批评了他们崇洋媚外的行为。

二是盲目欧化。汤用彤指出，膜拜欧美者对中国文化肆意轻蔑，而实际上他们对西学的理解和介绍亦卑之无甚高论，"于哲理则膜拜杜威、尼采之流；于戏剧则拥戴易卜生、肖伯纳诸家。以山额与达尔文同称，以柏拉图与马克思并论。"[1] 汤用彤对不顾国情的盲目输入与比附深恶痛绝。如，针对罗素、杜威来华讲学时众人的朝圣心态，他严肃指出："罗素抵沪，欢迎者拟之于孔子；杜威莅晋，推崇者比之于慈氏。今姑不言孔子、慈氏在中印所占地位，高下悬殊，自不可掩。此种言论不但拟于不伦，而且丧失国体。"[2] 这类人缺点是对西方文化未之深究，常以一孔之见，甚至道听途说即剽袭贩卖，不辨是非真伪，只问其趋时与否。

三是保守旧文化。守旧派在反对西化方面虽有许多精到的见解，但同时又陷入了华夏中心主义的泥沼，也未能正确地处理好文化的民族性和时代性的辩证关系。他们"间闻二三数西人称美亚洲文化，或且集团体研究，不问其持论是否深得东方精神，研究者之旨意何在，遂欣然相

---

① 汤用彤东南大学时期的《西洋哲学史》讲义对马克思的共产主义与柏拉图"理想国"的异同，有详细讲述。

② 汤用彤：《评近人之文化研究》，《汤用彤全集》第5卷，河北人民出版社2000年版，第273页。

告，谓欧美文化迅即败坏，亚洲文化将取而代之。"① 这些人对东西方精神都没有深刻了解，偶见西方有人称道东方文化，便妄自以为西学气数已尽。实际上，他们亦"常仰承外人鼻息"，是缺乏自信力的一种表现。这一批评是十分中肯的。

总之，在汤用彤看来"维新者以西人为祖师，守旧者藉外族为护符，不知文化之研究，乃真理之讨论。新旧皦然，意气相逼，对于欧美则同作木偶之崇拜，视政客之媚外，恐有过之无不及也。"② 他批评新派"以为国学事事可攻，须扫除一切"，而旧派则"以为欧美文运将终，科学破产，实为可怜"，都是本诸成见，不悉其始终。他们各执一偏，同样盲目跟风，既"昧于西学之真谛"，又"忽于国学之精神"，皆不能深入中西文化的真义，给国人带来新的迷惘，徒然加剧自毁传统命脉。由于各民族的文化都有其优劣得失，所以汤用彤强调，对中西文化只有在切实了解基础上广泛比较，才能正确选择。这种文化观实际上也代表了学衡派的共同观点。

以往学衡派被归入国粹派，只见共性而忽视其根本差异：国粹派强调保存，学衡派则强调发展和求真，方法是批评和"融化新知"。"融化新知"主要是指吸收西方的思想、方法。汤用彤引介西学的热情不亚于激进派，十分强调吸收西方文化的重要性。事实上，他去美国学习西方哲学，用西方哲学的方法来整理中国哲学，也可以说是一种"西化"，但这种"西化"和他批评的"西化"之间是有明确区分的：一是汤用彤认为要引介西学就必须穷其本源，查其流变，强调应对西学进行系统的研究，然后慎重择取。二是寻求具有普遍意义的西方文化，强调引进西学须与中国文化传统相契合，必须适合国情需要。可见汤用彤已超越了国粹派虚荣骄傲的贬西思维和西化派的崇洋心态。汤用彤以阐扬旧

---

① 汤用彤：《评近人之文化研究》，《汤用彤全集》第 5 卷，河北人民出版社 2000 年版，第 273 页。

② 汤用彤：《评近人之文化研究》，《汤用彤全集》第 5 卷，河北人民出版社 2000 年版，第 274 页。

学，输入新知为职志，对于流行的偏激主张，痛下针砭。在新旧过渡之际，这种存旧立新，务实求真的理念颇合中庸之道，表明汤用彤在对待中西文化上，奉行学衡派所崇尚的"中正之眼光"，"无偏无党，不激不随"的态度。

（二）阐求真知　止于至善

汤用彤以充分说理批判了中西文化争论中的各种一偏之论，还指出其根源在于时人治学的共同缺点是浅隘。"浅"就是论不探源，只看表面现象而不分析其源流；"隘"即知识狭隘，以偏概全。"浅隘则是非颠倒，真理埋没；浅则论不探源；隘则敷陈多误。""时学浅隘，其故在对于学问犹未深造，即中外文化之材料实未广搜精求。旧学毁弃，固无论矣。即现在时髦之西方文化，均仅取一偏，失其大体。"① 因此他们所评判的东西文化同异优劣，自然就不可靠了。解决这种问题既要透彻了解欧美实状，又要把握中西文化特质及其兴衰变迁之迹。如此才不致以柏拉图为陈言，也不致视罗素、杜威为孔子、释迦。以此为标准，他尖锐地批判各类浅隘主张，这在当时学术空气下相当深刻，至今仍有现实意义。

汤用彤认为，时学浅隘显然是受西方功利思想的影响，不知文化研究终的在于真理之探讨。他以当时最具影响力的学者梁启超、梁漱溟关于中国何以无近代科学的误解为例，说明若于中西文化未能切实了解，便对中西文化交融的问题无法深入。时人以为中国不重实验，轻视应用，故无科学。像梁启超在《欧游心影录》中说：

> 从前西洋文明，总不免将理想实际分为两橛，唯心唯物，各走极端……科学一个反动，唯物派席卷天下，把高尚的理想又丢了。②

汤用彤以求实的精神反驳说"按之事实，适得其反"，批评此种论调

---

① 汤用彤：《评近人之文化研究》，《汤用彤全集》第 5 卷，河北人民出版社 2000 年版，第 274 页。

② 《梁启超全集》第 5 册，北京出版社 1999 年版，第 2986 页。

"或以科学全出实用，或以科学理想低下，实混工程机械与理想科学为一，俱未探源立说。"他认为，科学之兴"非应实用之要求"，其本身是对真理的求索，而不以制造轮船汽车为目的。"欧西科学远出希腊，其动机实在理论之兴趣。亚里士多德集一时科学之大成，顾其立言之旨，悉为哲理之讨论。即今日科学曷尝不主理性。如相对论虽出于理想，而可使全科学界震动。数学者，各科之基础也，而其组织全出空理。"①汤用彤通过对西方文化史的深入研究，发现西方学术自古就不是为了"实用"，而以无用为用，古希腊哲学家皆出于对自然现象的好奇而以"爱智"的自由精神从事研究。这种"为知识而知识"的文化传统的发扬，使其近世以来愈显"大用"。而"华人立身讲学，原专主人生，趋重实际"，因此"处中国而倡实验以求精神及高尚理想之发展"，实是"以血洗血，其污益甚。"②

通过以上分析，汤用彤强调中国本来就着眼于实用，若再将其作为现代化之途，无异南辕北辙。科学发展首先需要创造性的理论思维，而这一点正是国人极为欠缺的："希腊哲学发达而科学亦兴，我国几无哲学，故亦无科学。因果昭然……"③对于当时流行的所谓"中国无哲学"之说，他认为是就知识论和本质论④而言，"人生哲学本诸实用兴趣，故中国有之"⑤。希腊哲学的发展带动了西方科学的兴盛，而中国所缺乏的恰

---

① 汤用彤：《评近人之文化研究》，《汤用彤全集》第 5 卷，河北人民出版社 2000 年版，第 274 页。

② 汤用彤：《评近人之文化研究》，《汤用彤全集》第 5 卷，河北人民出版社 2000 年版，第 274 页。

③ 汤用彤：《评近人之文化研究》，《汤用彤全集》第 5 卷，河北人民出版社 2000 年版，第 274 页。

④ 1923 年，汤用彤在《学衡》第 17、19 期译介的《亚里士多德哲学大纲》一书第 4 章专讲本质论。他把"本质论"（metaphysics）的定义译之为："本质论者，乃科学的知识之一种，乃研究万有之最高原则或最高原因，其要职在讨论纯粹的存在（being qua being）及其重要性质。"汤用彤：《亚里士多德哲学大纲》，《汤用彤全集》第 5 卷，河北人民出版社 2000 年版，第 566 页。此处所谓本质论现在已一般称为本体论。

⑤ 汤用彤：《评近人之文化研究》，《汤用彤全集》第 5 卷，河北人民出版社 2000 年版，第 274 页。

是知性的哲学思考，故科学亦难发达。所以，汤用彤认为，中国无科学并非轻视应用，而是"于数理、名学极为欠缺"的缘故。[①]

后来冯友兰和金岳霖对此也有类似看法，并致力于改变中国逻辑学、知识论不发达的现状。乔清举教授认为，近代中国知识界在中西文化广泛深入的接触与冲突过程中，逐渐认识到传统文化在逻辑学和知识论方面有欠发达，并认为这是造成中国落后的重要原因，遂开始有意识地介绍西方文化中的这些内容。[②] 汤用彤就是这样，在译介西学时，着重介绍了逻辑方法和知识理性的精神，给中国文化注入了新鲜的血液。故此，他着重批判了实用主义的文化观念，而指摘实用主义的流弊正是其师白璧德的一贯教导。

关于"隘"见，汤用彤认为梁漱溟对科学发源的解说与前说可相表里。梁漱溟在其名著《东西文化及其哲学》中，拿中医和民间信仰的玄理为例，论证中国"有玄学而无科学"，而未走上科学道路的原因，时人也深以为然。他说，与西方相比，中国不是论理（逻辑）的缺乏，而是"非论理精神"（玄学精神）太发达，故趋重神秘，不容理智施其作用，并限于人生，重人事而不考物律。国人确信阴阳，宇宙万物都想有主宰的神祇，诡秘不可以理论。梁漱溟据上以为中国玄学发达之确证，他突出玄学精神在中国太盛而与科学精神相悖，有痛邦人夙尚空谈，不求实际之责难。汤用彤通过他对中外文化史和宗教学的全面研究指出，梁氏不知此类阴阳鬼神之说有两大关键要素：

> 一则乞助神权为迷信之作用；一则推测因果为理解之搜探。人类宗教性发展，多崇拜天然物，有巫师有卜筮；如理性发达，讨论既多，迷信遂弱。于是占星流为天文，丹铅进为化学。历史具在，

① 汤用彤：《评近人之文化研究》，《汤用彤全集》第 5 卷，河北人民出版社 2000 年版，第 274 页。

② 详见乔清举：《金岳霖新儒学体系研究》，齐鲁书社 1999 年版。

均可考也。①

因此，汤用彤认为梁漱溟谓阴阳神鬼之说深契于玄学之精神，立义太狭，难成公理。② 虽然梁启超与梁漱溟都是汤用彤素来敬重的师友，但是出于对真理的执着追求，他仍坦率地指明他们学说的纰缪，以免误导时人。而新文化运动的主将，皆简单化地批判宗教与科学敌对，主张予以扫除。故汤用彤此处观点，时至今日仍不失公允。

近代文化研究因失于浅隘，对"中外文化之材料未广搜精求"，"故求同则牵强附会之事多，明异则入主出奴之风盛"，于是出现不伦不类的比附，或者中西门户森严，入则附之，出则污之，皆背离了求真求是的原则。汤用彤借用韩愈"入主出奴"③ 一词批判了学术思想上的宗派山头主义。这说明他在坚持民族文化主体性的同时具有世界主义的情怀，无门户之见，真正贯彻了学衡派无偏无党的精神。汤用彤除指出学识浅陋狭隘是造成时人牵强求同的主要原因，还认为治学态度和方法也常造成人们研究的偏差。他说：

> 世界宗教哲学各有真理，各有特质，不能强为撮合。……夫取中外学说互为比附，原为世界学者之通病。然学说各有特点，注意多异，每有同一学理，因立说轻重主旨不侔，而其意义即迥殊，不可强同之也。④

---

① 汤用彤：《评近人之文化研究》，《汤用彤全集》第 5 卷，河北人民出版社 2000 年版，第 275 页。

② 汤用彤：《评近人之文化研究》，《汤用彤全集》第 5 卷，河北人民出版社 2000 年版，第 275 页。

③ "入主出奴"出自韩愈《原道》："周道衰，孔子没，火于秦，黄老于汉，佛于晋、魏、梁、隋之间。其言道德仁义者，不入于杨，则入于墨；不入于老，则入于佛。入于彼，必出于此；入者主之，出者奴之；入者附之，出者污之。"原意谓崇信一种学说，必排斥另一种学说。把先接受的奉为主人，而把排斥的卑为奴仆。奉为主人的就竭力附和，卑为奴者就大肆污贱。后以之指持有门户成见。

④ 汤用彤：《评近人之文化研究》，《汤用彤全集》第 5 卷，河北人民出版社 2000 年版，第 276 页。

新旧各派于此都未能幸免。胡适《中国哲学史大纲》有一章着重阐述庄子的"生物进化论"思想，以为庄子"万物皆种也，以不同形相禅"是讲物种起源。① 对此，汤用彤批评说："庄周言变迁，初非生物进化论，实言人生之无定，人智之狭小，正处正味，讥物论之不齐，其着眼处决不在诠释生物生长之程序。"② 汤用彤在此不点名地批评了胡适的牵强比附之论。胡适晚年时也承认自己的庄子进化论"真是一个年轻人的谬妄议论，真是侮辱了《物种由来》那部不朽的大著作了！"③

汤用彤还指出旧派也未免比附之嫌，如"谓倭铿得自强不息之精神，杜威主天（西方之自然研究）人（东方之人事研究）合一之说，柏格森得唯识精义，泰戈尔为印化复兴渊泉。"④ 于此他对当时国内用西方哲学比附佛学的做法也有批评，据高山杉先生所考，这多少是针对太虚法师和梁漱溟等为代表的人而发的。⑤ 孙尚扬教授认为：汤用彤此时已将留学前的文化多元论明确地表述为一种独特的文化真理观，即认为"世界宗教哲学各有真理，各有特质"，此种文化真理观显然是以认识论中的融贯说为基础的。这一学理基础较之于他在留学前的文化多元论而言，理性多于体悟，中西合璧的色彩也更浓厚。⑥

在汤用彤看来，探求真理必须从继承、发展民族文化并吸收、融合外来文化中求得。这是其"昌明国故，融会新知"的途径，并将之建立在对文化现象的全面而深刻地认识之上：

---

① 胡适：《中国哲学史大纲》，上海古籍出版社1997年版，第187—191页。

② 汤用彤：《评近人之文化研究》，《汤用彤全集》第5卷，河北人民出版社2000年版，第275页。

③ 胡适：《〈中国古代哲学史〉台北版自记》，《胡适全集》第5卷，安徽教育出版社2003年版，第535页。

④ 汤用彤：《评近人之文化研究》，《汤用彤全集》第5卷，河北人民出版社2000年版，第273页。

⑤ 高山杉：《支那内学院和西洋哲学研究》，《世界哲学》2006年第3期。

⑥ 孙尚扬、郭兰芳编：《国故新知论——学衡派文化论著辑要·代序》，中国广播电视出版社1995年版，第11页。

夫文化为全种全国人民精神上之所结合，研究者应统计全局，不宜偏置。在言者固以一己主张而有去取，在听者依一面之辞而不免盲从。此所以今日之受学者多流于固陋也。①

汤用彤努力将文化研究引入科学的堂奥，为此提出了"文化之研究乃真理之讨论"的至理名言。其意蕴包括：必须对于中外文化材料"广搜精求"，"精考事实，平情立言"，才能全面准确地理解作为民族精神结合体的文化。这是汤用彤毕生文化研究的根本立场和一贯态度，也是他的著作能做到言必有据，精深独到，历世不失其学术价值的根源所在。他正是本着这一治学精神，从事中西方哲学的研究与传授，其东南大学时期的各种讲义也说明了这一点。这既是对哈佛校训"与真理为友"的发扬，也是对东南大学校训"止于至善"的具体充实。

汤用彤只在《学衡》发表了《评近人之文化研究》这一篇批评文章后就转入专门的学术研究，学界有人以此否认汤用彤与学衡派有密切联系。其实不然，汤用彤该文深刻分析并揭示了造成当时文化研究中的种种不良现象的根源是文化转型时期对东西文化认识肤浅和新的学术规范没有确立的必然结果。要言不烦，只此一篇足矣。他随即以身作则，通过对中外文化交流史"统计全局"的研究，写出了不朽的传世经典而立式垂范于国内外学界。这样做比直接的激烈批评更为高明，更有说服力，并且也正是最符合时代要求的。而创办《学衡》"以持正论，而辟邪说"正是学衡派成员们的初衷。汤用彤写完《评近人之文化研究》后，只有在外国学者特别是日本权威专家对中国文化的研究产生误导时，才据理力争，予以痛批。可见，汤用彤的文化态度是一种学术态度和思想。这就决定了他的哲学史、宗教史研究事实上也是文化研究，并且对他来说是其《学衡》文化理想的证实。他真正地践行了学衡派

---

① 汤用彤：《评近人之文化研究》，《汤用彤全集》第 5 卷，河北人民出版社 2000 年版，第 275 页。

"论究学术，阐求真知"的原则。①

二、文明平等交流互鉴理论的先期探索

近代以来，文化建设路向问题一直困扰着中国知识界。面对中西文化的危机，汤用彤借其广博学识，抓住了外来文化的本土化这一关键问题，提出了文化冲突与调和的三阶段理论。"昌明国故，融会新知"的治学宗旨是汤用彤解决此问题的理路，贯穿于他毕生的学术研究。如果说汤用彤的道教和魏晋玄学研究是就中国思想自身发展方面立论的，即"昌明国故"，那么他的佛教史和西方哲学研究则意在探索外来文化中国化的过程，即"融会新知"。"融会新知"实际上就是中外文化双向对话、交流与影响的过程。这种文化观实际上也代表了学衡派的共同观点。

（一）外来文化本土化规律的总结

汤用彤基于他对中外文化交流史的深入研究，从文化发展一般规律的高度探讨了不同文化接触后所发生的种种问题，并于 1943 年 1 月《学术季刊》一卷二期文哲号发表《文化思想之冲突与调和》一文，对文化建设路向问题做了解答。他认为，中国自与西洋交通以来，因为备受外族欺凌，对本民族的文化前途产生了困惑。外来文化与本土文化的接触，有两个问题应引起重视：

> 一方面我们应该不应该接受外来文化，这是价值的评论；一方面我们能不能接受外来文化，这是事实上的问题。②

在汤用彤看来，无论是本位文化、全盘西化，还是中国该不该、能不能接受外来文化问题，牵涉的范围都太广，问题也过于复杂。他不愿在没有深入学术研究的情况下，不着实际地空谈文化问题。因此主张应先对

---

① 参见赵建永：《汤用彤东南大学时期的文化观发微》，《东南大学学报》2011 年第 1 期。

② 汤用彤：《文化思想之冲突与调和》，《汤用彤全集》第 5 卷，河北人民出版社 2000 年版，第 277 页。

历史有确切的认知，从中获得对当前处境的启示。他说：

> 过去的事，往往可以作将来的事的榜样。古人说得好："前事不忘，后事之师"。现在虽不能预测将来，但是过去我们中国也和外来文化思想接触过，其结果是怎么样呢？这也可以供我们参考。①

在以古证今的同时，他又以今释古，引进了文化人类学最前沿的文化移植理论，阐明了如何接受外来文化，即原有文化如何融化外来文化获得新知的问题。

文化移植是指一种文化进入另一文化环境中的成长过程，亦即不同类型的文化在相遭遇后所发生的情形。当时文化人类学前沿正对文化移植问题展开积极探索，但多偏于器物和制度层面。汤用彤将文化人类学有关文化移植问题的研究成果应用于思想的层面。由于孕育于自身独特环境里的各种文化皆具有各自的特性，因而他首先确定了人们都能接受的最低限度的共识：

> 一种文化有它的特点，有它的特别性质。根据这个特性的发展，这个文化有一定的方向。②

以此为出发点，即在承认民族文化的本位性的前提下，他进一步讨论文化移植过程中所包含的两个问题：

1. 外来文化异地移植是否会对当地文化产生影响？
2. 外来文化是否会完全改变本土文化的特性和发展方向？

对于第一个问题，他认为答案是明确的，"因为一个民族的思想多了

---

① 汤用彤：《文化思想之冲突与调和》，《汤用彤全集》第5卷，河北人民出版社2000年版，第277页。

② 汤用彤：《文化思想之冲突与调和》，《汤用彤全集》第5卷，河北人民出版社2000年版，第278页。

一个新的成分，这个已经是一种影响。"① 不同文化相遇，发生影响是不可避免的。但对第二个问题，意见则有根本分歧。如，关于佛教对中国文化影响的程度就有两种对立的评价：照宋明儒家的说法，中国文化自三代以来有不可磨灭的道统。虽经外来佛学干扰，但宋明儒学仍是继承固有的道统，终究未改弦易辙。与之相反的是当时流行的一种说法：中国思想因印度佛学进来而大为改变，宋明儒家也是阳儒阴释，假使没有佛学传入，宋明儒学根本无由发生。对外来文化是否会改变本土文化原有特性和发展方向这一历史性难题，汤用彤没有简单地肯定或否定，而是通过比较分析文化人类学中三种文化移植学说，给出了自己的独到见解。

汤用彤首先批驳了关于文化移植说的两种理论：

1. 比较早的主张是19世纪中叶以后开始盛行的演化说，即认为"人类思想和其他文化上的事件一样，自有其独立之发展演进。"② 此说推到极端则认为本土文化应独立发展，完全与外来思想无关。上面宋明儒家的观点与之相类。这种主张排斥外来思想的输入，易形成狭隘的民族主义，造成融会新知的障碍。

2. 在19世纪末叶很流行的播化说则走向了另一极端，强调"一个民族或国家的文化思想都是自外边输入来的"，以至有人提出世界文化同出于一源（埃及）之说。一种文化的本源或主干归根到底都是外来的，"文化的发展是他定的而非自定的"。依此可推论，外来思想总是完全改变本土文化的特性或方向。本来外来文化能产生影响是没问题的，但此结论推得太过，而与演化说同样偏颇。此说与中国文化因佛学而完全改变的观点相仿，易使人产生自卑情绪而有"全盘西化"的论调。这虽是对传统文化感情深厚的汤用彤难以接受的，但他没有以主观好恶轻下判断，而是根据历史事实客观地阐述了自己的主张。汤用彤认为此两

———————————

① 汤用彤：《文化思想之冲突与调和》，《汤用彤全集》第5卷，河北人民出版社2000年版，第278页。

② 汤用彤：《文化思想之冲突与调和》，《汤用彤全集》第5卷，河北人民出版社2000年版，第278页。

说各执一端，皆非确论，而是赞成新兴的批评派和功能派的学说，因为他们主张两种文化接触，其影响是双向的，而决不是片面的。

汤用彤特别强调，外来文化在移植中决不至于完全改变本土文化的根本特性和方向。原因在于一种类型的文化往往有一种保守或顽固的性质，虽有外力压迫也不退让。既然本民族文化的特性不是随便可以放弃的，因而外来文化若不能适应本地环境，便会遭到本土文化的排斥。这样，外来文化就必须在与本土文化的冲突中与之相调适。他说：

> 因为外来文化必须适应新的环境，所以一方面本地文化思想受外来影响而发生变化；另一方面因外来文化思想必须适应本地的环境，所以本地文化虽然发生变化，还不至于全部放弃其固有特性，完全消灭本来的精神。①

可见，外来文化与本地文化接触，其影响必然是双向的。对本土文化来说，它吸收外来文化，使之成为自身的有机组成部分，然而此种变化并不能根本改变原有文化的特性与方向。对于文化特性及其发展方向这一问题，汤用彤后来在《魏晋玄学与文学理论》一文开篇做了更为详细的阐发："各民族文化各有其文化之类型，一代哲学思想各有其思想之方式。盖各种文化必有其特别具有之精神，特别采取之途径，虽经屡次之革新与突变，然罕能超出其定型。此实源于民族天性之不同，抑由于环境之影响，抑或其故在兼此二者。"②

当时国人一般只认识到中国文化要适者生存，汤用彤没有否认这一点，而是进一步指出，西方文化若要扎根于中国，且长久发生作用，同样也面临着适者生存的问题。因为外来文化要对本地文化发生影响，就

---

① 汤用彤：《文化思想之冲突与调和》，《汤用彤全集》第5卷，河北人民出版社2000年版，第279页。
② 汤用彤：《魏晋玄学与文学理论》，《汤用彤全集》第4卷，河北人民出版社2000年版，第379页。

必须找到能与本地文化相合的地方，并为适应本地文化而有所改变。就像葡萄与棉花分别从西域、印度移植而来，但中国产的葡萄、棉花，已经不再是移植以前的样子。因为它们须适应本地新环境，才能生长在中国，最终变成国产的了。尽管这是就器物层面而言的，然而同理，外来思想要被本土接受而能生存就必须有所改变以适合本国的文化环境。因此，"本地文化虽然受外边影响而可改变，但是外来思想也须改变，和本地适应，乃能发生作用。"①

佛教之所以为国人所接受，是因为融入了中国固有的观念。其间经冲突与调和，终为本土文化所同化。汤用彤举了两个简单而典型的例子予以说明：

一是无鬼轮回。中国灵魂和地狱的观念不是完全从印度来的②。但佛经所讲的鬼魂极多，地狱组织也非常复杂，中国的有鬼论深受其影响。然从学理上讲，"无我"是佛教的基本学说。"我"指灵魂，即通常所谓鬼。"无我"就是否认灵魂存在。③我们看见佛经讲轮回，以为必定有种鬼在世间轮回。其实没有鬼而轮回，正是印度佛学的特点。佛教传入中土，才借鉴道家神识诸说，并以之为轮回主体。

二是念佛。按佛教原义，念佛是坐禅的一种形式，并非口唱佛名。而中国人把念字的意思本土化，理解成口念佛名，因此便失去佛教原意。④若以中国化的通俗佛教来理解印度原始佛教就会出现误读。但佛家为方便传教，还是听之任之。这证明外来文化到另一个地方其性质和内容是会改变的。

---

① 汤用彤：《文化思想之冲突与调和》，《汤用彤全集》第 5 卷，河北人民出版社 2000 年版，第 280 页。

② 汤用彤的《太平经》研究涉及中国本土的灵魂和地狱观念。余英时《中国古代死后世界观的演变》一文在汤用彤相关研究成果基础上，系统阐述了这一问题。余英时：《中国古代死后世界观的演变》，《燕园论学集》，北京大学出版社 1984 年版，第 177—196 页。

③ 印度哲学关于"我"的学说、无我与轮回问题，详见《汤用彤全集》第 3 卷，河北人民出版社 2000 年版，第 194、583—597 页。

④ 念佛形式的中国化过程，参见《汤用彤全集》第 1 卷，河北人民出版社 2000 年版，第 279—280、598—601 页。

由此他得出一重要结论："一个国家民族的文化思想实在有他的特性，外来文化思想必须有所改变，合乎另一文化性质，乃能发生作用。"① 从总体上说，虽然外来文化加入本土文化，并产生深刻影响，但本土文化的特性仍将会在新陈代谢中得以延续和光大。②

本土文化的保守性导致冲突，适者生存的需要导致调和。基于这种认识，汤用彤提出外来文化与本地文化融合必须经过冲突和调和两个过程。③ 调和是因为两种文化有相同或相合之处，冲突则因为有不同或不合。双方必须有点相同才能调和，如果不明了两者相同之处，其相异之处也难以彰显。不知道两者相异的调和是非常肤浅的，这样的调和基础不稳固，必不能长久。深知其异再去调和才能使外来文化在本土文化中生根。由此可见，汤用彤是把外来文化的输入，看作一个与本土文化相互吸收、磨合的连续的整体性过程，并往往要经历三个阶段：

（一）因为看见表面的相同而调和。（二）因为看见不同而冲突。（三）因再发现真实的相合而调和。这三段虽是时间的先后次序，但是指着社会一般人说的。因为聪明的智者往往于外来文化思想之初来，就能知道两方同异合不合之点，而作一综合。④

---

① 汤用彤：《文化思想之冲突与调和》，《汤用彤全集》第5卷，河北人民出版社2000年版，第281页。

② 据汤用彤的知友吴芳吉记述：1918年，汤用彤留学美国时已敏锐地注意到了一战后世界文化正走向对话的历史趋势，已产生了中外文化平等交流互动的想法。他针对具有"大国民气象"而善意对待中国的美国人，申明了自己的态度："吾以为对待此等，首当报之以德，次当发扬国光，使美人知中国之真价值，国力虽不平等，总期其精神上文化上之不卑视我，两国提携，当为携手同行，而非耳提面命也。"（吴芳吉：《吴芳吉集》，巴蜀书社1994年版，第1275页。）这种见解在"五四"之前是难能可贵的，当时的新文化派和国粹派均未达此认识水平。汤用彤坚信文化交流是推动文化发展的重要因素。随后他在长期坚实的学术研究的基础上系统提出的文化双向交流理论，虽然没有明确使用后来哈贝马斯"主体间性"的术语，但实际上早已表达了这一观念的核心意思。

③ 汤用彤：《文化思想之冲突与调和》，《汤用彤全集》第5卷，河北人民出版社2000年版，第279页。

④ 汤用彤：《文化思想之冲突与调和》，《汤用彤全集》第5卷，河北人民出版社2000年版，第281页。谢灵运《辨宗论》折中儒释，即是于佛学初来，便知中印同异之点，而作的综合。

总体上，这是一种由表及里，由浅及深，由分到合的文化发展模式。汤用彤总结的文化冲突与融合的规律，与黑格尔所谓正反合的哲学史发展过程不谋而合。第一阶段的"调和"是一种尚未深入的浅层认同，如格义、"佛道"、"佛玄"现象等。第二阶段，外来思想逐渐深入，社会已将其看作一严重事件，如白黑论争、毁法运动等。第三阶段，"外来文化思想已被吸收，加入本有文化血脉之中了。……不但本有文化发生变化，就是外来文化也发生变化。"① 两种文化接触时，所发生的这种双向选择和改变就是"融化新知"的必由之路。只有经历这一因看到不同而冲突、排斥、改造的过程，"外来文化才能在另一文化中发生深厚的根据，才能长久发生作用"。而且只有在这种"融化新知"的过程中，"国粹"或"国故"才能更加"昌明"。这种调和意味着创造性地整合与转化，但决不意味着本土文化根本特性的丧失。

汤用彤以印度佛教传入中国作为个案研究，以说明外来文化必须经过很大的改变以适应本地文化，才能被广泛接受。佛教中国化过程中，印度佛教与中国文化相合或相近的部分能得到发展，反之，不合或不相近的则往往昙花一现，难以为继。像中国特色的佛教宗派禅宗、天台、华严宗势力很大，而法相宗保持印度本色，结果虽有伟大的玄奘法师在上，也不能长久流行。② 隋唐以后，外来佛教已经丧失部分本色而成为中国化的佛教，而中国文化也因融合佛教而成为不同于以往的新文化。

至此，前面关于佛教对中国文化影响程度的两种对立意见，汤用彤虽然没有直接回答，但通过他对文化冲突与融合规律的阐述，我们自然能得到圆满的解答。两说虽各有所见，但都有局限，前者正确地看到了外来佛教并没有改变中国文化的走向，失误在于无视佛教对理学的深刻影响；

---

① 汤用彤：《文化思想之冲突与调和》，《汤用彤全集》第 5 卷，河北人民出版社 2000 年版，第 281 页。

② 汤用彤：《文化思想之冲突与调和》，《汤用彤全集》第 5 卷，河北人民出版社 2000 年版，第 279 页。

后者有见于佛教对理学发生的关键作用，但错误地认为中国文化因印度佛教的传入而根本转向。汤用彤合而观之，正得其全。在移植中这种双方的改变是不同文化融会贯通的过程。由是以进，其逻辑结论自然是主张在融合古今中西文化的基础上建设独立的民族新文化。

（二）解决文明冲突与融合的途径

虽然中外文化在交汇过程中互有消长，但是本土文化对外来文化的同化往往在整个文化传播过程中占有主导地位。外来文化中那些适应中国本土文化的部分，遂得以继续生存发展，而不适应或与本土文化相悖的部分，则自动退出文化传播的过程。这说明汤用彤是在坚持中国文化本位的前提下，主动吸收外来文化来不断为中国文化输入新鲜因子并使主体增强再生功能，从而保持中国文化的持续生命力。可见"文化移植"之终的是外来文化被纳入"本有文化血脉中"。他关于主客文化的综合把握与选择的见解，意在强调要以本民族文化为主体，积极整合外来文化，从而发展民族的新文化。这与文化人类学的新近观念是相合的。现代文化人类学研究认为一种文化有如一个人，表现为多少一贯的思想和行为模式，正像所谓"江山易改，本性难移"。各民族文化都是一种内含整合机制的独立文化模式。文化融合的过程也是特定文化模式丰富发展的过程。

汤用彤对"文化双向选择"的阐释，深化了学界对文化移植规律的认识。他以适合本国的国情作为文化选择的判断标准，并将之纳入文化冲突与调和的一般规律中加以考察，故其见解愈显精辟。此一基于历史的概括，旨在将文化史的研究导入"真理之探讨"的堂奥，其结论确实具有一定的普适性。后来，张岱年先生的"文化综合创新论"正是对这种文化理路的丰富、具体和深化。乔清举教授以日本的现代化过程为典型，从经济、政治和观念三个层次分析后发国家中"传统"与"现代化"的关系，指出日本传统文化与西方近代文化经历了一个相互选择和适应的双向互动过程，并分为四个阶段：一是选择和利用阶段，即选择和利用传统文化中的某些有利因素，接受西方近代文化。二是"全盘西化”的阶段。三是融合阶段。四是日本原则的提出阶段。① 我们认为，这四个阶段就其实质内容而言仍与汤用彤的文化融和三阶段理论相一致。中国现代革命史有力地证明了，马克思主义必须与中国革命的具体实践相结合而中国化，才能真正实际地发挥作用，在中国这块土地上生根开花。汤用彤从对文化史的研究中，所得出的上述结论，也可作为借鉴，以提高我们进一步把马克思主义与中国革命具体实践相结合的自觉性。②

我们应该用什么态度对待中印文化交流史与现实中西文化的关系？印度佛教的成功中国化与西方文化的中国化是否具有可比性？对于这类问题，汤用彤借《史记·高祖功臣侯者年表序》中司马迁的名言"居今之世，志古之道，所以自镜也，未必尽同"作了精辟的回答："过去的事不能全部拿来作将来的事的榜样。……不过仅仅推论已往历史的原委以供大家参考而已。"③ 他没有断定西方文化的中国化必定与佛教的中国化一样，而是指出了解以往的中外文化交流史，是将历史作为现实的一面镜子加以对照。在他看来，文化发展具有连续性，所以可以借鉴；但历史又有一维性，所以又不可生搬硬套历史经验，即"未必尽同"。这辩证地阐明了探索中西文化交流的规律何以要"志古之道"以自镜。理解此两点，佛教中国化的历程方能真正成为智慧之源。汤用彤正是以西学、佛学、玄学及三教关系的全部研究为背景，通过中外文化交流史所提供的历史经验和智慧来探寻一些规律性的认识，并用以指导现实的文化建设。他对于佛教中国化规律的总结有助于我们了解外来文化的吸收、融合的机制，进一步加深我们对自身文化的认识，有助于实现文化的自觉。蒙培元教授认为：汤用彤的这种中外文化观是建立在大量事实观察与理论分析之上的，因而有说服力，对于当前中西文化的争

---

① 乔清举：《日本近现代史中传统与现代化的四重关系》，《北京社会科学》1996 年第 3 期。

② 毛泽东对汤用彤著述的肯定，当与他对马克思主义中国化探索和汤著对外来文化中国化规律总结的共鸣有关。

③ 汤用彤：《文化思想之冲突与调和》，《汤用彤全集》第 5 卷，河北人民出版社 2000 年版，第 281 页。

论具有直接意义。①

汤用彤揭示的文化冲突与调和的命题敏锐地把握住了近现代中国文化的主题。中体西用、本位主义、西化论都是在此视域内的重建方案。在汤用彤看来，中国文化的开展就是在吸纳西学基础上的重建，自觉吸纳外来文化与重建中国文化应为一致的过程或同一过程的两个方面。此种融贯中西的文化观在对待中西文化的态度上，倾向于发扬传统文化，因而与国粹派的抱残守缺，西化派的激进反传统，划清了界限，突显了鲜明的个性，并超越了传统的体用框架，是为汤用彤的文化建设方略卓异于时人之处。因此，总结汤用彤的文化观不仅有助于理清以汤用彤为中坚的学衡派的文化运思理路，而且对于外来文化中国化规律的探索和当今的和谐文化建构以及解决"文明的冲突"都极富启迪意义。②

---

① 蒙培元：《大师风范，学者胸怀——写在〈汤用彤全集〉出版后》，《中国哲学史》2001 年第 2 期。

② 参见赵建华、赵建永：《外来文化中国化规律的先期探索——从汤用彤的文化双向交流理论看文明的冲突与融合》，《东岳论丛》2010 年第 6 期。

第三章

儒家研究

——新儒学的渊源

辛亥革命后，中国仍未摆脱积贫积弱，备受列强欺凌的困境，且在政治、军事、社会秩序等各方面陷入混乱局面；加之西方各种思潮蜂拥而入，对失去制度基础的儒学造成强烈冲击，从而导致了前所未有的意义迷失与传统文化的认同危机。如何尽快地拨乱反正，重建国人的价值体系，成为当务之急。这就为文化保守主义的崛起提供了条件，而欧战引发的西方文化危机则进一步为之提供了契机。作为学衡派中坚的汤用彤的文化保守主义观念正在此时开始形成，并走在了时代前列。汤用彤在这一时期的思想，较之学衡派的另一位核心人物吴宓，更为系统深刻，并对吴宓文化理念的形成有着深远影响。汤用彤在清华学校求学期间（1911—1918）时值从 18 岁到 25 岁，正处在价值观初步形成的关键时期。人生足迹从青年时代走来，从此处着手考察，往往会有惊人发现。因此，本章从新近发现的汤用彤最早的几篇论文①入手，来探究学

① 新发现的汤用彤清华遗文以《道德为立国之本议》和《论成周学礼》最为重要。两文主要参引的是《十三经注疏》、《大戴礼记》等儒家经典，《史记》、《汉书》等史籍，康有为、梁启

衡派思想产生的渊源。希望借此为学界对汤用彤的儒学思想及其与新儒家、学衡派关系的研究提供新的解读。

第一节　清华时期的道德立国论
——现代新儒学先声

　　笔者近来于清华大学图书馆发现了长期以来罕为人知的汤用彤早期作品《道德为立国之本议》。这篇遗文虽已尘封了近一个世纪，如今重读，颇感其中许多见解并未过时，是今天仍然需要继续探讨的问题。他在青年时期就出于忧国忧民的时代关怀提出的许多洞见，达到甚至超越了影响历史进程的诸多大家的深度和高度。这与他的家庭教育、知识分子的使命感以及平日的读书思考是分不开的。

一、古今中西之争激发的道德立国论

　　汤用彤清华求学期间，中国正处酝酿剧变的时期，政坛动荡，文化断裂。他在清华虽终日受西化教育，然对传统文化情有独钟，最显著的是其道德立国论。1914 年，年甫弱冠的汤用彤发表于《益智》①杂志"文篇"栏目的《道德为立国之本议》是现知他最早的论文，虽仅千余

　　（接上页）超、严复、章太炎的著述，以及一些新文化派的言论和西学书籍。汤用彤藏书中有不少对以上所引书籍的圈点、校勘和批注，反映了作者的独特观察视角和学术成长道路，对于这两篇作品的研究具有重要意义。原文未用新式标点，只有传统句读，且用典较多，文约义丰，文章背景时移境迁，读之益艰。笔者校理时，细检作者所读之书，查考其文征引出处，并联系当时所面对的文化问题，冀使滞义冰释，微言朗现。笔者整理校注的汤用彤《道德为立国之本议》、《论成周学礼》，以及两篇相关"学记"《从〈道德为立国之本议〉看汤用彤的为学旨归》和《由〈论成周学礼〉看汤用彤与儒学的现代转化》，刊于《中国哲学史》2010 年第 4 期"遗文钩沉"专栏。笔者对《道德为立国之本议》的解读《从汤用彤的首篇论文看学衡派的思想渊源》，刊于《哲学研究》2011 年第 11 期。

　　①　《益智》杂志是清华学校达德学会的会刊，梁启超题字，栏目有"文篇"、"诗词"等，多用文言。达德学会 1913 年 4 月由达德励志会和益智学会合并而成，是清华早期最主要的社团之一，宗旨为养成德智体三育兼优的完全人格。"达德"出自《中庸》"智、仁、勇三者，天下之达德也"，意指世所公认的美德。

字，但在其思想发展中却具有创作始基的关键作用，是揭示他早年心路历程和学衡派思想形成的珍贵历史文献。该文体现了汤用彤对儒典和史籍的熟读精思，深厚的国学根底，表现了他青年时代以至终生的道德关怀。文章以为道德人格的确立是立身行事乃至治国的根本所在，注重个人道德修养与国家盛衰的关系，认为道德危机比国家危机更为根本，主张家国盛衰，世运进退，皆以道德水准高低为枢机，并试图通过道德人格来改良世道人心，以挽救国家危机。由此可见，汤用彤早年已在关注道德人格与文化主体之间的关系问题，即怎样才能形成理想人格以担当文化救国的重任。这种以道德治理国家的理论，在当时社会条件下，虽显得过于理想化而难以实现，但不能忽视其正面的价值导向作用。在如何确立"道德人格"这一主调下，他从外来文化中国化的角度重点论述了新旧关系、家族主义与国家主义的关系、自由在中国传播过程中的异化、道德立国还是宗教立国等时代关键问题，提纲挈领地宣示了其试图熔铸古今中西文化之优长的初步尝试和学思理路。

（一）以返本开新处理新旧关系

《道德为立国之本议》首先从尊重历史连续性的立场出发批判了激进派割裂新旧关系的危害。汤文所言使立国根本坏之有余的"瞑眩之药"，当是针对梁启超的"破坏主义"而言的。梁氏引《尚书》"药弗瞑眩，厥疾弗瘳"以说明"破坏"为首要的美德和救国良药："破坏犹药也。……破坏主义者，实冲破文明进步之阻力，扫荡魑魅魍魉之巢穴，而救国救种之下手第一著也。处今日而犹惮言破坏者，是毕竟保守之心盛，欲布新而不欲除旧，未见其能济者也。"[1] 变法失败后，梁启超发表《自由书·破坏主义》、《十种德性相反相成义·破坏与成立》、《新民说·论进步》等系列论著，宣传剧烈的"破坏"是历史发展的"必然"。

上述不破不立，只有"破坏"才能"进步"的机械思维方式和激

---

[1]　梁启超：《十种德性相反相成义》，《梁启超全集》，北京出版社 1999 年版，第 431—432 页。

进做法的危害，在辛亥后更为严重。汤用彤愤而断言，这会使"圣贤、豪杰数千年持之而不足者，小子、后生一旦坏之而有余。长此推演，泽水猛兽之祸之又至，必矣！"事实证明他的担忧不是多余的，而是深具前瞻性的洞见。如后来暴风骤雨般的运动中"破四旧"、"大义灭亲"等狂热，有甚洪水猛兽，给中华民族带来了深重灾难。如果说梁启超定下了激进主义处理"新旧"、"传统与现代"关系的基本框架[①]，汤用彤则开启了保守主义在"新"与"旧"的平衡中处理"传统与现代"关系的方向。

汤文实际上已具有返本开新的意识，如其对儒学之道"返而求之"以及"取他国之淳粹，炉铸于本国之精神"的强调，对固有道德"一往而不复返"的哀叹，等等。后来他一直非常关注"返本"问题，通过对中外文化史上各种学说兴起和转折过程的考辨，力图阐明在尊重历史连续性的前提下，寻求新机制在旧体制内渐进成熟的规律。可以说这是实现传统文化现代转化的最为稳妥而有效的途径。这就决定了汤用彤所进行的传统儒学现代诠释和转化的努力，也是一种文化启蒙。而最有效的启蒙，应是从民族自身文化传统中发掘出具有现代精神的因素，作为融会新知的生长点。汤用彤的这些思想由于受到时代的限制而长期湮没，但经过历史血与火的教训，更加显示出它的现实意义。

清末民初在亡国灭种的危机下，如何整合一盘散沙的国民以救国的"合群"问题遂成为时代的显题，严复、康有为、梁启超、孙中山等人的政治观和伦理观都基本着眼于这一问题而展开。汤用彤该文的背景，正如他在 1963 年的《国庆感言》（未刊稿）中所说："在我年轻时，中国有瓜分灭种的危险。"爱国是其根本动机，但他认为"爱国"、"合群"必须立足于传统家庭的孝悌观才有成效，而不至于走向反面。汤用彤的这种理念是非常深刻的。如，日本法西斯军国主义以"爱国"为号召的战争和独裁，就是用"忠君"、"爱国"替换了"孝悌"应有的位

---

① 王中江：《进化主义原理、价值及世界秩序观——梁启超精神世界的基本观念》，《浙江学刊》2002 年第 4 期。

置。时人普遍以为"家族主义不足立于国家主义盛行之世"，汤用彤则从现实国情出发具体分析这种观点的缺陷，并阐发了家庭乃至家族观念对于国家建设的积极作用。在他看来，中国传统社会的一个特点是以家庭联合体的家族为基本，由家而国的结构。在观念上，就是家庭的孝悌上升而为国家的政治秩序，可以说孝悌思想是国体构成的理论基础。

孙中山在辛亥革命后，也逐渐认识到家族主义对国家建设的重要意义，分别于1920年和1923年为两篇族谱作序，主张从家族"亲亲"观念出发来"组合群力"，由宗族到国族，是构建民族精神，并进而天下一家、世界大同的有效路径。这还能避免国民与国家相背离的涣散局面，较西方以个人为单位更易联络。① 1924年，孙中山写成《三民主义》的《民族主义》篇时，更明确表示要将"民治最优厚之根柢"的家族主义改造成国族主义，借深入人心的家族主义之力完成革命大业。他还说："中国国民和国家结构的关系，先有家族，再推到宗族，再然后才是国族。这种组织一级一级的放大，有条不紊，大小结构的关系当中是很实在的。"因而他主张"用宗族的小基础，来做扩充国族的工夫"，"把各姓的宗族团体先联合起来，更由宗族团体结合成一个民族的大团体。"② 孙中山从传统家族观念诠释出有助于实现民族、民权、民生的因素，使家族建设具备现代国家建设的意义，以推动中国社会在最基本层面的现代转型。这些方针正是对汤文中"励行孝弟，移之以爱国，推之以合群"理念的系统化和政策化。

（二）批判"疑古"风潮，弥合文化断裂

当时正在兴起的"疑古"思潮引起了汤用彤的高度警惕，并借对待古代典籍的态度问题来批评这种风气："穿凿附会，以《周官》为非圣之学；割裂诡合，以《春秋》为改制之书。遂使制度典章，几无可

---

① 孙中山：《合肥阚氏重修谱牒序》，陈旭麓、郝盛潮主编：《孙中山集外集》，上海人民出版社1990年版，第633—634页；孙中山：《五修詹氏宗谱序》，《孙中山全集》第7卷，中华书局1985年版，第75—76页。

② 孙中山：《三民主义》，《孙中山全集》第9卷，中华书局1986年版，第237—240页。

信。"《周官》在汉初从民间发现，后更名为《周礼》，在《十三经》中列于"三礼"之首。传统观点以为《周礼》通过官制来表述治国方略，体大思精，非圣贤不能作，《周官》自是制礼作乐的周公亲定的官政之法。康有为的《新学伪经考》主张刘歆伪造古文经以助莽篡汉；《孔子改制考》则将孔子视为创教教主、改制圣王；《教学通义》认为："周、汉之间，无不以《春秋》为孔子改制之书。尊孔子者，不类后人尊孔子之道德，而尊孔子能制作《春秋》。"①康有为也是托古改制，意在破除时人对传统的盲从，以便提倡变法，而非真正的学术研究。这种怀疑观念在民国初年仍占据学界主流。

汤用彤担心文化的断裂，并不赞同康有为一味强调孔子改制而遮蔽了儒家的道德精神。就此而言，他虽非古文经派，但认为今文经派在否定经典方面，师心自用，疑古过于勇猛，使人对史籍存疑不信，进而怀疑一切固有学术文化。他高瞻远瞩地预见这股风气将严重危害民族文化的传承。以后事实也表明，此风与新文化运动合流形成了席卷学界的带有浓烈反传统色彩的疑古思潮。以顾颉刚、胡适和钱玄同为代表的疑古派辨伪手段变本加厉，并有走向极端，滑向民族虚无主义的危险，对于重振民族精神和自信极为不利。

无独有偶，钱穆早年也对康有为的刘歆遍伪群经之说"深病其牴牾，欲为疏通"②。钱穆出于与汤用彤相同的考虑，认为要扭转风气，必须匡正今文经派"穿凿附会"、"割裂诡合"的谬论，于是写成《刘向歆父子年谱》，发表于1930年6月《燕京学报》第7期。该文追本溯源，逐条指出康有为曲解史文之误及其原委，系统批驳了古文经系刘歆伪作之说。今文经派说刘歆造伪献媚主要是指《周官》一书，因而厘清《周官》的创作年代对于纠正此谬说就有关键意义。

钱穆又撰长文《〈周官〉著作时代考》刊于1931年6月《燕京学

---

① 康有为：《教学通义》，《康有为全集》第1集，上海古籍出版社1987年版，第125页。
② 钱穆：《刘向歆父子年谱》，《古史辨》第五册，朴社民国24年1月初版，第106页。

报》第 11 期①，接续《年谱》中的思路，在确凿材料的基础上考证出《周官》成于战国晚期至汉代以前，既非周公所作，也非刘氏伪造。钱穆论证细密，以客观史实结束了经学的今古文之争，并洗清了刘歆伪造《左传》、《毛诗》、《古文尚书》、《逸礼》诸经的不白之冤。这种做法与汤用彤主张确考古籍年代并发掘其真价值以阐扬民族精神的主张自是心有灵犀。正因如此，汤用彤读罢钱文有大获吾心之感，其欢欣是不言而喻的。借此，我们才能理解汤用彤主动登门拜访钱穆并一见如故的缘由。

钱穆记述 1931 年自己刚赴北大任教时，"锡予来余寓，适余外出未相值。翌日，锡予母来告吾母，锡予少交游，长日杜门枯寂。顷闻其昨来访钱君，傥钱君肯赐交，诚汤家一家之幸。翌日，余亟趋访，一面如故交。"② 从此，他们成为莫逆之友。汤家藏书中至今仍珍藏着钱穆当年送给汤用彤的该文单印本，书脊上有汤用彤以毛笔楷书题写的"周官著作时代"六字。考虑到他极少在学友所赠书文的相应位置上题字，这在某种意义上表明了汤用彤对钱文的重视，由此我们可以推测汤氏对钱穆考证之说的认同和赞赏。经过长期反复争论，如今学界已基本接受了钱穆的论断。《周礼》虽经后人损益，成书稍晚，但仍是我们研究周代礼制的主要文本。对新派疑古过勇的倾向进行反拨，是汤用彤和学衡派同人的共识，也正是由于这层原因钱穆成为《学衡》理念的支持者。汤用彤与钱穆的共同努力表明，他们都是"走出疑古时代"的前路先驱。

二、以主体性人格阐扬民族文化主体性

为学当先立宗旨，汤用彤遵循的是"昌明国粹，融化新知"。这八个字虽始于 1922 年才作为《学衡》杂志的宗旨印在该刊上，但汤用彤

---

① 该文后与《刘向歆父子年谱》、《两汉博士家法考》、《孔子与春秋》共四篇专论一起收入《两汉经学今古文平议》一书。

② 钱穆：《忆锡予》，《汤用彤纪念论文集》编辑委员会编：《燕园论学集》，北京大学出版社 1984 年版，第 23—24 页。

早在《道德为立国之本议》对时学之弊的批评中已透露出此种思想：

> 夫言新学者无论矣。其以旧说昌者，亦大都强自为说，以孔道纳诸新学而已。不取他国之淳粹，炉铸于本国之精神，而以数千年之学术，求合于欧美之殊俗。①

此言孤明先发，可谓学衡派"昌明国粹，融化新知"宗旨的最早表述，突破了古今中西之争长期纠缠的体用框架而独树一帜。他反对西化，主张树立道德人格和确立文化的主体性来充分以中化西，于文化建设至关紧要的民族取向问题作出了规划。这正是汤用彤研究中外历史文化的指导方针，意旨宏伟，从根本上将整个旧有文化体系的认识翻转了。

（一）《道德为立国之本议》中主体性意识的自觉

汤用彤于民国初肇就意识到正在萌发的"全盘西化"思潮的危害，力主树立民族精神的重要。他看到自由、平等观念在中国"嫁接"不当，流弊已广，辛亥后更极度异化，严重影响了社会秩序的稳定与正常发展。对此，他有深刻的揭示与分析：

> 自自由、平等之说昌，而礼防大坏。未得其人道、独立之精神，而先成不戢之恶习。遂至朝堂之上，政以贿成；清议之言，依时丕变；以模棱为活泼，以放佟为倜傥；同乎流俗，合乎污世；江河日下，莫或挽回。尤其甚者，暴戾恣睢，名为"平等"；放僻邪侈，号曰"自由"；强者食弱者，黠者阱愚者。窃开明之式，而适成野蛮之俗，不亦慎乎？②

汤用彤并不是反对自由，而是主张应先树立起主体性道德人格，方能言自由，也只有如此才不至于使自由在中国变质。他在《理学谵言》中解

---

① 汤用彤：《道德为立国之本议》，《中国哲学史》2010 年第 4 期。
② 汤用彤：《道德为立国之本议》，《中国哲学史》2010 年第 4 期。

说王阳明思想的现代意义时，批评新青年的"不法律之自由，不道德之平等"①，把自由理解为少数人亦有坚持并宣传自己的独立主张而不被流俗干扰的权利。孙尚扬教授认为，这不论是从抽象的哲学层面还是从具体意义上，都已深入自由、独立之真意。② 汤用彤一生最重学术自由，坚执知识分子的独立自由意识，并致力于寻求传统主义与自由主义的契合。激进派欲借西方自由民主观念摧毁传统文化，汤用彤则以最富有现代意义的自由民主思想打破新潮对话语权的专断而为传统文化保存一片生存空间，开启了传统主义从自由主义中寻求立足依据的新路向。

　　汤用彤以古罗马因失本国之精神而亡国为例来说明确立文化主体性的重要。罗马帝国灭亡原因是国际史学界争论不休的话题。表面上看，罗马直接亡于外族入侵，但这种外部威胁始终存在，其灭亡当由内部因素造成。所以只从政治、经济、军事等外在因素分析罗马帝国的衰亡，在汤用彤看来还不是根本，应从罗马本身去寻找更深层的文化原因。文中所说罗马"醉心希腊文化"是指罗马的希腊化阶段③。此间，罗马在哲学、教育、语言、艺术、宗教、风俗各领域都受到希腊的深刻影响。罗马吸收外来文化时，在保持自身文化的独立性方面做得不够。在一定意义上说，罗马文化只是对希腊文化的一种并不完善的翻版。这种醉心的模仿仅学到了希腊文化的皮毛，忽视了其精神内涵，尤其是放弃自身主体性文化的建树而专事模仿，从而难以做到融会新知。如，罗马多是叙述希腊哲学，没有自己真正的哲学体系。

---

①　汤用彤说："世人惟其不知在良知上之必须作工夫，故不知谨独而放僻邪侈，不知戒惧而流连荒忘，无所谓信义，更无所谓礼仪。且也自以为风雅倜傥，而自笑人之守礼者为迂阔，远于事情，其亦知阳明礼即天理之说乎？甚矣，阳明所言之明透也！胸襟洒落即身广也，即坦荡荡也，而非谓逾闲破矩不加检束也。洒落亦生于天理之常存，生于戒慎恐惧之无间，而非谓生于不法律之自由，不道德之平等也。……阳明此数语，精深独到，愿有志者察之，而铭之座右也。"汤用彤：《理学谵言》，《汤用彤全集》第 5 卷，河北人民出版社 2000 年版，第 5 页。

②　孙尚扬：《从真理到价值——综论汤用彤的文化思想和学术成就》，《新视野》2005 年第 1 期。

③　罗马的希腊化时期一般以亚历山大大帝去世前后为起点，以罗马帝国的衰亡为终结。汤用彤东南大学和南开大学时期的《西方哲学史》讲义对之多有绍述。

立国精神衰微，遂导致社会腐化，风习颓坏。

一个道德沦丧和失去文化主体意识的国家自然难以长久维持，即便无外敌入侵，也会在腐败中没落。因此，汤用彤以"变夏为夷，谓他人父"来抨击将国家导入歧途的西化。孟子说："吾闻用夏变夷者，未闻变于夷者也。"（《孟子·滕文公上》）汤用彤虽受到这一信念的影响，但他并非盲目信从，而是在对中外文化交流史客观研究的基础上，认定中国文化的本质特征和发展方向不会因外来文化而改变，因而他主张化西而非西化。

汤文中，"谓他人父"典出《诗经·王风·葛藟》，原诗云："绵绵葛藟，在河之浒。终远兄弟，谓他人父。谓他人父，亦莫我顾！"《毛诗序》释曰："《葛藟》，刺平王也。周室道衰，弃其九族焉。"全诗写流离失所，寄人篱下求乞的凄惨，即使靦颜认他人做父母也未获怜悯。汤用彤以此衬照文化主体性丧失后的悲哀。由是他认定"一国之兴亡，非系乎甲兵、政事，乃视乎道德之高下，尤视乎本国固有道德之存亡。"这是此后他一直坚持的基本看法。严复也是基于这种保持固有道德的认识，于1914年提出《导扬中华民国立国精神议》，批评变质的自由、民主观念，吁请政府调整国策，以传统的忠孝节义为立国精神。这项建议经参政院审议通过，并以总统令的形式颁布全国，但由于袁世凯的倒行逆施而未果。

对于与道德立国密切相关的宗教问题，汤用彤也从具体的国情出发给予了合理的解答。"中国民无宗教观念，以致不振"是清末民初国内外学界较为普遍的看法。中国文化建设是否需要宗教参与，以及宗教的地位和作用问题，成为时代的重要课题。汤用彤该文的宗教观及其毕生的宗教研究都是对此问题的一个回应。1906年章太炎在东京留学生欢迎会上演说，提出中国最紧要的两件事，一是"用宗教发起信心，增进国民的道德"；二是"用国粹激动种性，增进爱国的热肠"。章太炎同年在《民报》第9号还发表《建立宗教论》，主张以佛教为基础建立无神无我的新宗教。汤用彤对章氏著述相当关注，在吸取其合理内核的同时，也常与好友就其中理论缺陷提出质疑，展开讨论。

汤用彤所首肯的宗教，不是某一具体教派，而是其中所蕴含的一种人类崇高的精神追求。他试图从佛教等宗教中汲取人格精神力量，既是对新人文主义倡导的从古典文化中寻求道德内在制约力的身体力行，也是服膺新人文主义的他努力寻求的精神动力和文化资源。他的宗教研究注重理想的主体性道德人格的形成以及崇高人格精神的道德感召作用，并欲以之作为中国文化重建的基石，充分体现了其深切的新人文主义关怀。这说明汤用彤主张道德精神论的信仰观，具体国情决定了中国文化向以道德为本，无须宗教立国。但他强调佛教等宗教对于建立国人道德信仰世界的重要，就主体性道德人格为立国之本的问题提出了建言。

（二）主体性人格精神对汤用彤文化研究的意义

从思想内容看，在《道德为立国之本议》之后，汤用彤的著述是从各个层面对主体性道德人格这一主题作进一步的发掘和深化。主体性道德人格是指人作为主体以道德形式表现出来的本质特征和个性品质，亦即自觉、自由、自律、自尊、自立的道德人格。与此相对立的是依附性人格，亦即鲁迅《阿 Q 正传》所刻画的奴性人格。汤著中着眼的主体性道德人格是一种以人为本的主体意识，而主体性道德人格正是当今时代的理想人格。《道德为立国之本议》一文已极其关注历史上入侵者被本土文明融合，从而保持自身发展连续性的现象：

> 顾不数百年或数年，外族卒为吾民族所同化，或除驱。晋之五胡、唐之突厥、宋之辽金，以暨蒙古，均其证也。盖非强弱倏变，实胜之以道德耳。①

此言揭示了汤用彤全部学术思想的一个重要发端。他正是通过对佛教中国化的历程进行鞭辟入里的研究，而总结出不同文化冲突到调和的规

---

① 汤用彤：《道德为立国之本议》，《中国哲学史》2010 年第 4 期。

律。作为杰出思想家，汤用彤研究方向和重点之选择皆深蕴复兴民族文化的精神动力。他重点研究汉唐佛教史是因晚清以降传统文化遭遇西学与当年儒学经受佛教冲击的境遇相似，皆面临退守乃至生存危机。如何主动对西学加以选择、传介和吸收，是决定中国文化现代命运的关键所在。汤用彤期望从历史上成功化解佛教的征服中找出回应西学挑战的方法。他通过弘发主体性道德人格以复兴民族本位文化的立场考虑外来文化的传入与吸收问题，虽强调了外来文化对中国之影响，但读后使人对中国文化的未来充满了信心。

汤用彤文中认为："国本之维，专系乎汉经师、宋道学、明王学之力。"正是基于这种对中国文化真精神问题的长期思考，他在一战刚爆发时就写出长文《理学谵言》，痛斥社会道德沦丧，而欲把反躬实践的理学作为普世道德理想的寄托。如果说《理学谵言》表达理学现实意义这一主题是激愤的呐喊，那么《汉魏两晋南北朝佛教史》、《隋唐佛教史稿》在开掘此主题时则是平实而严谨的学术研究，其思想更为深湛、成熟和圆融。他对魏晋玄学的梳理也是在进一步阐明这一主题。

我们还可以从汤用彤研究玄学的原因来认识《道德为立国之本议》作为"总纲"的意义。《汉魏两晋南北朝佛教史》出版后尽管誉满学界，但他仍不满意，多次想作修订，以补充玄学及三教关系方面的内容。他认为《汉魏两晋南北朝佛教史》对本土思潮反映不够充分。故此开始专门研究魏晋玄学，认为玄学虽是老庄思想的新开展，但也是对儒家经典的新诠释。这说明他研究玄学的深层原因是想深入探究中国哲学未曾中断的传统，也是对《道德为立国之本议》一文化主体性意识的拓展和深掘。因此，弘发"主体性道德人格"的成人本质作为《道德为立国之本议》的思想核心，具有深邃的洞察力和恒久的影响力。

综观汤著，可以发现汤用彤此后的作品基本是《道德为立国之本议》思想内容的深入发掘和具体展开。可以说，该文是他清华时期思想的纲领，也是理解其后各类著述及学衡派思想发端的钥匙。汤用彤毕生的文化探索，确以此为基点。他晚年竭力整理《高僧传》仍是在向这个出发点复归。由处女作成为以后所有著述的总纲，是学术史上饶有兴味的现象。《道德为立国之本议》包孕了深湛的智慧，融注了他早年研究中外文化的生命体验，具有高度的概括性和政论色彩。由于文章主题和篇幅的限制，有些内容只能象征性地点出。这就使得他可以通过更为具体的学术研究进而发挥其中的思想并使之系统化。随后一篇篇传世经典走入了世界学术的殿堂。《道德为立国之本议》成为他全部思想的总纲，这一现象的产生是由汤用彤家庭教育背景和人生经历所决定的，是其思想发展的必然。他思想的演进反映了中国现代文化的发展轨迹，可以说是中国学术现代转型的一个缩影。

汤用彤的中外文化观追求民族性与时代性的统一，是具有深远前瞻性的正确洞察，需要我们引申和发扬。我们过去只是看到汤用彤批判新文化派，只注重他对印度学、佛教、玄学的精深研究，而没有注意到他对儒学的重视是始终一贯的。1941 年 1 月 7 日，汤用彤在儒学会的一次长期鲜为人知的演讲，就充分表明他对儒学的尊奉由来已久。据吴宓记述，这次演讲的大意如下：

> （一）中国文化即是儒教、儒学。若释若道，均非中心及正宗。（二）中国与印度之历史情境及思想，甚为近似。而中国与西洋（无论古希腊或近今之西洋）则相差甚远。今世西洋文明以科学为基本。中国今兹接受西洋文明，教育学术思想行事，一切以西洋为本位。则其轻视或不能了解中国文化也固宜。今应如何改途易辙，方可发挥光大中国文化（即儒教），以救中国且裨益世界。此为甚重要之事，亦极艰难之事，愿会众熟思之。①

汤用彤的演说接续了《道德为立国之本议》以儒家为本位来批判"不取他国之淳粹，炉铸于本国之精神，而以数千年之学术，求合于欧美之

---

① 《吴宓日记》第 8 册，三联书店 1998 年版，第 7 页。汤用彤与吴宓皆为儒学会成员。

殊俗"的思路，更明确地表达了他以儒家为中华文化主干的坚定立场，反对以西方为价值标准，批评了在吸收外来文化问题上本末倒置、反客为主的不良倾向，从而强调了外来文化中国化过程中的文化主体精神。基于这种认识，汤用彤的研究都是力图阐发本土文化与外来文化从冲突到融合过程中的主体性原则。如此引进外来文化，方能使中华文化免受削足适履之苦，并得以走向世界。

我们可以通过汤用彤在当时进行的佛教和玄学研究中对理想的主体性人格的强调，来进一步明确汤用彤这次演讲被吴宓赞叹为"论极渊邃"的深刻蕴意。借主体性人格的力量以弘中国传统之道的理念深深地影响了汤用彤的学术研究。他治佛教最为契赏高僧们的伟大人格精神，其创作《汉魏两晋南北朝佛教史》意在"俾古圣先贤伟大之人格思想，终得光辉于世"。① 由是他自然对古人的崇高人格怀有一种同情和敬意，并进而提出"同情默应"和"心性体会"的研究方法。汤用彤对主体性人格的关注并不限于儒学，他的佛教、玄学、道家、西方哲学研究及教育思想无不贯穿这一理念。②

正是基于弘扬理想的主体性人格以融会东西文化的济世宏愿，他将毕生精力贡献于学术研究，力求为外来文化与本土文化的冲突与调和这一时代课题的解决提供历史参照。外来文化的中国化，终究要落实到人的主体性上，而人的主体性必应承载着其所处文化的主体性。因而主体性人格的自觉是实现文化自觉和民族复兴的关键。以《道德为立国之本议》为起点，汤用彤通过高扬主体性人格揭示了中华文化发展的主体性和连续性，解决了佛教与中国文化关系的历史难题。

综上可见，《道德为立国之本议》可谓汤用彤的一篇文化宣言，无论是对他的治学方向，还是《学衡》宗旨的确立，都具有奠基作用，从

---

① 汤用彤：《汉魏两晋南北朝佛教史》，《汤用彤全集》第 1 卷，河北人民出版社 2000 年版，第 655 页。

② 他认为：魏晋时代"一般思想"的中心问题为："理想的圣人之人格究竟应该怎样？"因此而有"自然"与"名教"之辨。汤用彤：《魏晋思想的发展》，《汤用彤全集》第 4 卷，河北人民出版社 2000 年版，第 105 页。

此他将自己的学术生涯规划与民族文化的发展前途紧密联系起来；其中追求的人格精神，经过新人文主义的创造性诠释和现代转换，对他的全部学术研究更具指导意义。他的相关研究凸显了人格精神在文化对话、融合中的价值和地位，为中国文化融旧立新、多元一体的重构，做了抉择建材的奠基工作，也为中国佛教史、哲学史和文化史研究开辟出新途径。回顾和梳理汤用彤的治学道路，不仅对于宗教史研究有重要意义，还对系统总结他的治学方法，更有效地促进中国哲学史和文化研究范式的发展创新有深刻启迪。①

第二节　理学救国论
——传统儒学的现代诠释

本节从汤用彤早年在清华时期的《理学谵言》等儒学论文入手，来探究新儒家和学衡派思想产生的渊源。他以道德为立己和立国的基本，阐发以道德实践为本的宋明理学救治时弊的效用和它所具有的普遍价值。辛亥革命后从"反传统"到"接续"传统，学衡派是一个转折点。汤用彤主导的学衡派在思想上与新儒家息息相关，都强调儒家的道德价值及其现实意义。

一、道德救世说

汤用彤最早发表的论文《道德为立国之本议》是其学术思想的总纲，而他的第二篇论文《理学谵言》则是他对如何把道德落实于现实救国层面的具体论证。1914 年 9 月至 1915 年 1 月，汤用彤在《清华周刊》第 13—29 期连续 17 期发表《理学谵言》（2.3 万字），集中体现出他力图熔铸古今中西道德文明的初步尝试，字里行间洋溢着他对弘发中国文化真精神的无限激情。

---

① 参见赵建永：《从汤用彤的首篇论文看学衡派的思想渊源》，《哲学研究》2011 年第 11 期。

汤文用"谵言"（病中胡言）作标题，与时人非难传统有关。新文化派以为反传统就是属于进步和科学，把体现了传统道德的理学视为糟粕。加之对进化观的庸俗理解，遂使人在未深刻认识传统前便已有先入为主的偏见。这都妨碍了对理学的客观评价。汤用彤起初亦受其影响，他说："于是，见不合时宜者恶之，见不同流俗者恶之，见理学先生则尤恶之。自入京师，即遇某理学先生，亦与同侪大斥之者屡。"但认真研习理学后，汤用彤的思想发生了根本转变："在校无事时，偶手翻理学书，初格格不相入，然久之而目熟焉，知有所谓理，所谓性矣。复次而知程朱陆王矣，复次而溺于理学之渊矣。"① 他的新旧相对论承认社会从总体上是向前发展的，但这并不意味着任何事物新的都好，旧的都坏，或新旧之间没有连续性而只是彻底决裂。但在反传统思潮弥漫之时，要为理学正名，不能不顾虑时尚所趋，故汤用彤言："我虽非世人所恶之理学先生者，然心有所见，不敢不言，以蕲见救于万一，于是擅论古人，着其语之有合于今日，尤有益于侪者于篇。"②

《理学谵言》分"阐王"、"进朱"和"申论"三部分，分别对王阳明的知行合一、致良知、存养省察、克欲制情、克己改过、格物和朱熹的性理本体、天理人欲、主敬穷理、反躬实践进行阐释，均明其得失，详其利害，并针对时弊而发，探寻理学现代意义的用心跃然纸上。汤用彤辨朱王之异同，不泥前说，而以为"朱子之学非支离迂阔者"③。然就社会功用而言，汤用彤反对"称王学而弃朱子"，认为时弊"以王学治之，犹水济水，不如行平正之学为得，此余阐王进朱子之微意也"④。他提出：

> 阳明亦存朱子根本之说……阳明之于朱子实亦力为推许，力为

---

① 汤用彤：《理学谵言》，《汤用彤全集》第 5 卷，河北人民出版社 2000 年版，第 3 页。
② 汤用彤：《理学谵言》，《汤用彤全集》第 5 卷，河北人民出版社 2000 年版，第 3 页。
③ 汤用彤：《理学谵言》，《汤用彤全集》第 5 卷，河北人民出版社 2000 年版，第 27 页。
④ 汤用彤：《理学谵言》，《汤用彤全集》第 5 卷，河北人民出版社 2000 年版，第 27 页。

辩护。后世或黜王而推朱，或弃朱而言王，各有其所见，各行其所是，则此犹不加病躯以药石，而先投以甘旨，不援溺者登岸，而先投以衣食也。①

朱子论心性之处，陈言甚高，比之阳明之良知说甚同。阳明专任天性，而朱子乃惧专任天性之不足，进以穷理思精，而人以为破碎矣。②

对此，蒙培元教授评价是："发前人之未发，同传统的'扬此抑彼'之论不可同日而语，就是在今天，我们这些专门研究理学的人也未必能达到如此深刻的理解程度。"③《理学谵言》对包括朱熹、王阳明在内的理学，有非常深刻透辟的分析。这表明在朱学、王学之间，汤用彤不固执一偏。他写这类文章，不是专门讨论理学问题和朱、王异同，而是以理学为代表说明中国哲学之精神，这就是重视"人心"，重视"民德"，这也是立国之"本"。但这决不是泥古、保守，而是通过对中西哲学文化不同特质之比较以树立国人之精神信念④。

汤用彤把传统理学与对现实问题的思考结合起来，强调当时追求西化的迷失及中国传统断绝的危险，将时弊总结为"风俗趋于浮嚣"，"人心流于放荡"，"逾闲破矩而不加检束"，导致盲从"不法律之自由，不道德之平等"。他对此有感而发："时至今日，上无礼下无学，朝无鲠直之臣，野无守正之士。加以西风东渐，数千年之藩篱几破坏于一旦，而自由平等之说哄动天下之人心。旧学既衰，新学不明，青黄不接，岌岌可危。噫，伏生之不作，谁抱遗经？孟子之不出，胡闲圣道？潮流荡漾水生黑海之波，风云变幻雨洒西方之粟。名世者之不出，苍生益陷于涂炭。于是乃风俗猖披，人情诡

---

① 汤用彤：《理学谵言》，《汤用彤全集》第 5 卷，河北人民出版社 2000 年版，第 14 页。

② 汤用彤：《理学谵言》，《汤用彤全集》第 5 卷，河北人民出版社 2000 年版，第 26 页。

③ 蒙培元：《大师风范，学者胸怀——写在〈汤用彤全集〉出版后》，《中国哲学史》2001 年第 2 期。

④ 参见蒙培元：《大师风范，学者胸怀——写在〈汤用彤全集〉出版后》，《中国哲学史》2001 年第 2 期。

诡，奸伪阴险书尽南山之竹，暴戾恣睢洗秽东海之波。"① 此段套用了他自幼熟诵的庾信《哀江南赋》的磅礴句式，借赋中悲苦之辞，抒发伤时之情。新旧过渡失序造成了社会道德沦丧，人心不古，世风日下，国家积贫积弱。

汤用彤痛斥当时社会道德沦丧，继而把理学作为道德理想的寄托。他说："本国之学术实在孔子。孔德之言性者，实曰理学"②，认为理学继承发扬了孔子以道德解释心性的真精神。为此汤用彤号召"理学救国"，强调救国须从国民道德入手，因而他志于"穷理"，盛赞儒家反躬实践之学。以为修身大要在穷理以致其知，反躬以践其实，而以居敬为主，全体大用，兼综条贯，表里精粗，交底于极，③ 谓圣人之学，本心以穷理，顺理以应物。他认为理学尤其是朱王之学中关于立志、存养、省察、为己、克欲、学道等等，俱精微深切，有体有用，因而提出理学是"中国之良药也，中国之针砭也，中国四千年之真文化真精神也"④，为补偏救弊之良药和驱浮去嚣的实学。麻天祥教授认为：旧学既衰，应使之重振，新学不明，须以理学救弊，这是汤用彤向传统折返的缘由。在汤用彤强烈的道德意识中独重理学之原因，是理学既可治国人之情滞性惰，又可使国人言行谨严。有志救国不能光靠科学，也要求之于理学，即鞭辟入里之学。这也同当时用国粹激励种性，增强国民道德的时代思潮相吻合。⑤

汤用彤关于传统道德现代意义的系统表述是其清华期间提出的以"明道进德为要"的"理学救国"思想。世间悲苦诱发了他对人生善恶及道德标准问题的关切。他将道德判断作为看待世事的首要标准，把道

---

① 汤用彤：《理学澹言》，《汤用彤全集》第 5 卷，河北人民出版社 2000 年版，第 27—28 页。

② 汤用彤：《理学谵言》，《汤用彤全集》第 5 卷，河北人民出版社 2000 年版，第 29 页。

③ 黄宗羲《宋元学案》总结朱熹治学大旨说："其为学大抵穷理以致其知，反躬以践其实，而以居敬为主，全体大用，兼综条贯，表里精粗，交底于极！"汤用彤将此当作为学要旨，可见他注重把治学与人格的修养实践结合为一体。

④ 汤用彤：《理学谵言》，《汤用彤全集》第 5 卷，河北人民出版社 2000 年版，第 3 页。

⑤ 麻天祥：《汤用彤评传》，百花洲文艺出版社 1993 年版，第 136—138 页。

德文章当作自己生命所系，追寻着具有普遍价值的道德理念，即使在介绍西方社会科学和自然科学知识时也以发明道德之要为中心。他把自己的哲学选择和理想当成一种超越的道德追求，以为人当以返己归仁为心：

> 骄与嫉者，人类之蟊贼也，社会中之破坏家也，国家天下之恶魔炸药也。以此布之田亩，则嘉禾变为稗败，以此置之川流，则甘露变为鸩毒，败坏人类之武器手枪乎炸弹乎，当皆望尘莫及矣。虽然，有破坏家自有建设家，有鸩毒自有苓参，有嫉骄之贼，人心自有反躬实践之可以挽救。向使一人知反躬实践，则天下多一善士，人人知反躬实践，则天下将无恶人。盖仁义礼智四端，皆在于我者，人性本善，近取即是，反躬实践即得本，无用深探，更无用他求，故人类之福星，即在人类之一身，非必他求也。①

他立论的中心是重彰儒家复性说，认为道德是立己之本，也是国家建设的基本。汤用彤坚信反躬实践为本的宋明理学具有普遍价值，对救治时弊有不可思议之效。所以他主张通过躬行道德以解决"精神衰弱"的民族文化危机，从而挽救国家危机。

二、民族文化的新开展

《理学谵言》最后呼吁："今也时当春令为一岁之首，送尽严冬，摧残腊鼓。是时也，诸君类当有一岁之新，猷新谋，而于身心之际，尤当首加以省察。固不必朱子，不必阳明，而要以道德为指归，以正确之目光坚强之心胸为准的，树德务滋，除恶务尽，自强自胜，则虽未学晦庵阳明之学，亦实晦庵阳明之所许也。记者之作《理学谵言》亦非欲人人从二人之学，实仅欲明道德之要。"② 这种胸怀表现了青年汤用彤自

---

① 汤用彤：《理学谵言》，《汤用彤全集》第 5 卷，河北人民出版社 2000 年版，第 23 页。
② 汤用彤：《理学谵言》，《汤用彤全集》第 5 卷，河北人民出版社 2000 年版，第 31—32 页。

强不息，不断超越自我的求实精神。他最终所向往的不是欲人皆从朱王之理学，而是一种志于表明道德作为中国文化重要特质的文化理想。由此不难窥见他探寻儒学现实意义的苦心孤诣。

汤用彤不以西方文明为救国良药的原因是，从外国求得的东西不合国性，突出了民族传统在文化交流中的本位地位。他从基于相对主义特色的文化多元论出发，从社会心理对异族文化的拒斥角度，说明发展新文化"求之外国不合国性，毋宁求之本国"①。正如孙尚扬教授所论：汤用彤主张每种文化都应以其本身内在的标准加以评断，外来的评判标准都难以达其内核。文化多元论强调文化的民族特殊性，强调自己文化具有不可替代的精髓，这是建立民族自信心的一种精神武器。"在新旧相逼、中外相交之际，这种相对主义的文化多元论较之于当时的国粹派而言，是心理防卫上的一种退却，也因其一定程度上的现代性而在理论上显得较为圆通。"这种文化多元论的相对主义色彩愈浓，则其对本国传统的认同便愈深。客观上，这种相对主义的文化多元论，也构成文明进步合力中的一股力量，在事实上成为维系民族自信心的重要因素。②

汤用彤认为引介西方文化应当注意中国国情，尤其是国民心理的特点，因此，他重视集中体现了民族传统精神的理学，并对新派的做法有上述批评。他着重指出："吾国于世界上号称开化最早，文化学术均为本国之产，毫不假外求，即或外力内渐，吾国民亦常以本国之精神使之同化，而理学尤见吾国之特性。"③ 他强调源远流长的中国文化的超稳定性，以及善于汲取、同化外来文化之长。但时人却偏于表面，"无深入之理想，取毛取皮而不究其根源，即如今日国学之不振，亦未尝非由于此病"④。他分析原因说："自西化东渐，吾国士夫习焉不察，昧于西学之真谛，忽于国学之精神，遂神圣欧美，顶礼欧学，以为凡事今长于古，而西优于

---

① 汤用彤：《理学谵言》，《汤用彤全集》第 5 卷，河北人民出版社 2000 年版，第 29 页。

② 参见孙尚扬：《从真理到价值——综论汤用彤的文化思想和学术成就》，《新视野》2005 年第 1 期。

③ 汤用彤：《理学谵言》，《汤用彤全集》第 5 卷，河北人民出版社 2000 年版，第 27 页。

④ 汤用彤：《理学谵言》，《汤用彤全集》第 5 卷，河北人民出版社 2000 年版，第 31 页。

中，数典忘祖莫此为甚，则奴吾人，奴吾国并奴我国之精神矣。是非不明，理势之又一大病耶，知其病则宜常以心目共同观察，遇事遇物随地留心，精于锻制，工于取法，若此则全为朱子穷理之学。故治朱子穷理之学者，后日成功之张本也。"① 他不是反对输入西学，而是希望国人对外来学说要有正确态度，用本国文化的真精神融会外来思想，所用方法是借确立民族文化主体性的途径来解决各种问题。

汤用彤后来通过佛教中国化的历程进行鞭辟入里的研究，而总结出文化冲突到调和的规律，并以复兴民族本位文化的立场来考虑外来文化的传入与吸收问题。因此，贺麟说："（汤用彤）根据他多年来对中国文化学术史的研究和观察，对于中国哲学发展之继续性（continuity）有了新颖而深切的看法。他一扫认中国哲学的道统在孟子以后，曾经有过长期失传的褊狭的旧说。他认为中国哲学自来就一脉相传没有中断。即在南北朝隋唐时代，当佛学最盛，儒学最衰时期，中国人并未失掉其民族精神。外来文化只不过是一种偶然的遇合，外在的刺激，而中国利用之，反应之，吸收之，以发扬中华民族精神，并促进中国哲学的新发展。他这种说法当然是基于对一般文化的持续性和保存性的认识。这种宏通平正的看法，不惟可供研究中国文化和中国哲学发展史的新指针，且于积极推行西化的今日，还可以提供民族文化不致沦亡断绝的新保证。而在当时偏激的全盘西化声中，有助于促进我们对于民族文化新开展的信心。"② 而此处贺麟所谓"民族文化新开展"，正是现代新儒家的标帜。

将汤用彤和现代新儒家放在一起加以对比，更能凸显其学说的新儒学的性质，故先须界定现代新儒学的定义。方克立先生指出："现代新儒学是产生于本世纪20年代、至今仍有一定生命力的，以接续儒家的'道统'、复兴儒学为己任，以服膺宋明理学（特别是儒家的心性之学）为主要特征，力图以儒家学说为主体为本位，来吸纳、融合、会通西

---

① 汤用彤：《理学谵言》，《汤用彤全集》第5卷，河北人民出版社2000年版，第31页。
② 贺麟：《五十年来的中国哲学》，辽宁教育出版社1989年版，第23页。

学，以寻求中国现代化道路的一个学术思想流派，也可以说是一种文化思潮。"① 现代新儒家产生的时间一般以 1921 年梁漱溟《东西文化及其哲学》的出版为标志，其特点是继承传统儒家，尤其是宋明理学，吸收西方文化，寻求中国的现代化。乔清举教授认为：

> 新儒学思潮有其"儒"处，也有其"新"之处。它的"新"，在于它经历了西方文化的冲击，对传统文化有了新的认识，吸收和融合了以民主与科学为主要内容的西方文化；而它的"儒"，则在于它仍然认同传统文化的价值，认同于传统的思维方式，并运用这一思维方式，把西方的价值整合到传统之中。……儒学之新就在于新儒学有了新的形式、新的义理、新的观念。……所谓新的价值，是指民主与科学……现代新儒家们，也包括目前还不能称"家"的儒者们，都要花费很大的精力和篇幅，论证中国文化与民主和科学的精神并不相违背，中国文化可以接纳它们并把它们作为从中国文化中生长出来的东西来对待。②

上述定义较为全面，遂成为学界通识。汤用彤学术思想及其实践都符合以上新儒家的定义和标准，因此他可以属于现代新儒家，从而使我们得以拓宽新儒家的研究范围。

现代新儒家可分成推崇心学（熊十力、牟宗三等）和理学（冯友兰等）两派。他们都主张继承传统，吸收民主科学，分歧在对儒家本体的认识：前者以心为本，后者以理为本，由此派生出不同的现代化方案。汤用彤虽不厚此薄彼，但对于现实国情中的"贫弱"、"浮嚣"诸弊而言，他更倾向于以理为本，他说：

---

① 方克立：《关于现代新儒家研究的几个问题》，《现代新儒学与中国现代化》，天津人民出版社 1997 年版，第 19 页。

② 乔清举：《新儒家与儒学的现代转化》，《战略与管理》1994 年第 6 期。

夫志行既薄弱矣，又加之以嚣张，既嚣张矣，又加之以虚浮。除此而外则又或根于第四原因者，则不明事势，遇事无科学上之一定之观察是也。……欲大有为者，非有清醒之头脑，正确之思想不可。而吾国一班士夫则尤弱于此，不明理势，散布其害种恶果遍国中，而及于吾辈青年者，则二事为大。二者为何？一则偏于理想，一则偏于表面是也。偏于理想者何也？盖平时未尝有线索、有法则、有科学上之思想论断故也。矧平日所学，不过发达心智，未发助其任事才力哉，任事之才力虽或得之于经验，亦可得之于学问。盖如取学问，挹其精华而使其为我所有，则亦可以增进才力，遇事可不至张皇矣。①

汤用彤认为文化的融合、民主科学的发扬，既是社会发展变迁的客观需要，也是各有其理为本体基础，因而他强调的"理势"观念具有客观必然性的合理因素。这种超越而内在的"理"所具备的外在规范作用，正是救治国民"散漫"、"虚浮"的良药。

汤用彤通过对儒家精神的重新阐释，着力发挥儒学的理性主义，主张充分利用中国固有智慧资源，适当吸收西学，寻求新的机遇，以开出一条新路。他丰富和深化了道德的内涵，把道德理解和扩展为一种理性的能力。由是可深入理解，他在《道德为立国之本议》一文中"兵战、商战之失败，实由于道德之不能战胜"的说法。以此观之，开出民主科学自然是道德理性的应有之义，其内蕴精髓与此后的五四精神无形中实已发生思想上的联系。这一理路的发扬，对于走出新儒学"道德自我坎陷"说的困境，不失为有益的启示。

汤用彤与其知友陈寅恪、蒙文通、钱穆皆以考据见长而特别推崇理学。王守常、钱文忠共同撰文认为：新儒学标举出"返本开新"以为法门。事实上，熊十力、梁漱溟、牟宗三更多地是做了"开新"的

---

① 汤用彤：《理学谵言》，《汤用彤全集》第5卷，河北人民出版社2000年版，第28页。

工作,"返本"则在当时未遑顾及。陈寅恪、汤用彤的确做了迄今为止尚未得到真正理解的"返本"的工作,而且其目的正是在于"开新"。新儒家未遑"返本",陈、汤未及"开新"!他们对中国传统文化的眷恋,实则是直关族类文化危机。因此,汤用彤就不可避免地要对儒学传统的阐释注入自己的理解,将朱学、王学之精髓赋予时代性进而阐发弘扬。这就是冯友兰所谓"以新文化来理解旧文化",汤用彤已超越了康有为、谭嗣同时代的"以旧文化理解新文化"。①该文虽沿用旧说认为汤用彤"固非新儒家",但注意到他在"返本"问题与新儒家的一致性。此处所言"返本"与20世纪儒学演进由思想体系建构到学术研究的历程有关。汤用彤早在五四运动之前就自觉开始了这一转变,具体表现于清华时发表的系列文章及其身体力行中。他对于儒学现代转化所具有的方向性意义,迄今罕为学界所察知。

清华时期汤用彤对民族危机的忧患意识,救亡图存的宏愿,已经由单纯政体的存亡绝续转向文化层面。他看到亡国灭种的政治危机,更深刻感到"我国如亡,则东方文化将随之消灭"②的文化危机,因此强调救国"非有鞭辟近里之学不足以有为,尤非存视国性不足以图存"③。汤用彤逆科学和实业救国之风提出"理学救国"论,是因为他认为"国之强盛,系于民德",因而试图以理学来增强道德,医治弱症。此后,汤用彤将主要精力集中到文化交流史研究上,没再明提"理学救国",但"以道德为指归"的理念仍贯穿于汤用彤文化思想的始终。

张岂之先生认为:"虽然此文中某些论点还不成熟,但是这些都不影响汤先生面对东西方文化所选择的评价角度。铸造人的优良道德品质,这是汤先生文化比较观的出发点。这一出发点恰恰就是中国早期儒学'人学'和西方文艺复兴时期'人学'的结合。他从西方撷取了

---

① 王守常、钱文忠:《国故与新知的称星》,《读书》1991年第7期。
② 汤用彤:《谈助》,《汤用彤全集》第5卷,河北人民出版社2000年版,第49页。
③ 汤用彤:《理学谵言》,《汤用彤全集》第5卷,河北人民出版社2000年版,第3页。

'理性'概念，又从儒学'人学'继承了道德是人的特性的观点，将二者加以结合。这是一个非常重要的发端，从汤先生一生的学术经历来看，他融治学与为人于一炉；后来他研究玄学、佛学，以及西方哲学，最关注的是各种学说关于人的主体性的论述。他提出玄学之境界说，注重斯宾诺莎《伦理学》及其'上帝'观念，以及洛克的经验主义学说，都是紧紧围绕文化如何铸造和提升人的道德品质这一主题。"① 此言可谓深得汤用彤为人为学及其道德观之精髓。

第三节　由礼学看文化启蒙

——新儒学、学衡派与新文化派的共生关系

如果说汤用彤最早发表的论文《道德为立国之本议》是其学术思想的总纲，那么《论成周学礼》则是他对礼学现代价值的专题研究。汤用彤之所以折服周礼，是因为它以君子理想道德人格教育为核心而建立，既是仁政的体现，又是修身的法则，深刻影响着中国文化的发展方向。周礼的典章和道德规范，是儒家产生的直接源头。经孔子述传，"礼"遂成为儒学核心范畴之一，形成了中华民族礼仪之邦的独特气质。新文化运动时期，礼教遭到新派人物的猛烈批判，将礼教的人文教育精神与封建纲常制度混同起来而全盘否定。鉴于对于礼教的认识，事关中国文化的基本评价，汤用彤自然不可不慎思明辨之。

一、以公允心态阐释礼学现代精神

汤用彤的《道德为立国之本议》一文已提到深入人心的礼教精神，使普通百姓皆可自节，即使元凶大奸亦不敢明目张胆地作恶，并批评了时人"礼教不足取"的观点。随后，他写成专文《论成周学礼》加以

---

① 张岂之：《汤用彤关于中外文化比较的观点和方法》，张岱年、汤一介等编著：《文化的冲突与融合——张申府、梁漱溟、汤用彤百年诞辰纪念文集》，北京大学出版社1997年版，第113—114页。

阐发，并发表在 1917 年《清华周刊》① 第三次临时增刊的 "课艺"② 栏目。文中主要参考的是《十三经注疏》。汤用彤家传藏书里现存的此书（全三十二册，光绪十三年据宁本石印），很可能是汤用彤之父汤霖光绪十六年（1890）中进士前所阅之书，也当为汤用彤自幼在父亲教馆受教的一种启蒙读物。加之清华时期经过国学特别班的培训，故而他写作时对经史材料能驾轻就熟，信手拈来。

该文主题词 "成周学礼"，今已罕用。因题目为全文之眼，故尝试略作题解如下："成周" 原指成就周代之道③；周成王成年时天下太平而东都建成，遂取周道大成之意，命名为 "成周"④；汤用彤以 "成周" 指代周朝，蕴意当有集大成的周代礼学教育成就了周文化的辉煌，后人若能弘发其真精神，定能再铸国魂，从而寄托了他 "吾其为东周" 的救国理想。此外，我觉得也不能排除另外一个因素，汤用彤素来重视其宗族学脉的渊源。《汤氏宗谱》载汤姓源自 "帝乙"，即汤武，谥曰 "成汤"（创成汤代之意），其后代中一支以此命氏而为汤姓。考虑到汤用彤在清华写此文稍前，曾回祖籍省亲，并参与编修宗谱，因而，他在文中特意提到的周代大学之 "瞽宗" 乃殷学，自有 "追远" 之意。况且同为殷人后裔的孔子说过："殷因于夏礼，所损益，可知也。周因于殷礼，所损益，可知也。其或继周者，虽百世，可知也。"（《论语·为政》）周公 "制礼作乐" 是在殷商礼制的基础上完成的，奠定了中国传统文化的基调，而周道之大成是以对成周邑的成功治理为标志的。武庚

---

① 《清华周刊》是清华学生办的综合性刊物，创刊于 1914 年 3 月，抗战时暂停，后随清华复校而复刊，是民国时期历史最长的学生刊物之一，在校内外都产生过深远影响。继汤用彤之后，罗隆基、闻一多、梁实秋、潘光旦、贺麟皆曾担任《周刊》总编辑，并发表了不少文章。

② "课艺" 原指传统书院教育中生徒考课的八股文习作。五四前后，各类学生杂志的 "课艺" 栏目非常繁荣，多以发表优秀课业习作为主。汤用彤此文当与其在清华所上国文特别班之类的课程有关。

③ 如《尚书·金縢》："武王愈，此所以待能念我天子事，成周道。"《大诰》："先卜敬成周道。"

④ 参见《尚书正义·多士》、《春秋公羊传注疏》引郑注《书序》。《春秋》及《尚书》中《召诰》、《洛诰》、《康诰》等篇历载周公、召公经营成周的经过。东周平王时迁都于成周（今洛阳）。

复国失败后，周公迁殷人于"成周"，并亲自治理。周公殁，成王命周公之子君陈、太师毕公继之。孔颖达《尚书正义·衰毕命》曰："此邑本名成周，欲以成就周道。民不纯善，则是未成，故命毕公教之。"这多少会使深受诗礼传家熏陶的汤用彤认为自己与成周殷民的血缘联系而有些认同感。

　　针对新派混淆礼教普遍性与特殊性的理论失误，汤用彤开篇指出："学问贵在得其精神，若枝枝节节为之，则直食人之糟粕耳。处今日之世，而欲行成周之学礼，狂人也。然其时学礼之特殊精神，所以陶铸我国之人民、国是者，学者不可不知之。"鲁迅写《狂人日记》旨在暴露"礼教的弊害"①，而汤用彤此前早已批判了食古不化，欲行周礼的"狂人"，并实事求是地厘清了原本健全的礼教在秦汉后无复其实的异化过程及流毒。所以，他认为"后世无所谓学，更无所谓礼教。于是所学，尽为糟粕"。新文化派痛批的礼教弊端，也正是汤文提醒学人应抛弃的"糟粕"。在揭示礼教的流弊上，鲁迅与汤用彤的精神追求有异曲同工之妙，但汤文并不止于此，还积极阐发礼教的现代价值，从而使其认识更为公允和圆融。

　　汤用彤为"礼教"正名，先正本清源地考察了礼乐关系、礼教起源及变迁之迹，别开生面地将"礼"的实质解释为一种教育精神，而"教"就是礼制的范围。春秋世乱，礼崩乐坏。秦之一统，虽是政治制度的进步，而礼教自此渐趋于只重君臣之序的仪节，无复其实。汉代经学虽繁荣，但礼学实抱残守缺，仅重考据，并未贯通。

　　本着抽象继承的精神，从进化和发展的观点，汤用彤阐发了周礼"寓礼于教"、"寓政于教"等方面的特质。他指出"寓礼于学"对后世精神的主要影响有三：

　　（一）女子教育。清末民初，解放妇女作为振兴民族的一种策略被提上日程，提出"兴女学"的启蒙口号，并将其定位于反抗封建礼教。

---

　　① 鲁迅：《〈中国新文学大系〉小说二集序》，《鲁迅全集》第6卷，人民文学出版社1981年版，第239页。

汤用彤认为：《礼记》虽讲男女授受不亲，但《周礼》设女子官职和妇学之法，表明周代并非鄙弃女学。只是由于后人的禁锢，女子遂失公平教育的机会。

（二）师生关系。他阐发了周礼尊师重道的现代精神。在后世教育全归于私学时，之所以不致学绝道丧，关键在于尊师。尊师是重道的必要条件，一可尽受授之方，教学相长；二可养育高尚人格，振起风俗。他还指出其遗憾是因尊师导致保守而生门户之见。

（三）世子教育。在汤用彤看来，欧洲各君主国在近代以后始自觉采用，使储君先处社会下层而后才能渐升为国主的严格教育，皆与周礼教世子的方法基本相同。后世只因保傅制度是延祚的关键而留存，它常使一朝稳定至数百年，也使百姓得以相对久安。

在"寓政于教"方面，汤用彤着重分析了周礼中政治与教育、学问与实践合一的特点和历史合理性。学礼之士，道德人格既成，再及军政，自可成事。周礼通过内在自我完善和超越，将外在的礼制规范转化为内心自觉的道德需求，提高为生活的自觉理念。故其深义是个体道德人格的确立，同时又是实践能力的确立。后世取士徒重形式，而失其人格精神的培育。于是"学于师，所以学为君"遂衍为"学于师，所以学为官"。汤用彤在此接着《道德为立国之本议》一文的思路，进一步揭示了主体性道德人格的确立是中国文化盛衰的关键所在。由于当时政治的黑暗，他不愿将学术与之混为一谈，但在情感上实难割舍以儒学拯救世道人心的选择。

汤用彤期望能够将现代性注入传统的礼教，以服务于民族的教育事业，而学界关于周礼对现代教育意义的研究，近年来才出现。他认为礼教从本质上看是积极的，只是没有得到适当发挥而已。他的观念在当时就具有远见卓识，代表了社会的理性思潮，即使在 90 多年后的今天，对我们还有重要启示。汤用彤向往周礼，既是对乱世的不满，也是对道德礼制的诉求。文中不仅表现了他彻底弘扬礼教现代精神的勇气，更体现了其忧思深广的人文主义情怀。以此看来，该文的意义远远超出了周代礼学的范围。汤用彤提倡礼教只是认为它表征着中国文化的精神，是救治道德失范的根本。他试图从传统中发掘整合社会、维系人心的民族精神，在一定程度上找到了中国问题的症结，不失为合乎国情的一种途径。

1916 年秋，由不满基督教青年会的学生在全国学校中领先发起清华孔教会，成为康有为、陈焕章、梁启超等倡导的孔教会分会之一，陈烈勋为首任会长。梁实秋是清华孔教会评议员之一，还是该会下设的乡村教育研究所所长，兼任会刊《国潮周报》编辑。入会者多达 300 人（时在校生 568 人），是清华最大的社团，其中教职员荣誉会员 20 余人，是清华师生空前的大组合。其章程以昌明孔教、救济社会为职志。汤用彤对新文化运动打倒孔教持反对态度，所以他与吴宓都参与了孔教会在清华学校设立分会的发起活动，并成为该会重要成员。但其孔教观却与孔教徒有异，他并不认可孔教是宗教，也反对将儒家宗教化。他首肯的是孔子道德救世的精神，这才是他提倡礼教，积极尊孔读经的真正用意。他最终向往的不是欲人皆从周礼，而是一种目的在于将"明德"作为中国文化特质而阐扬的文化理想。由此又可见他探寻儒学现实意义的不懈努力。这再度说明此时汤用彤已明确认识并弘扬儒家的精神实质，超越了旧儒家对典章制度的执着，成为新儒学的先声。

汤用彤该文的选题表面上看似有点陈旧，但内容上未尝不是解决当时社会失序问题的一种方案，既充分考虑国情，又尽量吸收西学精粹，为建立现代国家提供精神动力的支援，将立国根基建立在可靠的民族资源上，以期为国人重建既具新意，又富有民族传统精神的道德准则。在汤用彤看来，民族能否持久生存下去，关键是能否真正发扬儒学精神。儒家本意是要建立一个德化开放的社会，然而却被统治者改换、利用，扼杀其民主与科学的萌芽，并沦为美化专制的工具，致使人们将后世失误与儒学的成人本质相混同，使儒学代人受过。从中自然可以明晓：我们应当有抉择能力，弘扬其精神实质，而不为外在的末流表象所迷惑。传统的特殊方面尽可随时代变迁而消亡，但其普遍性内容却不会因时代和地域的不同而改变。

二、礼教观中个体价值的弘发

"礼教吃人"是吴虞对鲁迅《狂人日记》作出的全面否定礼教的经典解读，长期以来被奉为定论，使"礼教"成为新时代的批判对象。但随着研究的深入，有学者根据荣格的暗影与面具原型理论，解读出"对人类的深层批判"的更深意义。暗影（shadow）原型指人性中最内层、具有动物性的原始遗传，为邪恶之源。人格面具（persona），也称相适原型（conformity archetype），以集体生活价值为基础，以公众道德为标准。"暗影"和"人格面具"类似于弗洛伊德所说的"本我"和"超我"，是人灵魂深处相互对立的两种力量。汤用彤文中所说孔子之徒"亦见纷华靡丽而说，入闻夫子之道而乐，二者心战，未能自决"，就是属于这两种原型对立斗争的一种表现。《狂人日记》里"吃人"现象是对人类劣根性的深刻揭露，是暗影原型的显现。鲁迅通过被吃的恐惧传达出他对民族摆脱野蛮状态的热望，而不是礼教吃人。道德作为人格面具，与吃人是对立的，正如汤用彤在《道德为立国之本议》一文中指出的"礼教之精，深入人心……即元恶大憝，亦惴惴然不敢显干"。由于道德的制约，"吃人"者只好戴着伪善的面具来进行。

汤用彤同一时期发表的一些文章也是致力于揭露和批判世道人情的险恶，但这并没有使他走上反传统的道路。他在现实中深刻体会到"人之所以异于禽兽者几希"（《孟子·离娄下》），人兽之别仅在于微弱的一点良知。而人心一旦失坠，将万劫难复，自然更谈不上救国。人若能返本复初，明觉精察此善端，则虽危微，也能于物欲横流中不迷失自性，并克私己以复于天理之公。所以汤用彤特别推崇作为儒学基石的复性说，并以重彰儒家复性说为立论的依据。

汤用彤在其《西方哲学史》讲义中强调"国民性建设非一日之功"[①]，说明他认同鲁迅等人"改造国民性"的呼吁，但他更深刻而充

---

① 汤用彤东南大学和南开大学时期的未刊讲义手稿《西方哲学史》导论。

分地认识到民族救亡、复兴的长期性和渐进连续性。他探寻人类的普遍价值，并通过会通东西的文化研究和教学，以文化启蒙为改造社会的途径。这鲜明体现着他"昌明国粹，融化新知"的为学宗旨。

与作为纯粹学人的汤用彤相比，鲁迅战斗的一生专心治学的时间不多，却从 1913 年至去世前，历时 23 载精心校订《嵇康集》，参考各种版本，校勘十余次。在鲁迅整理的众多古籍中，《嵇康集》费时最长，校勘次数最多，终于使散佚颇多，久失原貌的该书有了精善的版本，1938 年收入《鲁迅全集》第 9 卷。现存汤用彤藏书中，除《全上古三代秦汉三国六朝文》（光绪庚午本）所收嵇康遗文外，还有：《嵇中散集》（上海中华书局刊四部备要本），此书正是鲁迅所藏并着力校勘的版本；《嵇康集》文学古籍刊行社 1956 年版，系影印鲁迅辑校的稿本。汤用彤高度评价鲁迅校注的《嵇康集》是古籍整理的范例，"每处校注，只写一两句，指出错在哪里，为什么错，无关紧要的，干脆不写，选用的材料不多，但是根据扎实，令人信服"。①

鲁迅还写有《嵇康集考》、《嵇中散集考》、《嵇康集逸文》等文稿。他在考校《嵇康集》的同时，还倾心对魏晋学术展开研究。1927 年，他的演讲《魏晋风度及文章与药及酒之关系》高度赞扬阮籍等人，特别是嵇康的品格。鲁迅那种倔强、叛逆、特立独行的气质和犀利文风，都有嵇康的特征。历史上嵇康、阮籍的"罪名"是毁坏礼教，鲁迅为其翻案，改变了世人对他们的误会并提高了魏晋文学的历史地位。他说："嵇、阮的罪名，一向说他们毁坏礼教，但据我个人的意见，这判断是错的。魏晋时代，崇奉礼教的看来似乎很不错，而实在是毁坏礼教，不信礼教的。表面上毁坏礼教者，实则倒是承认礼教，太相信礼教。"②他还举出嵇康《家诫》以礼教训子处世，强调凡事要讲仁义、礼让、谦恭、廉耻、忠烈。从嵇康身上，鲁迅看到了真实的自我。

---

① 章正续、詹明新：《燕园访汤老》，《光明日报》1961 年 8 月 5 日第 2 版。

② 鲁迅：《魏晋风度及文章与药及酒之关系》，《鲁迅全集》第 3 卷，人民文学出版社 1973 年版，第 502 页。

汤用彤接续了鲁迅为嵇康、阮籍翻案的思路，并从整体上加以推进和深化。他的魏晋玄学讲义中专列一章讲嵇康、阮籍的贵无之学，指出他们"并非绝对反礼教，而以虚饰之礼为不好。……嵇阮愤激之言，实因有见于当时名教领袖之腐败，而他们自己对君臣大节太认真之故。"[1]汤用彤还一再阐述，嵇康愤世嫉俗而薄周孔，却在家训中以忠义勉励子弟"不须作小小卑恭，当大谦裕；不须作小小廉耻，当全大让"。[2]汤用彤与鲁迅还都嗜好收藏古书，藏书反映了他们的知识结构和学术兴趣，从中探寻同类的书籍，有益于我们了解其一致的研究意向。

如果说在性格上鲁迅像嵇康，那么汤用彤则更像阮籍。抗战时期，国民党大发国难财，压制言论自由，令人感到窒息。汤用彤心怀对专制腐败的极度不满，寓悲愤于超逸。这在他讲授魏晋玄学时常有流露，当年选修该课程的邓艾民对其中蕴意多有揭示：在哲学创新方面，汤用彤欣赏王弼、郭象、僧肇；就自由独立人格而言，则推崇阮籍、嵇康，以之为魏晋风流的真正代表。阮嵇都是对司马氏专权强烈不满的知识分子，纵情诗酒，蔑视礼法，有疾而发，而非作达。阮籍假醉回避权势，不拘丧礼，但举声一号，吐血数升，哀思忠挚。当时蒋氏独裁下民心怨愤，但有学者为其歌功颂德。汤用彤突出阐扬阮嵇的立身处世，使人自然感到他对专制的愤慨和趋炎附势的轻蔑。他平时绝少议论，但在联大毕业生茶话会上，却语重心长地一再勉励大家要坚持为真理献身的精神，发扬中国文化的优良传统，不要"学得文武艺，卖与帝王家"以渔名利。他忧国伤时、鲜有外露，有似阮籍，发言玄远，口不臧否人物，这次却娓娓而谈，动人心弦。散会后，同学议论纷纷，赞赏不已，爆发出对汤先生衷心的爱戴。[3]汤用彤推崇阮籍、嵇康，既有时势环境的激发，更有古今心灵的感通，非徒单纯崇古之情。这使他长年沉浸于古圣

---

① 汤用彤：《魏晋玄学听课笔记之一》，《汤用彤全集》第 4 卷，河北人民出版社 2000 年版，第 333 页。

② 转引自邓艾民：《汤用彤先生散忆》，《燕园论学集》，北京大学出版社 1984 年版，第 62 页。

③ 邓艾民：《汤用彤先生散忆》，《燕园论学集》，北京大学出版社 1984 年版，第 62—63 页。

先贤卓绝人格的精神世界中深契冥赏，寄心知己。

　　章太炎、鲁迅和汤用彤都共同偏好魏晋文章。他们从写作风格到精神归宿，都深刻体现着魏晋风骨，只是各有侧重而已。鲁迅情系魏晋，始于其师章太炎的引导，而归宗于"师心以遣论，使气以命诗"的嵇康和阮籍。汤用彤追踪魏晋，"内行人都佩服他的文章古朴、厚重、寓高华于简古，深具魏晋风骨"①。他在解放前和章太炎一样，坚持用文言文写作。解放前汤用彤的白话文作品，除其学生记录的演讲稿外，他亲自写的仅有《文化思想之冲突与调和》一文②。章太炎的《学变》一文展示了汉晋间学术的五种变迁，《五朝学》一文讲到了魏晋学术发生的渐进性。一向注重梳理思想变迁之迹的汤用彤对此自是十分欣赏，他在《言意之辨》开篇即引用了章太炎《五朝学》的相关论述。汤用彤《魏晋玄学》一书写作提纲设"五变"一章，系发挥《学变》而来。现存他的未刊手稿曾多次论及章氏学说，如他关于章太炎《读郭象论嵇绍文》的笔记。汤用彤藏书中还有《章太炎文钞》全五册，中华图书馆印；《章氏丛书》（已残缺），浙江图书馆刊。

　　章太炎、鲁迅和汤用彤对魏晋精神有所继承，更有所超越。因此，比较研究魏晋精神对他们三人的影响，发掘各自间的文化传承，就显得有特别的价值。章太炎和鲁迅都看到了汉魏学术有所不同，对魏晋学术评价颇高，但他们没有从思想演进的内在理路指出汉学与玄学何以不同，以及这种不同意味着什么。从方法论、本体论、认识论的角度来进行探索，是汤用彤魏晋玄学研究超出章太炎和鲁迅的地方。鲁迅认为魏晋是文学自觉的时代，汤用彤则更深入地研究了魏晋"文之所以为文"的文艺理论，系统总结出言意之辨的方法，并进一步着重阐发魏晋风骨中主体性人格的自由精神。他称魏晋时期为"人之发现的个体主义时代"，认为玄学家通过回归自然的方式来发现真实自我的价值，盛赞他

---

　　① 任继愈：《〈汤用彤全集〉序二》，《汤用彤全集》第 1 卷，河北人民出版社 2000 年版，第 5 页。

　　② 汤用彤：《文化思想之冲突与调和》，《学术季刊》第一卷第二期，1943 年 1 月。

们关于社会道德规范需符合自然之理，且必须体现个体价值的思想。①
汤用彤与鲁迅热衷的文化启蒙事业找到了与魏晋精神相似的价值认同，
并从中汲取了丰富的思想资源。

通过上述汤用彤与鲁迅等人礼教观及其弘发文化传统里个体价值的
比较研究，可以看出无论是保守主义的中坚还是新文化的主将，都在返
回传统中正统或非正统的本源上寻求依托。他们在许多方面都有着共通
思想旨趣，而非以往被认为是分属于两大格格不入甚至截然对立的文化
阵营。实际上，他们共同构成了 20 世纪初的文化启蒙。

三、中西会通新境界的开启

汤用彤与吴宓、刘朴在清华上学时，被称为"三老"，其缘由当与
《论成周学礼》有关。他留学前夕写给吴芳吉的信说：

> 向吾校称雨僧及刘君朴与形为三老。三老者，怪物之代名词
> 也。然世之所谓怪物，无非不漂亮、不时髦、不同流俗耳。近读自
> 由言论派之书，见其力辟时习之伪，大为感动。于是昔之不合时
> 宜，嫉恶如仇者，皆加甚矣。此或为傲物骄人之见。然抚躬自问，
> 既不合时宜，何不直抒胸臆以为之？既嫉恶如仇，何不表而出之？②

汤用彤的《论成周学礼》反复强调了周礼的尊老传统，如"三老在学"，
"食三老、五更于大学，所以教诸侯之弟"，"听诸国老之论道"，"养老而
后成教，成教而后国可安"，"大学之养老，亦所以教人尊师"，"养老之

---

① 汤用彤："The History of Chinese Thought from Han to Sui Dynasty"（中国汉隋思想史），
《汤用彤全集》第 4 卷，河北人民出版社 2000 年版，第 187—255 页。

② 汤用彤还说："则是犹有世俗务声华之见也。世人者，实事之奴隶也。实事者，饥寒也、
人事也、苦乐也。然吾辈亦为前人精神之奴隶，前人精神又为无量数前人精神之奴隶，故吾不但为
奴隶之奴隶，并为无量数人之奴隶。惟其如是，而又无气魄，故对于自身之信浅，万劫不复，为奴
永世也。居此深渊，在此奴窟，其苦自不可状，然余必不乞援，盖精神陷溺，要当自救，其自救之
成功与否，则吾人人格之试验也。"吴芳吉：《吴芳吉集》，巴蜀书社 1994 年版，第 1218 页。

礼，后世间有行之"，"大学亦为备咨询之元老院，天子养老于学，所以敬老"，"子为国老"等。在近代社会大环境下，时俗以西方文化为先进，中国文化为落后。汤用彤极力推崇礼教和理学，自然会被流俗误视为遗老遗少。

以往学界对学衡派存在较多误解，过于强调学衡派与新文化派的对立。鲁迅、茅盾、周作人等则将学衡派定性为"复古"、"反动"，原因是它提出了不同于新文化运动的文化建构理想，且对新文化派持批评态度。学衡派长期被置于文化启蒙运动之外，甚至作为对立面而彻底否定。

拨乱反正后，乐黛云教授率先提出：1922 年学衡派成立后的保守主义、自由主义、激进主义三者往往在同一框架中运作，他们试图解决的问题大体相同（如何对待传统和西学及建设新文化等），都带有文化启蒙的特色。这种在同一层面上构成的张力和冲突正是推动历史前进的重要契机。西方启蒙运动首先肯定个人的价值，然后再推及社会；中国的文化启蒙却首先要求社会变革，先要有合理的社会，才会有个人的作为，救亡图存成为压倒一切的动机。五四时期，激进派强调革命，胡适等人主张"好人政府"，保守派要求"重建国魂"，都不是首先以个人为本位。① 而新发现的汤用彤遗文表明他在对传统返本开新的基础上，吸收西方因素，强调先有健全的主体性人格，才有健全的社会，并综合个体价值与社会价值，努力探索适合本国国情的最为稳妥的启蒙道路。这是尤其难能可贵的，体现了他文化思想的独特个性。

目前学界对以学衡派为代表的中国现代保守主义形成的研究还有待拓展。从汤用彤的清华遗文及其留美文稿来看，早在《学衡》杂志创办前，自由主义和激进主义与汤用彤力主的保守主义，实际上已经在共同框架中运作了。由此不难理解，汤用彤为何会在 1919 年积极与留美中国学生一起发表宣言，声援国内爆发的五四运动了。这从一个侧面说明

---

① 详见乐黛云：《世界文化对话中的现代保守主义》，《跨文化之桥》，北京大学出版社 2002 年版。

五四运动也有中国传统的根源，是国内外因素共同促成的，成为 20 世纪世界文化对话的重要组成。乐黛云教授指出：以《学衡》为中心的现代保守派和五四精神领袖李大钊、陈独秀、胡适、鲁迅等人相去不远，都在同一层面上考虑问题，但何以选择了不同途径的原因，不能简单归结为接触面不同，因而所受影响不同。有人认为吴宓、汤用彤诸公若不于哈佛受白璧德影响，就不会形成学衡派。其实是白璧德的新人文主义吸引他们选择了白璧德，使其原有思想得到了进一步发挥。① 学衡派的思想早在汤用彤清华遗文中已见端倪，从而有力证明了以上推断是符合历史事实的。汤用彤在清华时期已初步形成了保守主义的文化观。他认为："吾国不患无学术，不患无高尚之学说，而勇于开山难于守成，勇于发扬而难于光大。时至今日，数千年文明之古国亦遂学绝道丧，寂寂无人矣，未尝非学者之罪也。"② 由此而导致文化主体性丧失之后的虚弱浮嚣。在他看来，守成之价值与功效优于漫无定向的破坏和求新，传统文化中的有序状态优于新说纷纭所带来的无序与混乱。③

综观汤用彤的清华时期遗文及其留学汉姆林大学时期哲学文集可以证明，在入哈佛师从白璧德以前，其文化取向已有所倾，为后来追随新人文主义埋下了伏笔。随后，"清华三老"中的汤用彤、吴宓留学美国，与陈寅恪并誉为"哈佛三杰"。他们回国后与刘朴都成为学衡派的中坚力量，开辟了中西文化会通的新局面。汤用彤批评新派的理论缺陷，致力于传统文化的现代转化，实际上也是一种思想启蒙，只是与当时倾向于西化的新派，途径不同而已。随着时代推移，其见解愈发显示出现代价值与前瞻性。④

---

① 乐黛云：《世界文化对话中的现代保守主义》，《跨文化之桥》，北京大学出版社 2002 年版，第 184 页。

② 汤用彤：《理学谵言》，《汤用彤全集》第 5 卷，河北人民出版社 2000 年版，第 26 页。

③ 孙尚扬：《从真理到价值——综论汤用彤的文化思想和学术成就》，《新视野》2005 年第 1 期。

④ 参见赵建永：《学衡派与新文化派共生关系新证》，《哲学动态》2012 年第 4 期。

第四章

西学研究

——跨文化比较研究的先驱

对于汤用彤西学及比较文化学的成就，学界还没有进行系统的梳理总结。本章探析汤用彤对东、西方哲学全面系统的研究和准确深入的理解，重点就汤用彤关于西方哲学史、宗教学以及比较哲学的研究来展开论述，从中探讨他的西学研究对其中印宗教、哲学研究的影响，及其对于中国现代学术转型的意义。

第一节　全方位深研西方哲学
——为中国现代学术奠基的历史作用

作为西哲东渐宗师的汤用彤对西方哲学博及群书，深窥底奥，从古希腊哲学，到中世纪神学，再到近代英国经验主义、大陆理性主义、康德至黑格尔，以及现代西方哲学中的反理性主义（叔本华、尼采、柏格森）、分析哲学、实用主义、自然主义等。①其中白璧德

---

① 汤用彤的藏书分为两类：一是中国古籍，在其逝后由汤一介和汤一玄先生分别保管；二是

新人文主义对他的思想影响最大。他对逻辑学、分析哲学、心理学的输入都有很大贡献。

一、汉姆林大学时期文稿探微

汤用彤在汉姆林大学求学期间，读书甚勤，系统地学习了西方哲学史以及那个时代最前沿的心理学和生理学理论，写下了十篇关于哲学、普通心理学和发生心理学的课业论文。每次论文完成上交，皆由指导教师加以仔细审阅和批改，论文成绩十分优秀，均在95分到99分之间。指导教师发还论文后，汤用彤将它们装订成16开本一大厚册，题名《1918—1919年写于汉姆林大学的论文集》。孙尚扬教授所著《汤用彤》一书关注到这册文集的哲学洞见，认为该未刊文集整理研究的主要困难在于"篇幅既巨，而辨读亦难"。[1]2003年，汤用彤这册文稿集与吴宓哈佛大学成绩单、陈寅恪诗作等，参展国家博物馆举办的"求学海外建功中华——百年留学历史文物展"。[2]鉴于该文集的重要历史地位，笔者不揣浅陋，尝试研读如下。

这本论文集的第一部分，是四篇哲学论文，其余六篇涉及普通心理学和发生心理学，评述了新兴的心理学与哲学、科学之间关系诸问题，并谈了自己的研究心得。这些求学的成果，成为汤用彤1922年回国后授课和著述的源泉，直接反映出学衡派成员思想形成的轨迹。这些珍贵的手稿对我们了解汤用彤留学时所受的严格学术训练，以及探析那个时代前辈学者对西方哲学全面系统的研究和准确深入的理解，具有重要的价值。本节评述文集中四篇与西洋哲学史有关论文的基本内容纲目，希望发掘出其西方哲学研究对于中国哲学研究的意义。

（接上页）外文书籍，现藏武汉大学。1968年，由于当时环境险恶，汤一介先生把汤用彤留下的400多本外文书全部转给了武汉大学哲学系资料室。其中有汤用彤留美时和回国后搜集的原版外文书，以及部分笔记等手稿。这批书对于整理校译汤用彤未刊外文手稿和了解他对西学的研究具有重要参考价值。如，他的留学手稿和西方哲学讲义所引用的书多在其内，书上还常有他的圈点和批注。

①　孙尚扬：《汤用彤》，东大图书公司1996年版（台北），第18—22页。
②　参见《中国国家博物馆举办百年留学文物展》，《人民日报》2003年3月26日。

《1918—1919 年写于汉姆林大学的论文集》所收第一篇哲学论文，是《前苏格拉底时期的存在概念》（The Concept of Being of the Pre-Socratic Period）。这是我们现在知道的汤用彤留学美国时期所作的第一篇文章。该文手稿一共 40 页，首页题目下写有："汤用彤作于汉姆林大学哲学系，1918 年 12 月 3 日，97 分"（by Yung-Tung Tang, Department of Philosophy, Hamline University, Dec. 3, 1918, 97%）。文中阐述从泰勒斯到智者学派关于"存在"范畴学说的演进轨迹，以及他们的成就对于苏格拉底、柏拉图和亚里士多德学说形成的历史意义。其内容纲目如下：

1. 导言　2. 泰勒斯　3. 阿那克西曼德　4. 阿那克西美尼　5. 克塞诺芬尼　6. 巴门尼德　7. 芝诺与墨利索斯〔Melissus〕　8. 赫拉克利特　9. 过渡期间哲学诸派的共同主张（Common View of the Mediating Philosophies）　10. 恩培多克勒　11. 阿那克萨戈拉　12. 留基波　13. 毕达哥拉斯学派（Pythagoreans）　14. 智者学派（Sophists）　15. 总结　附：参考文献①

---

① 文末附录参考文献 21 种，主要有柏拉图的《对话录》（Benjamin Jowett 英译），亚里士多德的《形而上学》（J. H. Mahon 1907 年英译），贝克维尔（Bakewell）的《古代哲学史料集》（Source Book in Ancient Philosophy, 1907），怀特克（Thomas Whittaker）的《新柏拉图学派》（The Neo-Platonists, 1901），摩尔（George Foot Moore）的《宗教史》（History of Religions, 2 vol., 1913—1919），朗格（Friedrich Albert Lange）的《唯物论史》（History of Materialism, 1873）英译本（Thomas, 1892 年英译），伯内特（Burnet）的《早期希腊哲学》（Early Greek Philosophy, 1892），文德尔班（Wilhelm Windelband）的《哲学史教程》（A History of Philosophy，上卷 Cushman 1899 年英译，下卷 Tufts 1907 年英译），海甫定（Höffding）的《哲学问题》（The Problems of Philosophy）英译本（G. M. Fisher 1905 年英译），蔡勒尔（Eduard Zeller）《苏格拉底之前的希腊哲学史》（A History of Greek Philosophy from the Earliest Period to the Time of Socrates, Vol. I—II）英译本，施维格勒（Albert Schwegler）的《哲学史》（History of Philosophy, 1856），埃德曼（Johann Eduard Erdmann）的《哲学史》第一卷（A History of Philosophy, Vol. I., Williston S. Hugh 1910 年英译），泡耳生（Friedrich Paulsen）的《哲学导论》（Introduction to Philosophy, Frank Thilly 1895 年英译本），悌利（Frank Thilly）的《哲学史》（A History of Philosophy, 1914），特纳（Turner）的《哲学史》（History of Philosophy），宇伯威格（Friedrich Ueberweg）的《哲学全史》（History of Philosophy, Vols. I—II, 1871）英译本（Morris 1884 年英译）。这些著作都是当年美国大学哲学系学生必读的基本读物。

文章一开始就追问万有的缘起问题："世界起源究竟为何？我们是怎么产生的？万物何以会存在？"最后总结说：古希腊早期自然哲学家之说，与随后的发展相比较，所有此类尝试，价值似嫌甚微。然而如若公正地评判，就不应武断或折中，而要历史地看待它。一方面，不能过分夸大、附会其成就；另一方面，因人类思想演化不够成熟，其说教有谬误在所难免，不能轻率指责。穴居人之改进石器与现代蒸汽引擎之发明同等重要。没有前者，后者便无由产生。凡此先哲思想，尽管难臻完美，然而对于后来的进步和更深入地理解那个颇为神秘的"存在"，无疑还是很有必要的。

汤用彤后来在东南大学和南开大学期间写的两种西方哲学史讲义皆重点讲述古希腊哲学的源流。他还与吴宓等《学衡》杂志同人分工翻译利文斯敦（Livingston）编辑的《希腊之留传》（*The Legacy of Greece*）一书。因为他们共同认为古希腊哲学是西洋文化菁华所在，具有普遍而永恒的价值，为研习西洋文化所首应注意者①。学衡派对古希腊文明的关注，在汤用彤这篇文稿中已初露端倪。

汤用彤此时研究西方哲学，十分热心探询与中国哲学相契合的部分。他在文中言道，赫拉克利特的火是理性之源，而在中国经典里火有时也类似理性（akin to reason），恩培多克勒的四根说"极像《书经·洪范篇》中的五行说。其实，几乎所有古希腊学说皆可与中国学说相比较。如赫拉克利特之逻各斯与老子之道；某些宇宙论者与列子的存在观；毕达哥拉斯学派的数论在中国古书中亦有相应之表现等等"。

第二篇论文《中世纪神秘主义》（*Mysticism in the Middle Ages*）是评述中世纪哲学的。这篇文章作于 1919 年 1 月 25 日，手稿共 58 页，得 99 分。汤用彤以发生学的方法（genetic treatment），详细考察西方神秘

---

① 参见吴宓翻译穆莱（Gilbert Murray）的《希腊对于世界将来之价值》时所撰编者识，《学衡》第 25 期，1924 年 1 月。

主义①的起源和发展演变的过程，及其对近代文化转型的影响。文章内容纲目如下：

第一章　导言

1. 神秘主义的定义（Definition of Mysticism）

2. 神秘主义诸特点（Characteristics of Mysticism）

3. 神秘主义的分类（Classification of Mysticism）

第二章　神秘主义之兴起（The Rising of Mysticism）

1. 心理上的起源（Psychological Origin）

2. 神秘主义在中世纪盛行诸原因（Causes of Its Mediaeval Popularity）

3. 神秘主义的开始（The Beginning of Mysticism）

4. 希腊教会的神秘主义（Mysticism in the Greek Church）

5. 拉丁教会的神秘主义（Mysticism in the Latin Church）

a）个体主义者克勒福的伯纳德（Bernard of Clairvaux, the Individualist）

b）经院哲学家圣维克多的雨果（Hugo of St. Victor, the Scholastic）

c）雄心勃勃的神学家波那文都（Bonaventura, the Ambitious Theologian）

6. 神秘主义的顶峰（The Culmination of Mysticism）

第三章　神秘主义代表人物（The Representative Mystics）

1. 典型的神秘主义者（The Typical Mystics）

2. 埃克哈特大师与玄思神秘主义（Master Eckhart and Speculative Mysticism）

---

① 中世纪神秘主义的相关研究，详见赵敦华《基督教哲学 1500 年》（人民出版社 1994 年版），该书"神秘主义的滥觞"、"正统的神秘主义"和"神秘科学"等节对神秘主义传统有专门论述。赵敦华与汤用彤所论，关注点互有详略，可对照参看。

a）天主论（Theory of God）

b）罪恶论（Theory of Evil）

c）灵魂论（Theory of Soul）

d）沟通论（Theory of Communion）

e）道德论（Theory of Morality）

3. 罗斯布若克与实修神秘主义（Ruysbrock and Practical Mysticism）

4. 雅各布·波默与"自然"神秘主义（Jacob Boehme and "Nature" Mysticism）

a）天主论（Theory of God）

b）创世论（Theory of Creation）

c）灵魂论（Theory of Soul）

d）沟通论（Theory of Communion）

e）道德论（Theory of Morality）

f）总结

第四章　中世纪神秘主义的衰落及贡献（The Decline and Services of the Mediaeval Mysticism）

1. 中世纪神秘主义的衰落（The Decline of the Mediaeval Mysticism）

2. 中世纪神秘主义的诸多贡献（The Services of the Mediaeval Mysticism）

附录一：神秘主义演化示意图（Appendix A — A Diagram Showing the Development of Mysticism）

附录二：参考文献①

---

① 文末参考文献列有40种，分为三类：（一）专著主要有白璧德《新拉奥孔》（I. Babbitt：*The New Laokoon*, 1910）、布莱维特《自然研究、上帝显圣以及其他随笔》（G. J. Blewett：*The Study of Nature and the Vision of God and other Essays*, 1907）、科克《基督教与希腊哲学》（Cocker：*Christianity and Greek Philosophy*, 1879）、库什曼《哲学史入门》（H. E. Cushman：*The Beginner's History of Philosophy*, Vol. I, 1910. 汤用彤南开大学期间讲授的"西洋哲学史"以该书作为教学参考

对于中世纪两大主要思潮——神秘主义与经院哲学之离合关系，文中认为经院哲学保持了早期文明的形式与逻辑上的意义，而神秘主义则保存了精神与心理上的意义。对神秘主义的热诚引发新教改革，而其所蕴个体主义精神之发扬，使文艺复兴时代得以摆脱旧有羁绊。他还将西方神秘主义与道家、道教和儒家加以比较，对中国为什么没能发展出现代科学的根源有深刻揭示。他说：

　　神秘主义虽曾对西方文明做出非凡贡献，但我们必须牢记它可能

　　（接上页）书。参见《文科学程纲要（1925—1926）》，《南开大学校史资料选》，南开大学出版社1989年版，第200页）、爱默生《代表性人物》（Emerson：*The Representative Men*）、倭铿《现代思潮主要流派》（R. Eucken：*Main Currents of Modern Thought*，1908，English translation by M. Booth，1912）、霍尔《体制化基督教内的伦理史》（J. C. Hall：*History of Ethics within Organized Christianity*，1910）、詹姆斯《宗教经验种种》（W. James：*The Varieties of Religious Experience*，1904）、贾斯特罗《宗教研究》（M. Jastrow：*The Study of Religion*，1902）、耶路撒冷《哲学导论》　（W. Jerusalem：*Introduction to Philosophy*，4th edition，Tr. by C. F. Sander，1910）、琼斯《16—17世纪之精神革新者》　（R. M. Jones：*Spiritual Reformers in the 16th and 17th Centuries*，1914）、莱基《欧洲道德史》（W. E. H. Lecky：*History of European Morals*，1870）、莱曼《异端和基督教中之神秘主义》（Lehmann：*Mysticism in Heathendom and Christendom*，English translation by Hunt，London，1910）、史坦纳《文艺复兴时期之神秘主义家》（R. Steiner：*The Mystics of the Renaissance*，1901，English translation by B. Keightley，1911）、莫瑞尔《19世纪欧洲玄思哲学史评》（J. D. Morell：*An Historical and Critical View of the Speculative Philosophy of Europe in the 19th Century*）、毕雷《19世纪经院哲学之复兴》（J. L. Perrier：*The Revival of Scholastic Philosophy in 19th Century*，1908）、罗杰斯《学生用哲学史》　（Rogers：*Student's History of Philosophy*）、沃恩《神秘宗师燕谈》（R. A. Vaughan：*Hours with Mystics*，Vol. I & II.，1888）、泰勒《中古灵心》（H. O. Taylor：*The Mediaeval Mind*，Vol. I & II）、海甫定《近世哲学史》（H. Höffding：*History of Modern Philosophy*，Vol. I.，English translation by B. E. Meyer，1915）、鲁一士《现代哲学精神》　（Josiah Royce：*Spirit of Modern Philosophy*）、佩瑞《当前哲学趋势》　（R. B. Perry：*Present Philosophical Tendencies*，1916）等等。上一文《前苏格拉底时期的存在概念》曾引用的一部分书籍，如埃德曼、悌利、杰瑞米、宇伯威格、文德尔班的哲学史，以及泡耳生《哲学导论》、怀塔克《新柏拉图学派》、蔡勒尔《苏格拉底之前的希腊哲学史》，在这篇文章里也有引用。（二）引用辞书有《大英百科全书》（*Encyclopaedia Britannica*，11th edition）、《约翰逊百科大全》（*Johnson's Universal Encyclopaedia*）、《宗教伦理学百科全书》　（*Encyclopaedia of Religion and Ethics*，ed. by Hastings，1917）、《哲学心理学辞典》　（*Dictionary of Philosophy and Psychology*，ed. by Baldwin）。（三）引用期刊有《当代》（*Contemporary*）和《哲学评论》（*Philosophical Review*）。汤用彤从《哲学评论》中引用的最新文献（F. A. Bennett："An Approach to Mysticism"，*Philosophical Review*，July，1918），距此文写作仅半年，由此可见汤用彤对欧美学术最新动态之关注。

产生的危险结果。摆脱神秘主义有两种方式：从玄思蜕化到神秘崇拜；或从宗教玄思进化到个体化的探询和纯粹个性的发展。老子及其追随者庄子玄思的"道家"，除了产生法术的"道教"以外别无它果，这对中国人来说是可悲的。幸运的是欧洲人，神秘主义成功地为一个新时代铺平了道路。为何我们相差如此悬殊？如上所言，欧洲神秘主义的个体主义，只是产生新时代的主导因素之一，而非唯此一种。新大陆的发现，天空的扩展，教会的内部衰退，经济和商业的进步，十字军运动，政治形势及新发明——共同造就现代之辉煌。若缺其一因，欧洲历史也许随之改观。然而，神秘主义在中国无此有利条件，尤其是没有允许其健康发展的地理和政治环境。但是欧洲文艺复兴时期的各种情形却极有利。

基于这种认识，汤用彤在《评近人之文化研究》一文中进一步探讨了中国为何未能孕育出现代科学的问题。这一问题后来在李约瑟那里成为著名的"李约瑟难题"，而实际上汤用彤对此早已有了自己独到的解答方式。

该文多应用白璧德、詹姆斯（William James）的理论来分析神秘主义产生的心理根源。随后留美的冯友兰也受詹姆斯影响，关注起中国的神秘主义传统。汤用彤此后仍继续研究这一课题。现存他多种讲义、笔记涉及直至现代哲学中新黑格尔派的神秘主义①。1925年，他任教南开大学所授"西洋哲学史"（History of Philosophy）英文讲义专列"神秘

---

① 汤用彤在北京大学所授《英国经验主义》讲道："另一个极端的派别，不像上述那个极端那样注重理性，而是注重神秘（mystics），如亨利·摩尔（Henry More）、库德华兹（Ralph Cudworth）。他们受中世纪神秘主义的影响，纯粹主张上帝的权威、力量，而反对教会的权威、力量。因此，这一派也和主张理性的那一派一样是根据个人反对教会的权威。"（《汤用彤全集》第5卷，河北人民出版社2000年版，第448页）张世英教授于汤用彤诞辰九十周年之际，特撰《评新黑格尔的新神秘主义》献给恩师，以资纪念西南联大时汤用彤勉励他从事黑格尔研究。参见《燕园论学集》，北京大学出版社1984年版，第430—444页。

主义"一章，便是由《中世纪神秘主义》一文增补而成。通过其纲目①可知所增重点是深为白璧德新人文主义关注的情感主义部分。

第三篇论文是《斯宾诺莎、洛克和康德之认识论》（*Epistemology of Spinoza*，*Locke and Kant*）。汤用彤对近代哲学进行了评述。这篇文章作于1919年4月8日，共62页，得99分。其内容纲目列举如下：

1. 导言

2. 斯宾诺莎之知识论②（Spinoza's Theory of Knowledge）

（a）文化之背景（Cultural Background）

（b）研究之鹄的（Aim of Investigation）

（c）知识之缘起（Origin of Knowledge）

（d）知识之本质与内容（Essence and Contents of Knowledge）

（e）知识的有效性和局限性（Validity and Limitation of Knowledge）

（1）意见或想象（Opinion or Imagination）（2）理性（Reason）（3）直觉（Intuition）

3. 洛克之知识论③（Locke's Theory of Knowledge）（下分五节，同上）

4. 康德之知识论④（Kant's Theory of Knowledge）（下分五节，同上）

---

① 这份讲义"神秘主义"一章的部分纲目，今整理翻译如下："一、东方的情感主义。二、日耳曼的情感主义。三、柏拉图主义中的希腊情感主义。四、拉丁神秘主义者。五、埃克哈特。"

② 汤用彤关于斯宾诺莎知识论的论述，参见《汤用彤全集》第5卷，河北人民出版社2000年版，第410—412、435—440页。

③ 汤用彤相关洛克知识论的论述，参见《汤用彤全集》第5卷，河北人民出版社2000年版，第456、481—491页。

④ 汤用彤南开大学时期未刊讲义"康德哲学"（The Philosophy of Kant）多处涉及康德知识论。

5. 总结　附：参考文献①

认识论是哲学的重要分支，研究知识的来源、基础、本质、结构、效验和限度，向为中国哲学所缺②。汤用彤这篇文章，实有补救这种缺憾的用处。他开篇就指出，认识论的诸种问题是近代哲学关注的中心，是近代哲学家思考问题的起点，其地位和功用相当于逻辑之于古希腊思想家。文中阐述斯宾诺莎、洛克和康德知识论的基本特征。为彰显他们各自学说的特点，汤用彤通过对比描述他们如何处理知识论的主要问题：知识的缘起、本质、内容以及适用范围；并进一步探究其文化背景及考察目标，借以了解他们各自得出那些结论的根源。汤用彤说："他们的知识论差异甚巨，然由其天资和当时文化氛围来看，也毫不为怪。诚如中国警语所言：'时势造英雄'！"文章最后扼要比较三家理论、历史地位及彼此间的关系，并透过他们学说表面上的相似性，指出这三种不同的知识论乃分别从三个相异的基点上生发出来：斯宾诺莎为绝对论；洛克为经验论；康德为批判论。这篇文稿大概是迄今发现的最早由中国学者专门研讨知识论的文章。

汤用彤在文中还尝试拿三家学说与中国思想作比对。他尊康德为"哥尼斯堡圣人"（The sage of Königsberg），指出："康德的最高阶段的

---

① 《斯宾诺莎、洛克和康德之认识论》文末列举参考文献 29 种，重要者如斯宾诺莎的《伦理学》和《知性改进论》，帕洛克（Pallock）的《斯宾诺莎生平及其哲学》（*Spinoza：His Life and Philosophy*），洛克的《人类理智论》和《理智指导论》（*An Essay on the Conduct of Understanding*），康德的《纯粹理性批判》，华生（John Watson，1847—1939）的《康德哲学原著选读》（*Selections from Kant*）和《哲学导论》（*Introduction to Philosophy*），开尔德（Edward Caird）的《康德之批判哲学》（*The Critical Philosophy of Immanuel Kant*，1889），莫里斯（G. S. Morris）的《康德的〈纯粹理性批判〉》（*Kant's Critique of Pure Reason*，1886），泡耳生的《康德》（*Immanuel Kant*，1899），希本（J. G. Hibben）的《启蒙哲学》（*The Philosophy of Enlightenment*），梅兹（Merz）的《19 世纪欧洲思想史》（*History of European Thought in 19 th Century*）。前面两文参引的部分书刊，这篇文章也有引用，恐繁不录。

② 知识论是认识论的现代形态。乔清举教授详细疏理了认识论（epistemology）到知识论（theory of knowledge）的历史演变进程，对两者异同有精审的辨析。详见乔清举：《金岳霖新儒学体系研究》，齐鲁书社 1999 年版，第 211—238 页。

知识是超越经验的，同时他认为在知识本身的结构之外不存在知识的标准。康德常能发现其他学说存在的困难，所以他总是独辟蹊径。他的学说亦非全新。实际上，康德就像一只蜜蜂，辛勤而且谨慎，到处采集所能获得的最佳素材。"康德应为最能欣赏孔子"述而不作"思想之人。"述而不作"并无损于其原创性，"因为原创之真正标准，非仅存乎立新，亦在于融旧"。这种融贯旧学新知的治学态度，鲜明地反映出汤用彤作为文化守成主义者的立场。此后，他在哈佛时期文稿以及归国后所撰讲义和论文中继续知识论的研究。如前所述，他 1922 年在《学衡》发表的《评近人之文化研究》，就涉及知识论与科学兴起之间的因果关系。

　　除以上三篇与西方哲学史有关的文稿外，汤用彤在汉姆林大学还写有一篇谈论中国哲学的《中国思想之主流》（*Main Currents of Chinese Thought*）。此篇文章没有收入该文稿集，只在首页打印的目录下方注曰："藏汉姆林大学图书馆，供学生参考"（Deposited in the Library of Hamline University for Students' Reference）。从文集其他文章来看，美国指导教师在汤用彤对照西方文化评析儒道学说之处，多批有"good"的字样。也许是因为这个原因，促成他写出了这篇中国哲学思想文化的专论。另据汤用彤西南联大时期《汉代思想之主流与逆流》提纲①，以及他在儒学会的演讲②，也许可以逆推此文部分内容为：通过儒家与道、墨、法诸家及佛教之对比，以彰显儒学所代表的中国文化的真精神。最值得注意的是，该文集着重征引了美国新人文主义批评家白璧德的名著《新拉奥孔》，从此白氏新人文主义成为汤用彤一生学术研究的指路明灯。③

---

① 《汤用彤全集》第 4 卷，河北人民出版社 2000 年版，第 259—267 页。
② 《吴宓日记》第 8 册，三联书店 1998 年版，第 7 页。
③ 参见赵建永：《汤用彤留学汉姆林大学时期哲学文集探微》，《世界哲学》2008 年第 3 期。

二、哈佛时期的哲学研究

汤用彤在哈佛师从白璧德、兰曼、佩瑞①诸泰斗，其所受科学训练奠定了他治学的基础和方向。汤用彤留学哈佛时（1919—1922）的未刊英文手稿，现存哲学、宗教学、逻辑学三辑共五册，16 开本。② 这五册厚重的文集满载着他从哈佛学到的学术精神和方法，都被带回并扎根于国内学术界，通过他教学南北的传授，丰富并深化了当时的文化研究，具有思想启蒙和为现代中国学术奠基的历史作用。汤用彤哈佛时期哲学手稿篇目依次述论如下：

（一）《哲学专辑》第一册

本册手稿一百多纸，现存三篇课外论文，成绩皆为"A"。其间多有哈佛教授的中肯评价和悉心修改，包括文章架构、字辞等。汤用彤回国教学也用同样认真负责的态度批改学生们的作业。

第一篇是《作为道德衡量标准的"功利"——从休谟到约翰·穆勒的英国功利主义批判研究》。③ 该手稿中虽然没有注明写作缘由和时间，但根据文章首页标题下所注"Y. T. Tang Philosophy 4a."，查核

---

① 美国著名哲学家佩瑞（Ralph Barton Perry, 1876—1957）曾任美国哲学会主席，为新实在论领军人物，是汤用彤的指导教授。

② 本节写作时，该手稿藏于北京大学中国哲学与文化研究所。

③ 该篇（"Utility" as the Moral Criterion: A Critical Study of the English Utilitarianism from Hume to J. S. Mill）原稿首页是文章纲目，今附录并翻译如下：

Contents （目录）

Ⅰ. Introduction （导言）

Ⅱ. Pleasure Vs Pleasure （不同快乐之对决）

1. Francis Hutcheson （弗兰西斯·霍彻森）

2. David Hume （大卫·休谟）

3. Jeremy Bantham （杰里米·边沁）

4. John Stuart Mill （约翰·斯徒亚特·穆勒）

Ⅲ. Pleasure of Individual Vs Happiness of Society （个人快乐与社会幸福的张力）

1. David Hume （大卫·休谟）

2. Adam Smith （亚当·斯密）

3. Jeremy Bentham （杰里米·边沁）

4. John Stuart Mill （约翰·斯徒亚特·穆勒）

汤用彤《哈佛大学成绩单》和《哈佛大学目录》（Harvard University Catalogue[①]），可知这是哈佛大学 1920—1921 学年哲学门类中由刘易斯（Asst. Professor Lewis）主讲的"高级伦理学"（Advanced Ethics）课程的编号，而此文就是这门课的课业论文。汤用彤哈佛成绩单在该课评分等级（Grades）一栏，写着"未报成绩"（no report）。而通过该文融贯众说地敏锐洞察以及手稿首页上所得"A"的佳绩，可知汤用彤作为"哈佛三杰"之一的聪慧和勤奋，也可知他主要是为了求知而不是为了获得荣耀的成绩。另据该专辑第二篇《叔本华天才哲学述评》标明作于 1921 年 1 月 17 日，可推知本篇当在 1920 年下学期写成。

汤文认为，英国伦理学自卡德沃斯（Cudworth）、霍布斯（Thomas Hobbes）以后，道德的来源和评判标准成为论争的两大焦点问题。功利主义未能从社会学和心理学上说明道德观念之起源。他着重采用心理学方法作出自己的分析评判，他系统考察了霍彻森（Francis Hutcheson）、休谟（David Hume）、亚当·斯密（Adam Smith）、塔科（Abraham Tucker）、边沁（Jeremy Bantham）、穆勒（Stuart Mill）等人的功利主义思想及其关于道德评判标准问题解答的困境。全文围绕着困扰功利论者的三个重要问题展开：

（1）解决不同快乐之冲突的功利主义手段是什么？（2）"快乐"是否为解决个体和社会之利益冲突的充分评判标准？（3）"快乐"作为道德标准，能否有充分的"约束力"策使我们的行为合乎道德？

（接上页）Ⅳ. Utilitarianism Vs Religion — Problem of "Sanction"（功利主义与宗教的较量——"约束力"问题）

1. David Hume（大卫·休谟）

2. Abraham Tucker（亚伯拉罕·塔科）

3. Jeremy Bentham（杰里米·边沁）

4. John Stuart Mill（约翰·斯徒亚特·穆勒）

Ⅴ. Conclusion（结论）

① 该材料由林伟博士于哈佛大学查找提供。

经过客观公正的独立思考和权衡，汤用彤总结出，尽管功利主义未对上述问题提出圆满的解决方案，但功利主义理论并不会因此而瓦解。每种学说各有其优势与不足。功利主义的原则虽切实，然非全属真理，应审慎取舍。文末进而指出功利主义发展到穆勒产生分化，并将继续探究此后斯宾塞（Herbert Spencer）、贝恩（Alexander Bain）、西季威克（Henry Sigwick）等人对功利主义的推进。

这些研究成果在汤用彤归国后的《伦理学》、《19世纪哲学》、《哲学概论》等授课讲义中时有体现。其《哲学概论》专列"善恶"一章，在比较中重点讲述了功利主义与儒墨等中外相关学说。①英美的发展在很大程度上受惠于功利主义。严复曾译亚当·斯密《原富》、穆勒《群己权界论》促进了当时国人思想的启蒙。汤用彤对功利主义及接下来对实用主义利弊的批判性研究，反映出他所受白璧德新人文主义的影响，以及他对西方新旧道德交替之际，如何建立新型道德伦理体系的探索。

汤用彤初入哈佛所写《作为道德衡量标准的"功利"》，注重内在情感对伦理道德的基础作用。这种价值取向当与其早年所受儒家熏陶有关，而白璧德新人文主义对功利主义的批判无疑更强化了这一点。汤用彤认为，物质功利并不是西方文明的真谛，其精华主要在希腊哲理及形上学。基于这种体认，他和吴宓组办的《学衡》以很大篇幅译介西方原典。而以公允圆融的态度求索道德标准并衡量取舍各家学说之得失，以彰显其普世价值，正是他们创办《学衡》的根本目标。该文为我们提供了研究汤用彤学术思想和窥见学衡派酝酿成熟轨迹的珍贵史料。

第二篇：《叔本华天才哲学述评》②，作于1921年1月21日，哈佛

---

① 《汤用彤全集》第5卷，河北人民出版社2000年版，第449—453页。
② 该篇（Schopenhauer's Philosophy of Genius）纲目整理翻译如下：
I. Introduction（导言）
II. The Problem（问题）
III. Platonic Ideas—the Object of Genius（柏拉图的理念——天才的目标）
IV. Perception—the Primary Instrument of Genius（知觉——天才的首要工具）

教授于其上有"a well written paper"（一篇好论文）的评语。这篇论文不仅详尽分析了叔本华天才哲学的理论来源，准确理解、阐述了叔本华天才哲学的内涵及其特征，更在于以敏锐的眼光和哲人的洞察，一针见血地指出叔本华天才哲学内在的、深刻的矛盾①。该文意在审查其天才理论在形而上学方面的可靠性：

> 叔本华对天才之定义，实含有一种根本的难题。因其预设意志本恶，故不得不承认在艺术静观中，天才乃"毫无意志的掺杂"。然依艺术从意志中获得解脱，显然需要某种动力，换言之即另一意志。……图尔克对叔本华学说之"补缮"，反而动摇了叔本华整个体系。

汤用彤认为，图尔克对"自利"意志和非"自利"意志的划分，在叔氏体系中实无安足处所。唯一能济叔氏体系之困的，只能是依艺术之解脱不须努力，或不要意志的支持。这是否可能，汤用彤表示很怀疑。而且在圣人凭何种力量才能否定生命意志的问题上，叔本华也面临同样的困难。②因而，汤用彤认为这种深刻的矛盾足以根本推翻叔氏费心建构的整个体系。这也阐明了叔本华学说虽可爱但不可信的具体原因。

犹如言意之辨是魏晋玄学主题，智识之辨则是当今时代哲学的主题。它表现为：科学与人文（科玄之争）；知识与智慧；真与善、美的

（接上页）V. Imagination—the Secondary Instrument of Genius（想象——天才的次要工具）

Ⅵ. Art—the Work of Genius（艺术——天才的工作）

Ⅶ. Will—the Background of Genius（意志——天才的背景）

Ⅷ. Virtue—Genius and Saint（德行——天才和圣才）

Ⅸ. Physiological Basis of Genius（天才的生理学基础）

Ⅹ. Total View of Genius（天才综论）

Ⅺ. Criticism（批评）

① 孙尚扬教授《汤用彤》一书中有段话高度评价了该文深刻的哲学洞见。孙尚扬：《汤用彤》，东大图书公司1996年版（台北），第26页。

② 汤用彤作，赵建永译：《叔本华天才哲学述评》，《世界哲学》2007年第4期。

关系。这发端于王国维提出的可信与可爱之间的难题。王国维深切感受到的这一矛盾，深刻反映了实证论与形上学的对立，是近代以来科学与人生脱节、理智与情意不相协调的集中体现。① 笔者认为这种矛盾的折磨是导致他自杀的一条重要原因，而汤用彤信奉的新人文主义正是欲解决这些矛盾。

第三篇：《康德和费希特的普遍历史》②，与1920—1921学年汤用彤选修马松（Dr. Mason）开设的康德哲学（The Kantian Philosophy）相应，可能是该课程的课业论文。该文把康德与费希特有关普遍历史观的论述进行比较研究，发现其间有明显相似之处。但该文并不过于强调其相似性，而是主要辨明他们在个人性情、哲学基础、处理方法和具体内容等方面的重要差异。该文认为，我们不能断定费希特就是袭用了康德的普遍历史观念，因为"完善"和"进步"的学说笼罩着当时的思想界。"进步"诸说渊源自文艺复兴以来的人文主义运动，及至18世纪历史进步说风行，经济学家、科学家等皆广为赞同。他还引证歌德（Goethe）、赫尔德尔（Herder）的历史进步论，并对照卢梭等人的历史退化论。③ 费希特哲学关键在"自我"（Ego）原则的设定，他的奋斗精神和宗教热情，通过"大我"（great Ego）之假设，使其体系较以往哲

---

① 冯契：《中国近代哲学的革命进程》，上海人民出版社1989年版，第218—219页。

② 该篇（Kantian and Fichtean Ideas of Universal History）纲目整理翻译如下：

Ⅰ. Introduction（导言）

Ⅱ. Methods of Treatment（处理方法）

Ⅲ. Philosophical Groundwork（哲学基础）

Ⅳ. "The Hidden Plan" and "The Divine Idea" —Species and Individual（"隐密计划"和"神圣理念"——种属与个体）

Ⅴ. Function of Evil（恶的功能）

Ⅵ. Function of Individual（个体功能）

Ⅶ. Function of State—Cosmopolitanism and Socialism（国家的功能——世界主义和社会主义）

Ⅷ. Steps towards Eternal Peace（永久和平之路）

Ⅸ. Evolution and Kantian Cosmology（进化与康德之宇宙哲学）

Ⅹ. Conclusion（总结）

③ 孙尚扬教授曾提及此文来说明汤用彤对赫尔德尔等人的历史哲学及19世纪的文化历史相当熟悉。参见孙尚扬：《汤用彤学术方法述略》，《北京大学学报》1998年第2期。

学更具统一性。因而在普遍历史观上，热诚的费希特哲学比冷静的康德哲学更详尽系统，也更为主观独断。文中列专章探讨世界大同主义与社会主义问题，立论以为，康德关于国家功能的理论"依然徘徊在18世纪的世界主义阶段，而在费希特这里，我们发现有德国社会主义的早期踪迹"。

文章表现出汤用彤极为关注文化历史总体发展趋势。在他看来，康德进化观的一些元素可视为后来达尔文学说难得之参考，并几近预示出斯宾塞主义的宇宙进化理论。他看重康德所论"人类历史进步是宇宙演进之延续，并止于个体道德之完美"。虽然汤用彤平生契赏道德人格作用之伟大，但文中对"恶"在历史发展的动力功用，亦足加辨析。

汤用彤结合"一战"后的社会现实，探讨走向永久和平之路的历史经验，清醒而深刻地指出当时"人皆向往一种世界联合体。但是国家联盟获得成效的可能性仍同康德时代一样小。这种局面无疑会令康德出乎意料"。对于相关问题，他在下面《当前哲学的趋势》一文中接续详细论述。

（二）《哲学专辑》第二册

此册原为活页本，已有残缺。现存两篇长文，共158页。第一篇：《康德后之唯心论》①，与1920—1921学年汤用彤选修刘易斯（Asst. Professor Lewis）开设的"后康德理念论"（Post-Kantian Idealism，成绩为"A"）相应，当为该课程的课业论文。该文详论康德对前人（笛卡尔、斯宾诺莎、莱布尼兹、洛克、贝克莱、休谟）的批判继承，以及其后从费希特到新黑格尔

---

① 该篇（Post-Kantian Idealism）纲目整理翻译如下：
Ⅰ. The Post-Kantian Idealism has its Distinct Characteristics（康德后唯心论有其鲜明特征）
Ⅱ. Kant has Two Problems（康德有两个问题）
Ⅲ. Fichte（费希特）
Ⅳ. Schleiermacher（施莱尔马赫）
Ⅴ. Schelling（谢林）
Ⅵ. Hegel（黑格尔）
Ⅶ. Schopenhauer（叔本华）
Ⅷ. The Left-wing Hegelians（左翼黑格尔派）

主义等唯心体系演进之轨迹，并与费尔巴哈、马克思的唯物主义加以比较。文中认为康德后唯心论发展可分为两个时期，他们主要是改造了康德的"物自体"学说，而对后康德哲学进行批判研究有助于把握"当前"哲学发展的方向。

文章还考察了黑格尔主义的演变，以为"英国黑格尔主义的复兴，不仅是复兴黑格尔，也是向贝克莱唯心论的回归"。在20世纪20年代中国学术界几乎很少有人知道黑格尔，正如贺麟所说，当时"只知有康不知有黑"。[①] 汤用彤1922年归国（较张颐早一年）后的授课讲义《唯心论》、《西方近代哲学史》（该讲义第11章题目即为"Post-Kantian Idealism"）对康德、黑格尔学说多有绍述。

第二篇：《当前哲学的趋势》[②]，当为奉导师佩瑞（Perry）之命而写

---

① 贺麟：《五十年来的中国哲学》，商务印书馆2002年版，第104页。

② 该篇（Present Philosophical Tendencies）纲目整理翻译如下：

Ⅰ. Preliminary（前言）

1. The war（一战）

2. Philosophical tendency is sort of intellectual pattern（哲学趋势是一种理智的模式）

3. Fundamental Issues（基本议题）

4. The four Contemporary Tendencies（当代四种哲学趋向）

Ⅱ. Naturalism（自然主义）

1. The Descriptive method in modern science（现代科学的描述方法）

2. The advance towards nominalism（趋向唯名论）

3. Negation of Moral and religious traditions（对道德和宗教传统的否定）

4. The new view of man（人类新见解）

Ⅲ. Idealism（唯心论）

1. Berkeleyan basis of Idealism（唯心论的贝克莱主义的基础）

2. Kantian basis of Idealism（唯心论的康德哲学基础）

3. Cardinal principle（首要原则）

4. Critique of the above（以上之批评）

5. Ethics of Idealism（唯心论的伦理学）

6. Idealistic philosophy of state（国家的唯心论哲学）

7. Idealistic philosophy of religion（宗教的唯心论哲学）

Ⅳ. Pragmatism and Activism（实用主义与行动主义）

1. Anti-intellectualism（反理智主义）

2. The pragmatist or instrumentalist theory of knowledge（实用主义或工具主义的知识理论）

3. Pragmatist Idealism Vs Realism（实用主义的唯心论对实在论）

4. Bergsonian theory of knowledge（柏格森主义的知识理论）

的长篇研究报告，残存 76 页。该文与 1919—1920 学年所选修佩瑞开设的"当代哲学趋势"（Present Philosophy Tendencies）相对应，成绩为"A"。汤文中对"the great war"（指一战）引发的危机加以哲学反思，并对当时哲学各流派进行分析评论、回顾和前瞻。他重点探讨了当时四种哲学趋向：后康德唯心论、19 世纪自然主义、实用主义和新实在论。他认为："哲学趋势虽不能精确地加以规定，但它是包含各种各样偏离因素的连续性统一体。构成思想的知识是必需的，因为它们不同的排列组合形成了发展趋向。""反理智主义是我们时代的一个特征，但其说如此相异以致不可能成为一种趋势。"柏格森是反理智主义者，在某种意义上他攻击理智的逻辑程序，但他并不反对理性的程序。汤用彤大量采用比较研究方法，注重对宗教、心理学、科学哲学[1]、伦理学、社会学进行跨学科研究来探讨哲学发展的走向。文末附录与此文相关参考文献目录 37 种，时间最近者刊于 1919 年 8 月 28 日，还特意注明"用星号表示属于同情之阐述，余者为批评"。据其中 5 种罗素著述，可知该文残缺部分也涉及当时刚兴起的分析哲学。[2]

第二节　宗教学研究
——开创中国现代意义上宗教研究
新局面

宗教学是以理性、客观的方法对宗教进行学术研究。现代意义上的宗教学产生于 19 世纪 70 年代的欧洲。这一仅百余年的新兴学科，在我

（接上页）5. Problem of freedom（自由问题）

6. Activism, Meliorism and pluralism（行动主义、社会向善论和多元论）

Ⅴ. Realism（实在论）

1. Theory of knowledge（知识理论）

2. Theory of value（价值理论）

① 文中涉及爱因斯坦相对论（Einstein's Relativity）对哲学发展的影响。

② 参见赵建永：《汤用彤哈佛大学时期哲学文稿辨析》，《哲学动态》2006 年第 4 期。

国则属学术研究新近发展出的重要组成。学界对于宗教学理论传入中国的早期情况，往往语焉不详。一般认为，西方宗教学在改革开放后才系统输入中国①。汤用彤留学时的宗教学手稿及归国后的相关讲义，直接从西方引进当时诞生不久的"宗教科学"（Science of Religions），是填补这项空白的珍贵记录。

一、《宗教学专辑》研究

汤用彤在哈佛大学作研究生期间，接续以往的研究②，深入系统学习宗教学。此间所写《宗教学专辑》一册（212 页）专门研讨各种宗教学理论，征引相关文献多逾百种。主要引用有："宗教学之父"英国的麦克斯·缪勒《比较宗教学》（F. M. Müller, *Comparative Science of Religions*）、摩尔《宗教史》（G. F. Moore, *History of Religions*）、泰勒（Tylor, *Primitive Culture*）、弗雷泽《各种族的神话》（J. G. Frazer, *Mythology of All Races*）、恩德鲁·兰《习俗与神话》（Andrew Lang, *Custom and Myth*）、休谟《宗教的自然历史》（D. Hume, *The Natural History of Religion*）、涂尔干《图腾的效力》（E. Durkheim, *Totemic Force*）、斯宾塞《社会学原理》（H. Spencer, *Principles of Sociology*）、罗斯《世界宗教通览》（Alexander Rose, *View of All the Religions of World*）、莱德《宗教哲学》（Ladd, *Philosophy of Religion*）、黑斯廷斯编《宗教、伦理百科全书》（*Encyclopaedia of Religion and Ethics*）等。此辑中翔实的史料可使我们回溯早期宗教学研讨的重点，从而有助于把握当时初露端倪的一些学术转向。我们若要全面了解汤用彤关于西方宗教学的系统研究，从而把握其佛教中国化研究的丰厚知识底蕴和治学方法，这些珍贵的手稿无疑具有重要价值。而这本专辑长期以来未引起学界注意，自是很大的缺憾。

从《宗教学专辑》来看，汤用彤对宗教学的认识相当全面而深刻。

① 参见吕大吉：《〈西方宗教学名著提要〉序》，《西方宗教学名著提要》，江西人民出版社2002 年版，第1—5 页。

② 汤用彤在美国汉姆林大学哲学系时（1918—1919），已研读不少宗教学典籍。

他关注当时宗教学的最新研究动态，采用考古学、人类学、语言学、心理学和神话学等学科方法，对宗教学各类重要问题进行学术性探讨。其中包括宗教的起源、本质和功能，宗教与科学、哲学、艺术的关系，尤其是他对宗教与伦理道德关系的特别关注，表现出他深切的人文主义关怀。汤用彤采用了比较宗教学的研究方法，考察视野相当广阔，涉及世界历史上几乎所有重要宗教：古埃及宗教、古巴比伦宗教、古希腊（罗马）奥尔弗斯教、犹太教、基督教、伊斯兰教、祆教（Zoroastrianism）、印度教（Hinduism）、佛教、儒教、萨满教、道教、日本神道教等等，尤为留意不同宗教之间由冲突到融合的变迁之迹。他对宗教信仰观念、宗教情感、宗教体验、教仪、组织等进行比较分析，并与中国传统宗教观念相对比，还时常注意比较缪勒、泰勒、费尔巴哈等人的宗教学说，并给出自己的分析和看法。各项论述表明，他的宗教观主要是以缪勒、摩尔、詹姆斯、涂尔干、白璧德及其哈佛时导师佩瑞和兰曼等人的宗教思想为基础加以阐发的。这部专辑在中国人系统研究宗教学方面具有首创意义，标志着我国现代意义上的宗教学科的起步。

汤用彤撰写该专辑时，宗教学家摩尔[①]在哈佛主讲宗教史。据哈佛大学成绩单，汤用彤 1919—1920 学年选修有摩尔开设的宗教哲学（Philosophy of Religion），1920—1921 年又选修摩尔开设的宗教的起源和发展（Origin and Development of Religion），两课成绩皆为"A"。《宗教学专辑》与这两门课程以及其他课程的相关性有待进一步研究。通过汤用彤作于汉姆林大学哲学系的论文集，可知他初到美国已熟读摩尔的《宗教史》（History of Religions）等宗教学典籍。《宗教学专辑》对摩尔之说亦多有评述。从全册内容的整体联系来看，首篇《宗教史纲要》应为研究总纲，其余各篇多就其中有关问题展开具体而深入的研讨。

①　摩尔（George Foot Moore，1851—1931），美国著名神学家、东方学家、《旧约》专家，精通希伯来文献。

该辑第一篇是《宗教史纲要》（*Outline of History of Religions*）。①

----

① 该篇手稿共 8 页，其内容纲目整理翻译如下：

Ⅰ. Knowledge of Foreign Religions（外国宗教知识）

1. Greek Period（希腊时期）

2. Roman Period（罗马时期）

3. Mediaeval Period（中世纪时期）

4. Modern Period（近世时期）

Ⅱ. Theory of Religions. Its Origin（宗教的理论及其起源）

1. Greek Theory（希腊的理论）

2. Maimonides：Astrological Belief（迈摩尼德斯：占星信仰）

3. Sabaism（拜星教）

4. Moderm Period（近世时期）

Ⅲ. Theories of the Origin of Religion（宗教起源诸理论）

1. Agnosticism：Parotagoras（不可知论：普罗泰戈拉）

2. Utilitarian：Religion as Invention（功利论：宗教被看作人为创造）

3. Fear：Democritus（恐惧：德谟克利特）

4. Religious Faculty：Müller（宗教的功能：缪勒）

5. Cause-theory（起因论）

6. Feeling-theory：Schleiermacher（情感理论：施莱尔马赫）

Ⅳ. Stages of Development（发展诸阶段）

1. Self-preservation（自我保存）

2. Personification and Apprehension（人格化和理解）

3. Beginning of Worship，etc（拜神仪式的开端及其他）

Ⅴ. Animism（泛灵论）

1. Tylor：Two Cause（泰勒：两个原因）：i. Deed, etc（死亡等）ii. Dreams（做梦）

2. Andrew Lang：Cause：Waking Hallucinations（安德鲁·兰：原因：清醒的幻觉）

3. R. R. Marrett：Pre-animistic Conception（马瑞特：前泛灵论的观念）

4. W. Wundt：Two Series（冯特：两个系列）

5. See Dulkheim's Criticism（看涂尔干之批判）

6. Crawley：Visual Image（克劳雷：视觉意象）

7. Animism, not Religious up to the Stage of Demonism（尚未进至鬼怪崇拜的宗教阶段的泛灵论）

Ⅵ. Shaman（萨满）

1. The Phenomenon（现象）

2. Origin：Belief in Animism and Power of Controlling Powers（起源：信仰泛灵论和控制神魔的力量）

3. The Phenomenon of Divination and Oracles（占卜和神谕现象）

4. Mass Possession（大众控制）

Ⅶ. Fetishism（拜物教）

1. Phenomenon（现象）

2. Stages：Pre-animistic and Animistic（不同阶段：前泛灵论与泛灵论）

Ⅷ. Totemism（图腾崇拜）

文中非常注重从情感理论的角度来研究宗教产生的心理学基础。他哈佛时期的长文《康德后之唯心论》也有专章论述"现代新教神学之父"、宗教情感论首倡者施莱尔马赫。他在《当前哲学趋势》中认为整个宗教系统建构于情感价值基础之上，经验事实并不能动摇它。他中央大学时期讲义"西方近代哲学史"（History of Modern Philosophy）第七章"启蒙运动的理想"（Ideals of the Enlightenment）第二节"休谟的宗教哲学"（Hume's Philosophy of Religion）中说："信仰是由生命进程中产生的情感、希望和恐惧所引起"（Belief called out by feelings which arise in the course of life, by hope and fear）。1923 年汤用彤在《学衡》发表的译作《亚里士多德哲学大纲》"美术哲学"一节讲："亚氏谓祭酒神（Bacchus）等之狂乐，可舒宗教激烈情感，而使情出于正，其用意亦与论剧相同也。"[①]强调宗教的情感寄托功能，并寻求情感与理性的平衡是汤用彤与吴宓、刘伯明等学衡派成员的共识。

第二篇文章《宗教的起源与发展》（Origin and Development of Religions）较长，共 77 页，围绕宗教起源的各种问题而展开。例如："最早期人类的宗教是什么，他们崇拜什么，为何崇拜祂，究竟为何崇拜"等问题，都是此文探讨的重点。他指出此类宗教缘起问题"最近才凸显出来"。对于宗教人类学开山之作——泰勒的《原始文化》，文中写道："此书关于宗教起源的理论刚被时人广泛接受"。文中述及儒家的

（接上页）1. Spencer：Ancestor's Names（斯宾塞：祖先的名号）

2. Spencer and Gillen：Hunting Life（斯宾塞和盖伦：狩猎生活）

3. Frazer：Tracing to Conception Totemism（弗雷泽：追溯图腾崇拜的观念）

4. Wunlt：Product of Animism（冯特：泛灵论的产物）

5. Dukheim：Tribal Concentration and Dispersion（涂尔干：部落的集合与散布）

6. Jevons：Clans Chose Animal as Alliances（杰文斯：部落选择动物作为联盟）

7. Joy：Probably of Several Origins（乔伊：多起源猜测）

8. The Cult of the Dead（丧礼）

9. The Emergence of the Gods（诸神之出现）

10. The Cultus（祭仪）

11. Myth（神话）

① 《汤用彤全集》第 5 卷，河北人民出版社 2000 年版，第 582 页。

宗教性问题："自然秩序即道德秩序，像儒教可被称为伦理的宗教。这里习俗和礼法都被视为神圣的约束力。"

该文还讨论了宗教的演进历程，并从中尝试寻找其发展规律。他认为随着视野的开阔，外域宗教因素得以引入："希腊和罗马时代庞大的商贸系统为各族文明和宗教的融合提供了良机。不少外来之神输入罗马，由此进入不同宗教信仰的调和时期。基督教兴起后，一些外国异教信仰被传教士所知晓；与伊斯兰教的接触引入新的知识；在犹太教、伊斯兰教和基督教共存的西班牙，宗教论争让其他宗教的信条得以显露；十字军东征使西方与伊斯兰教的联系更近一层；蒙古之征开拓出其殖民地到亚洲大陆的通途，如马可·波罗所记……绕过好望角海路的开辟，美洲新大陆的发现都促进了交流；至于近代西方对外国宗教的系统研究开始于 150 年前。"文章勾画出不同宗教相互认知的发展轨迹，未尽之处，又于下文加以发挥。

第三篇《西方世界对外来宗教认识的历史》(*History of Knowledge of Foreign Religions in the Western World*)[①] 对西人认知外国宗教过程的各类文献广搜精求。这为他后来研究外来佛教中国化问题，总结中外文化接

---

① 该篇手稿 6 页，纲目整理翻译如下：

Ⅰ. New Impulse for Such Studies since Renaissance（文艺复兴后此类研究的新动力）

1. Greek, Roman, Due to Revival of Learning（希腊、罗马，归因于学术的复兴）

2. Greek and Latin Account of Egypt, Persia, India（埃及、波斯、印度的希腊文和拉丁文记载）

3. Study of the Bible, Opened by Reformation（通过宗教改革打开的圣经研究局面）

4. Hence Judaism（因此犹太教）

5. Travelers and Discoveries（旅行者及其发现）

6. Missionaries（传教士们）

Ⅱ. Astral Theory of Origin of Religions（宗教起源的星象理论）

Ⅲ. Euhemerism（神话即历史论）

Ⅳ. Fetishism（拜物教）

Ⅴ. Symbolism of Crenzer（克瑞泽的符号论）

Ⅵ. State of Knowledge（认知状况）

Ⅶ. The Discoveries of Religion（宗教诸发现）

1. Eastern Religions（东方宗教）

2. Cretean Civilization（克里特文明）

3. Knowledge of Roman and Greek Sects（关于罗马和希腊教派的认识）

触移植规律打开了思路。文中所引书有摩尔《19 世纪宗教史》（G. F. Moore, *The History of Religions in 19* *th* *Century*, 1904）、罗林森英译的希罗多德《历史》（George Rawlinson, *History of Herodotus*, 1859）、坎贝尔《希腊文学中的宗教》（Lewis Campbell, *Religion in Greek Literature*）等，还提到"1652 年，亚历山大·罗斯所著《世界宗教通览》为异教研究力辩之始"（Alexander Rose, *Views of All the Religions of World*, 1652. With a very apologetic preface for a study of Paganism）。此时汤用彤已十分注重比较宗教学方法的学习和运用，日后他融会中国传统考据方法，自创出"考证比较诠释体"的研究范式，开辟了中国佛教史学科，并奠定了我国道教学研究的基础。

带着上述问题，汤用彤所作以下读书笔记，内容详略不等。其中宗教史学方面笔记有：杰文斯《早期宗教中神的观念》（F. B. Jevons, *The Ideas of God in Early Religions*）、《宗教史导论》（F. B. Jevons, *Introduction to History of Religions*）、乔伊《宗教史导论》（C. H. Joy, *Introduction to the History of Religion*）各 1 页。宗教人类学方面有：摘录考丁顿《美拉尼西亚》（R. H. Codrington, *The Melanesian*, Oxford, 1891）中关于 mana（原始部落传说的超自然力）问题的笔记。泰勒《原始文化》笔记（Tylor, *Primitive Culture*），

（接上页）4. Study Shows the Interlacing of Tables, Unearthing of "Lower-mythology"（研究呈现出多种平台的交错，"低级神化"的发掘）

5. Anthropology（人类学）

Ⅷ. Courses the Scholars Pursued（学者从事的研究之路）

1. Philological Researches, Inscriptions, Texts, Archeology, etc.（语言学的研究、碑铭、文本、考古学等）

2. Max Müller, "*Comparative Science of Religions*" — His Defects（麦克斯·缪勒的《比较宗教学》及其不足）

3. Müller's Opponents（缪勒的反对者）

4. Relation, and Religion, Social and Political Organization, and Economies（关系、宗教、社会与政治组织、诸种经济）

IX. Origin of Religion, and the Primitive Form（宗教起源及原始形式）

1. Homeric and Vedic Primitive Form（荷马时代的和吠陀的原始形式）

2. Australian Block as Primitive Form（作为原始形式的澳洲区）

3. Comte's Stage of Religion — all Three Mistakes（孔德之宗教阶段——三种皆误）

6 页①。安德鲁·兰《巫术与宗教》（Anddrew Lang, *Magic and Religion*），2 页。刘易斯·斯宾塞《神话学导论》（Lewis Spence, *An Introduction to Mythology*, 1921），3 页。这是此册中引用的最新文献，反映出汤用彤对欧美宗教学最新研究进展的密切关注。

汤用彤十分关注宗教的社会因素，在细致地考察了宗教的原初形式后，进而研究宗教的社会文化功能。他在宗教社会学方面的读书笔记有：韦伯《宗教团体理论与个体》（C. J. Webb, *Group Theories of Religion and the Individual*）1 页。宗教社会学创始人涂尔干《宗教生活的基本形式》② 7 页。汤用彤指出此书主旨是："宗教具有鲜明的社会性，宗教表征的是集体性的实在。"

汤用彤既采用了人类学学派从外部事实描述的方法，也非常重视心理学派从内在心理分析入手的方法。在宗教心理学方面他写有：冯特《民俗心理学原理》（W. Wundt, *Elements of Folk Psychology*）读书笔记，5 页③。宗教

---

① 该篇纲目整理翻译如下：（手稿原文用天干为序）

（甲）Mythology（神话学）

（乙）Animism（万物有灵论）

（丙）Future Life；Two Divisions of Future Life（未来生活：两种区分）

1. Transmigration，2. Future life（轮回，来生）

（丁）Spirits（精灵）

（戊）The Evolution of the Spirits up to Deities（精灵进化到神性）：

Two Keys：1. Spiritual beings modeled upon conception of human souls；2. Purpose to explain nature on theory of "animated nature"（关键有二：1. 精神上的存在模仿人类灵魂观念；2. 为了解释"生动的自然"理论的本质）

② Emile Durkheim, *The Elementary Forms of the Religious Life*, Tr. J. W. Swain, 1915.

③ 该篇纲目整理翻译如下：

Ⅰ. Earliest Belief in Magic and Demons（最初信仰巫术和鬼神）

Ⅱ. The Totemic Age（图腾时代）

1. The Origin of Totemic Idea（图腾观念的起源）

2. The Law of Taboos（禁忌规则）

3. Animism（泛灵论）

4. Origin of Fetish（偶像起源）

5. Ancestor—worship（祖先崇拜）

Ⅲ. The Age of Heroes and Gods（英雄和神之时代）

Ⅳ. The Development to Humanity：World Religions（向人文方向的发展：世界宗教）

心理学与现代心理学基本同步发展，现代心理学先驱亦为宗教心理学的奠基者。现代心理学创建人冯特（W. Wundt，1832—1920）的《民俗心理学原理》有相当篇幅专门研究宗教问题。"民俗心理学"原是心理学专门术语。它的出现引发了广泛的哲学、宗教问题，现已成欧美哲学使用率极高的概念之一。在汉姆林大学时汤用彤已学过冯特的《心理学大纲》（*Outlines of Psychology*）、宗教心理学奠基人詹姆斯的《宗教经验种种》（*The Varieties of Religious Experience*）等宗教学、心理学经典；1920—1922 年又于哈佛每学期连续选修心理学课程。他十分注重从心理学的角度分析宗教文化的起因。像前文《宗教的起源与发展》中"原始心理学"（Primitive Psychology）一节主要阐述人类心理发展的早期历史和冯特关于宗教起源的理论，并时常将其与泰勒、摩尔等人学说加以比较。相对来说，我国宗教史成果最多，而宗教心理学研究"目前"几乎是空白[①]。

应用以上宗教学理论，汤用彤撰写了《斯宾诺莎与中世纪犹太教哲学》（*Spinoza and Mediaeval Jewish Philosophy*）[②]。该文重视犹太哲学的研究价值，认为："哲学是哲学性批判的产物，所以我们认识一个哲学家不能不了解他的思想来源"。他分析了希伯来文化对斯宾诺莎的深刻影响，如早年受严格的犹太文化教育，从希伯来文献中获得知识等，并指出斯宾诺莎的学说是在批判继承以往哲学的基础上提出的，他是"一个自由化了的犹太人"（a liberalized Judaist）。

犹太教研究在我国尚处起步阶段，汤用彤对西方哲学与宗教之源头颇为留心，九十多年前即率先探索了这一领域。汤用彤汉姆林大学时论

---

① 何光沪：《中国宗教学百年回顾》，《中国社会科学院院报》2003 年 3 月 18 日。
② 该篇纲目整理翻译如下：
Ⅰ. Introduction（导论）：
1. Purpose（目标）
2. Spinoza's Sources（斯宾诺莎思想的来源）
Ⅱ. Spinoza and his Predecessors（斯宾诺莎和他的前辈们）
Ⅲ. Spinoza's Metaphysics（Short Treatise）（斯宾诺莎《简论》中的形上学）
Ⅳ. Spinoza's Metaphysics（Ethics）（斯宾诺莎《伦理学》中的形上学）

文《中世纪的神秘主义》已探讨了犹太教哲学和希腊哲学的碰撞与融合，重点以犹太教哲学家菲罗的整合性努力来说明。1919 年 4 月 8 日他所作课外论文《斯宾诺莎、洛克和康德的知识论》有一节考察斯宾诺莎学说产生的文化背景，写道："斯宾诺莎作为犹太人，自幼所受犹太文化的熏陶奠定了他全部思想的基础。如，东方性和神秘主义倾向。"这可视为他主张"学必探源"的例证。

本册相关研究还有斯宾诺莎《伦理学》（*Ethics*）笔记、《中世纪的形上学》（Mediaeval Metaphysics）①、《属性》（Attributes）② 等写作提纲。《宗教学专辑》后半部分转向了对社会学、心理学、伦理学、形上学等与宗教学相关的交叉学科的探讨，关注宗教对于社会文化、伦理道德、终极关怀和精神家园建设的价值资源，显示出学衡派成员宗教观渐趋成熟。这说明汤用彤所首肯的宗教，不是某一具体教派，而是其中所蕴含的一种人类崇高的精神追求，这体现了他的文化思想的独特个性。

---

① 该篇纲目整理翻译如下：

Ⅰ. Being（存在）

1. Approach（方法）

2. General Nature（通常的性质）

3. Classification（分类）

4. Development of the Theory（理论的发展）

5. Aristotelian Cosmology（亚里士多德学派的宇宙论）

Ⅱ. Creation（创造）

1. The Problems（问题）

2. Solution I.（解答一）

3. Solution II.（解答二）

4. Another Theory（另一理论）

Ⅲ. Spinoza's Proofs of the Existence of God（斯宾诺莎的上帝存在证明）

1. Mediaeval Proofs（中世纪的证明）

2. Spinoza's First Proof（斯宾诺莎的第一证明）

3. Spinoza's Second Proof（斯宾诺莎的第二证明）

4. Spinoza's Third Proof（斯宾诺莎的第三证明）

5. Spinoza's Fourth Proof（斯宾诺莎的第四证明）

② 该专辑各篇多有详细提纲，恐繁不具录。

二、《哲学专辑》里的宗教问题

汤用彤哈佛时期的《哲学专辑》里也有不少关于宗教的研究。前述《论作为道德衡量标准的"功利"——从休谟到约翰·穆勒的英国功利主义批判研究》第四章"功利主义与'约束力'之宗教问题的较量"评述休谟（David Hume）、塔科（Abraham Tucker）、边沁（Jeremy Bantham）、穆勒（Stuart Mill）等人关于宗教"约束力"的制裁问题："快乐"作为道德标准，能否有充足的"强制"力量保障行为道德？亦即，功利主义的"快乐"新权威能否很好地替代上帝之旧权威？文中认为，英国功利主义是18世纪神学与伦理学相分裂的产物。而上帝权威消退后，西方社会产生严重道德危机。保守派仍然坚守旧有理论。折中派试图使神学合理化，并把道德建立在这种新基础之上。激进派用功利论方法反抗旧宗教，并探寻一种新伦理体系。为挽救道德之沦丧，汤用彤主张在适当保存外在上帝权威的同时，应更注重发扬内在良知直觉的作用。他20世纪20年代讲义《19世纪哲学》（*19 th Century Philosophy*）重点讲授了功利主义的宗教观和斯宾塞的宗教学说。

汤用彤哈佛时期的《哲学专辑》第二册第一篇《康德之后的唯心论》认为："德国唯心论之父康德有两个问题：科学或外部世界的知识如何可能？能够赋予宗教与伦理学以什么样的合法性而不致违背科学？康德后的唯心论有其鲜明特征，相当不同于实在论的柏拉图哲学、神秘主义的普罗提诺、独断论的莱布尼兹和主观论的贝克莱。"文中详论康德对前人的批判继承，及其后费希特①、谢林、施莱尔马赫、黑格尔、叔本华、青年黑格尔派（施特劳斯、施蒂那等）、新黑格尔主义（布拉德雷、罗伊斯）等唯心体系演进之轨迹，兼论他们的宗教观，并与费尔巴哈的唯物论、马克思历史唯物主义加以比较。如："宗教观念是对人

---

① 汤用彤文中涉及费希特的宗教观在罪恶问题（problem of evil）上，与狄俄尼索斯教、佛教、斯多亚派、新柏拉图主义的比较。他认为，原始佛教与费希特哲学的基本预设虽然都以欲求为恶，但费希特并未像佛教那样走向厌世的道路。

的意识的表达"，"马克思对历史的诠释是唯物主义的，因其以物质需求为一切之基础，精神需求是物质需求的反映。他批判了费尔巴哈的宗教观。施蒂纳只是更进一步，并且也总是带有阶级意识。" 当时国人鲜知马克思学说，至于马克思宗教观研究近始提出①，而汤用彤当年已关注及此。

《哲学专辑》第二册第二篇是长篇报告《当前哲学的趋势》，评析当时哲学各流派，对宗教在现代社会中地位和作用及其与科学的关系亦有探讨，还设专节讲"唯心论的宗教哲学"（Idealistic Philosophy of Religion）。该文参考文献引用较新的文献有 1918 年《哈佛神学评论》登载的《新实在论》一文。该刊 1908 年创办，是美国最悠久的宗教和神学的权威学术期刊之一。② 汤用彤南开大学时期讲义《现今哲学》③对《当前哲学的趋势》所讨论的宗教问题多有发挥。④

汤用彤留学哈佛大学时对宗教学进行了深入系统、追本溯源的研究。他的研究成果多为英文未刊手稿，其中不少问题和研究领域至今仍未被国内学界所及知。他采用跨学科方法，系统钻研了宗教学各类问题，显示出学衡派成员宗教观渐趋成熟的轨迹。汤用彤宗教学手稿成为他归国后相关讲义的来源。这批历史文献对于了解汤用彤佛教中国化研究的丰厚知识底蕴和研究方法，以及我国宗教学科的草创历程皆有重要意义。

汤用彤的西方哲学、宗教及比较文化学研究是其整体学术体系的有机组成部分，突出体现了他的新人文主义思想，学界没有足够关注这些方面无疑是很大的缺憾。从某种意义上来说，对汤用彤西学研究的缺失必然

---

① 参看吕大吉：《从近代西方比较宗教学的发展谈马克思宗教学的性质和体系构成》，《从宗教到宗教学——吕大吉学术论文选集》，宗教文化出版社 2002 年版。

② 该文参考文献引用有 1918 年《哈佛神学评论》登载的《新实在论》一文（Hormle, "New Realism and Religion", *Harvard Theological Review*, Vol. XI, 1918, pp. 145 – 170）。该刊 1908 年创办，是美国最悠久的宗教和神学的权威学术期刊之一。

③ "现今哲学"是当时汤用彤课程纲要对"Contemporary Philosophy"的汉译，今译为"当代哲学"。

④ 参见赵建永：《汤用彤哈佛大学时期宗教学文稿探赜》，《世界宗教研究》2009 年第 1 期。

会影响到我们对于其整体学术思想的理解。这也就凸显了研究他西学及比较文化学思想的重要意义。通过研究汤用彤的西学思想，可以使我们对其文化观理解得更为深刻，也可以帮助我们更好地全面理解他学术思想转变的内在脉络。汤用彤的西学研究在其整个学术发展历程中占有非常关键的地位。他留美所学新知奠定了其治学基础和方向，为他多向度解读中国学术提供了启迪，通过其传介，推进了国人的文化研究。若没有这番治西学的经历，他的学术思想当是另一番景象。正是基于这样的学术准备和积累，汤用彤在东西哲学文化研究中开疆辟域，并促成了中国学术的现代转换。

第五章

佛教研究

——创立中国佛教史学科

汤用彤的学术成就主要集中在印度哲学史、中国佛教史和魏晋玄学史三个密切联系的领域，其中在佛教史方面尤为突出，他亦借此在学术界确立了崇高的地位。本章阐述汤用彤佛教史研究体系的背景、历程、贡献和意义，并通过对他与相关佛教史家的比较，以拓深学界对其学术思想和中国佛教史研究范式的认识。只有深入探讨其佛教史体系建立的缘由、过程及主旨，才能更好地把握汤用彤的学术成就。

第一节　印度学研究
——奠基我国印度学学科

学界论介汤用彤中国佛教研究的文章很多，而对作为他佛教研究背景的印度学的讨论相对较少。他不把佛教看作孤立的文化现象，故在治中国佛教史之前，他先研究梵文、巴利文、印度佛教和哲学通史。汤用彤的印度学研究是其中国佛教史研究的准备工作，对于他的全部研究具有基础性的关键作用。

一、治印度哲学的过程

汤用彤为更深入全面研究中国佛教史，同时钻研印度哲学史。《印度哲学史略》作为汤用彤研究印度思想的主要成果，其成书历时 20 余年，是在不断整理中外相关史料、撰写论文和增订讲义的基础上著成的。该书创作的漫长过程体现出我国的印度哲学学科由微至著的历程。

汤用彤的印度哲学与佛教研究是他于哈佛大学时期（1919—1922）在白璧德的鼓励启发下开展的。在白氏新人文主义的指引下，汤用彤在哈佛期间逐渐由西方哲学史转向以印度语言学为核心的印度哲学与佛教，选修了哈佛哲学系主任伍兹（James H. Woods）教授开设的"印度哲学体系"、"哲学梵文"课程，并师从兰曼深造梵文、巴利文。兰曼是美国印度学研究的主要开辟者，后来的美国印度学研究者几乎都是他的学生或受惠者。1920 年 4 月 6 日，兰曼在美国东方学会年会上作主题演讲，特别提到近两年内在哈佛随他学梵文的两个中国学生，其中一位"前途尤其不可限量"（one of extraordinary promise）。[①] 这两个中国学生当指汤用彤和陈寅恪，而"尤其不可限量"者，从以下材料来看，很可能是就汤用彤而言。

从兰曼对二人学习成绩的评判及其日记中，我们可以看到他对汤用彤的赞赏已超过了陈寅恪。汤用彤留学哈佛大学期间第一学年（1919—1920）的指导教授是美国哲学会主席、新实在论哲学家佩瑞（Perry），而他在第二、第三学年则转由兰曼指导。汤用彤以其勤奋和聪慧，他选修兰曼的各门课程都获得全"A"的佳绩。陈寅恪在第一学年的梵文成绩是"B"，此后盖因师友之激励，他的梵文和巴利文成绩都跃升为"A"级。俞大维的成绩则是第一学期得到"C"，第二学期为"D"。

兰曼 1921 年 2 月 17 日致函哈佛大学校长罗威尔（Abbott Lawrence

---

① "India and the West, with a Plea for Team-Work among Scholars", *Journal of the American Oriental Society*, Vol. 40, 1920, pp. 225 – 247.

Lowell），表达了自己对培养中国学生的期待："我目前有两名格外优秀的学生，分别是来自上海的陈寅恪，以及来自'北都'（或众所周知的北京）的汤用彤。他们对我确实富有启发，我衷心希望能有更多这般精神高尚而且抱负不凡的人来潜移默化地影响我们本国的学生们。我深信，他们二人将会引导众生之发展，并对中国局势的前途产生影响。"① 该信部分内容与其演讲相似，明确提到陈寅恪和汤用彤。次日，罗威尔即复函兰曼充分肯定了他为助力中国文化发展的事业所付出的卓越努力。

同年 6 月 5 日，兰曼给留美学生监督严恩槱（U. Y. Yen）的信中对陈寅恪和汤用彤依然赞赏有加："陈寅恪与其同学汤用彤一样，有着高超的智慧，这将为他的祖国——中国赢得荣誉。"他还殷切期望自己培养的中国学生能够利用所学外文知识，承继当年求法高僧不辞艰辛的取经事业，以现代学术文化造福于中国之未来。② 哈佛前任校长艾略特（Eliot）及其后继者罗威尔较为重视增进哈佛与中国的联系。他们对中国的了解多直接来自其所接触的中国学生，而以"哈佛三杰"为代表的优秀留学生无疑起到推动中美文化交流的媒介作用。

1920 年 8 月，汤用彤在哈佛大学即单独为吴宓讲授"印度哲学与佛教"。③ 这一方面说明他已能把所学知识消化并系统表述出来，另一方面也说明他们对白璧德师训的重视与落实。汤用彤在《汉魏两晋南北朝佛教史·跋》中云："说者谓，研究佛史必先之以西域语文之训练，中印史地之旁通。"④ 此说当源于白璧德和兰曼的共同教诲。

---

① 陈流求、陈小彭、陈美延：《也同欢乐，也同愁：忆父亲陈寅恪母亲唐筼》，三联书店 2010 年版，第 34 页。这封信的原件今存哈佛大学图书馆 General Correspondence，1907—1924. Charles Rockwell Lanman Papers，Harvard University Archives，HUG 4510. 54.

② General Correspondence，1907—1924. Charles Rockwell Lanman Papers，Harvard University Archives，HUG 4510. 54.

③ 吴宓将汤用彤手写此课概略及应读书目连同其他听讲笔记、论文，"编订成一甚厚且重之巨册。题曰 Harvard Lecture Series，Vol. V（1920—1921）。今存"。吴宓：《吴宓自编年谱》，三联书店 1995 年版，第 208 页。

④ 汤用彤：《汉魏两晋南北朝佛教史》，《汤用彤全集》第 1 卷，河北人民出版社 2000 年版，第 655 页。

　　由于汤用彤对汉译佛典、印度语言学、现代宗教学和哲学都有很好的掌握，故而具有比其他学者更为优越的条件。1922 年，他初返国门就对梁漱溟《东西文化及其哲学》只以佛教为印度文化代表的做法提出批评："至若印度文化，以佛法有'条理可寻'，则据以立说。"而对与之密切相关的婆罗门六宗则因"价值不高，屏之不论"①。汤用彤治佛教史则不限于佛教本身，而是从整体上全面深入研究印度学说的全史，并一直在各大学讲授印度哲学。

　　1924 年 2 月，汤用彤最早的佛学论文《佛教上座部九心轮略释》发表于《学衡》第 26 期。据高山杉先生所考，汤用彤回国任教东南大学时，正赶上听欧阳竟无开讲《唯识抉择谈》和《唯识八段十义》。其中所讲锡兰所存上座部佛教的"九心轮"学说认为，一刹那间心的生起变灭，要经历九种状态，犹如车轮般前后相续变动不停，故称"九心轮"，并以此解释生死流转与解脱之道。此说对唯识学影响很大。欧阳只知道汉译佛典《解脱道论》和窥基《唯识枢要》里的"九心轮"，却不知在巴利文的《清净道论》和《阿毗达摩集义论》里有相关记载。汤用彤把巴利佛典中"九心轮"的材料收集起来，与汉文材料作了对比，用笺注《唯识枢要》有关文句的方法写下《佛教上座部九心轮略释》。这项成就与英国巴利文权威戴维斯夫人（Rhys Davids）的工作同样重要。她 1914 年所著《佛教心理学》曾专论"九心轮"，但不知中文佛典也有类似史料。② 汤用彤对早期小乘佛教的探析，为其梳理小乘到大乘佛教的变迁之迹打下了坚实基础。

　　此后，汤用彤陆续在《学衡》、《内学》、《国学季刊》等刊物发表了一系列研究印度哲学及佛教的文章，如《印度哲学之起源》、《金七十论解说》、《胜宗十句义论解说》、《南传念安般经译解》、《释伽时代

---

① 汤用彤：《评近人之文化研究》，《汤用彤全集》第 5 卷，河北人民出版社 2000 年版，第 276 页。

② 高山杉：《支那内学院和西洋哲学研究》，《世界哲学》2006 年第 3 期。

之外道》诸文①，对与佛教有关的各派学说和基本经典进行梳理、翻译和详解，以探明中国佛教史的背景。

二、《印度哲学史略》的成书

《印度哲学史略》的最早雏形是汤用彤在东南大学时期开讲的"印度学说史"一课的7册英文讲稿。他对之重新修订增补后，于南开大学主讲"印度学说史"和"印度哲学"课程。其"印度学说史"课程纲要云："本学程实即印度文化史，惟特侧重哲理。外道哲学有数胜诸论，外道宗教举婆罗门、印度二教，兼及佛学及印度哲理文学。"② 现存汤用彤南开时期"印度哲学"（Indian Philosophy，2册，内多梵文）讲义运用宗教学的研究方法细致分疏了印度自古以来各家宗教哲学的源流、特点。时代跨度很广，历述自公元前2500年雅利安人入主印度，经戒日王、回教入侵、莫卧儿帝国，至东印度公司为止。

在南开讲义基础上，汤用彤1929年于中央大学编成汉文油印讲义《印度学说史》，在绪论之外分十四章。这实际上也是印度哲学思想史的内容。该讲义之《绪论》1929年发表于《中央大学半月刊》第一期，现版《汤用彤全集》未收。讲义手稿《绪论》文末云："惟念国方多难，学殖荒芜。向者玄奘入印，摧破外道邪见，虽不可望。世多高谈佛学，而于其学说之背景，弃而不讲，亦甚怪矣。……今复整理删益成十四章，名曰印度学说史，或可为初学之一助欤。中华民国十八年八月十日黄梅汤用彤识于匡山五老峰上。"他到北京大学后开设"印度哲学"一课，并由出版组铅印成讲义内部使用。③ 1939年，汤用彤在西南联大为三、四年级学生开设必修课"印度哲学史"，此后隔年讲授一次。该

---

① 以上文章现均已收入《汤用彤全集》，以及"汤用彤学术精选集"之二、之三的《魏晋玄学论稿及其他·往日杂稿》和《印度哲学史略》中。

② 《文科学程纲要（1925—1926）》，《南开大学校史资料选》，南开大学出版社1989年版，第201页。

③ 其中印度佛教部分的第5、7章已收入《汤用彤全集》第3卷，河北人民出版社2000年版。

课讲义盖因抗战时期辗转遗失，在国内未能得以保存。[①]

　　汤用彤把历年讲义删益成十二章的《印度哲学史略》，1945 年由重庆独立出版社印行，次年再版。该本排印不佳，错字颇多。解放后，经汤用彤的助手王森校改文字上的错落百余处，由中华书局于 1960 年重印。当时国家经济困难，印刷纸张较劣，也有些排印错误，但能得以出版已属不易，作者仍是备感欣慰。该本经校改收入《汤用彤论著集》之四，于 1988 年由中华书局简体横排出版。在收入河北版《汤用彤全集》第 3 卷和佛光版《汤用彤全集》第 4 卷时都以 1988 年版为底本，同时参照其他版本对勘。上海古籍出版社 2006 年以 1960 年中华版为底本再版，收入"世纪文库"丛书。2010 年北京大学出版社的"精选集"本以 1988 年中华书局本为底本，校正了原稿的一些错字，按原样重印了汤用彤 1959 年所写的《后记》。它对于揭示印度哲学发展的线索，了解汤用彤的治学原委及其当时的思想状况都很有价值，而《汤用彤全集》等许多版本都未及收入这篇《后记》。

　　《印度哲学史略》是我国第一部用现代科学方法研究印度哲学史的重要著作，并且在相当长的时期内是作为"我国唯一一部研究印度哲学史的著作"[②]，起到了引领我国印度哲学学科发展的重要作用。该书总括公元 8 世纪前的印度宗教哲学发展史，以思想演进为中心，系统讲述印度上古吠陀、梵书、奥义书，以至佛教起源、演变，并与各种"外道"对照，终于商羯罗（约 788—820，印度佛教至此已衰）的吠檀多论，为治中国佛教史提供了必要而丰富的印度学知识背景，至今仍是海内外公认的学术经典。

　　黄心川、宫静共同撰文指出：印度哲学中极丰富的唯心论，把人类的生理和心理活动分析为上百种状态，阐述细腻；唯物论萌芽也多种多

---

　　① 　西南联大哲学系 1939 级学生顾越先回忆："上世纪九十年代，我在尼泊尔一家日文图书馆，看见汤用彤先生在联大讲'印度哲学'的讲稿，日本人很尊敬他，珍藏完好。"顾越先口述，童蔚整理：《九十岁的沉思》，《文汇报》2008 年 3 月 23 日。

　　② 　《陈垣、陈寅恪、汤用彤、顾颉刚著述情况》，《历史研究》1962 年第 5 期。

样，如元素论、原子论、极微说等。在认识方法上，有佛教的因明学，正理派的逻辑学，各式各样的量论。这些内容在《史略》中均有介绍。① 联大当年的学生王太庆教授说："此书内容深邃而行文简明，读他的书、听他的讲确是一种精神享受。古代印度思想中有很多成分在现代中国人看来非常可怪，他却能把它的来龙去脉交代得清清楚楚，甚至比某些印度学者讲得还要明白。这是因为他严格掌握史料，善于发现问题，从梵文、巴利文原著中进行研究，用西方现代的逻辑方法整理，又顺着中国人固有的思路和语言来表达的原故。"②

《印度哲学史略》展现了汤用彤深厚而独到的学术功力的原因，正如钱文忠教授所论：不仅是因《黎俱吠陀》和奥义书的一些重要章节是由汤用彤直接从梵文翻译过来的，还是因为他对当时国际学界相关领域的了如指掌；而更多的是因为他有独特视角，驾轻就熟地掌握了在当时甚至是今天研究印度哲学的专家们视野之外的资料来源。所以，尽管该书的初创距今已有90年，正式出版也逾60年，却"仍然具有国内外的同类著作无法替代的学术价值和地位"。他还提请读者注意，早在1945年首版的参考书目里，汤用彤就列入了包括达斯古帕塔（Dasgupta）的《印度哲学史》等国外学者的相关著作；1960年中华本的《重印后记》又再次说明达斯古帕塔和拉达克里希南（Radhakrishnan）的英文著作是"主要参考书"。认真读过这些书的人都会清楚地看到，汤用彤的"参考"是迥异于"编译"之类的。③ 汤用彤继承我国历代僧俗学者研究印度哲学的优良传统，并加以突破性创新，成为以现代科学方法研究印度哲学和宗教的奠基人。

---

① 黄心川、宫静：《汤用彤对印度哲学研究的贡献》，汤一介编：《国故新知》，北京大学出版社1993年版，第91页。

② 《国立西南联合大学校史》，北京大学出版社1996年版，第167—168页。

③ 钱文忠：《后记》，《印度哲学史略》，上海古籍出版社2006年版。

第二节　中国佛教史研究

——中国佛教史研究体系的创立

学界论介汤用彤的撰述浩繁，但对他的中国佛教史研究体系却缺乏整体性探讨。本节在综合整理汤用彤全部已刊、未刊稿的基础上，阐述其佛教史研究体系的产生背景和发展历程，揭示其研究范式及意义，论证中结合中外学者的有关研究，提出自己的看法，进而通过与相关佛教学者的比较研究，系统总结他对现代佛教史学科的影响。冀从整体上推进学界对其中国佛教史研究范式的认识，并由是探索现代中国佛教研究的发展途径。

一、治佛教史的历程

汤用彤三岁便在父亲的书馆中受教，渐对历史和佛典产生浓厚兴趣，承继了家传的佛学，如其自述"幼承庭训，早览乙部……稍长，寄心于玄远之学，居恒爱读内典。顾亦颇喜疏寻往古思想之脉络、宗派之变迁"。[①] 他划时代的佛教史巨著，是其终生在不断整理中外相关史料、撰写系列论文和修改补充讲义的基础上写成的。《汉魏两晋南北朝佛教史·跋》中曾简略提到其创作经过："十余年来，教学南北，常以中国佛教史授学者，讲义积年，汇成卷帙。"[②] 汤用彤虽罕言自己著述的经历，但从他现存的各种讲义、读书札记和往来书信等遗稿中，仍然能够窥得其治学门径。由于此类文献大多未刊，学人每研究至此，常以为憾。笔者在协助其哲嗣汤一介先生整理《汤用彤全集》时，终于有幸得见。通过这批史料，我们可以清晰地重构出汤用彤以毕生精力从事中国佛教史研究的艰辛道路。它体现了我国的佛

---

① 汤用彤：《汉魏两晋南北朝佛教史·跋》，《汤用彤全集》第 1 卷，河北人民出版社 2000 年版，第 655 页。

② 汤用彤：《汉魏两晋南北朝佛教史·跋》，《汤用彤全集》第 1 卷，河北人民出版社 2000 年版，第 655 页。

教史学科从无到有的发展历程，在世界学术史上也具有里程碑式的重要意义。

（一）《汉魏两晋南北朝佛教史》的成书——奠基中国佛教史研究

《汉魏两晋南北朝佛教史》自汤用彤回国时开始撰写到问世，耗时近二十载，共有四次大规模的修改。该书的初稿，是他 1926 年冬在南开大学完稿的讲义《中国佛教史略》的前半部分。汤用彤 1928 年将该讲义中"禅宗"一章寄赠胡适论学。[①] 胡适很快复一长信说汤用彤所寄讲义"大体都很精确，佩服之至"，又说讲义谓传法伪史"盖皆六祖以后禅宗各派相争之出品"，与其意见完全相同，并邀请汤用彤赴上海参观他在欧洲发现的禅宗敦煌史料。[②] 此讲义不唯与他们倾心的历史考据有关，还引发了海内外一系列持续至今的禅学研究和学术论辩。

现存东南印刷公司代印中央大学讲义《汉魏六朝佛教史》（1927—1931 年间讲授）是汤用彤拟撰佛教史的第二稿。1931 年夏，汤用彤应胡适之聘，任北大哲学系教授，主要讲授"汉魏晋南北朝佛教史"一课。钱穆与汤用彤同年到北京大学任教，并结为契友。钱穆对汤用彤从头重写讲义必重"全体系、全组织"治学方式和丝毫不苟的态度钦佩不已，并对他绝少谈及治佛学和重撰讲义的经过而深感惋惜。[③] 汤用彤重撰的讲义由北京大学出版组 1932 年铅印成《中国佛教史讲义》，此为其第三稿[④]。他在此稿基础上继续全力以赴，用了五年时间才完成第四稿，定名为《汉魏两晋南北朝佛教史》。

由于汤用彤治学必从全局着眼的体系性特点，所以他总是事不避难，每次修补皆篇幅甚巨，以至重写或新增不少章节。如，第二、三稿讲义中，有十万字以上的文字为现版《汉魏两晋南北朝佛教史》所无，包括"梁昭明太子之法身义（兼与道生之比较）"、"涅槃经与断肉食"、

---

① 《汤用彤教授来书》，《胡适文存三集》，亚东图书馆 1930 年版，第 467 页。
② 《胡适答汤用彤教授书》，《胡适文存三集》，亚东图书馆 1930 年版，第 468 页。
③ 钱穆：《忆锡予》，《燕园论学集》，北京大学出版社 1984 年版，第 24 页。
④ 汤用彤于讲义前自注云："民国二十一年二月十六日三稿草竣"。

"本时期佛教重要人物事迹年表"①　等。即便是这些尚未定稿的部分，其中阐述的一些问题，至今仍极富启发意义。像"内外华夷之争"一节，分"政论"、"教论"、"调和内外教之言论"三层对三教关系加以论述。②　他在讲义中，写有大量眉批，并标明材料的增删取舍。这些都是研究中国佛教史学科建立和发展进程的宝贵资料，蕴含了后来中国佛教史研究的无数方便法门。这些讲义深刻影响了选修该课程的向达、程石泉、邓子琴、常任侠、任继愈、王森、韩裕文、王维诚、韩镜清、熊伟、牟宗三等众多弟子。③　此外，胡适在 1933 年 4 月写成的《〈四十二章经〉考》中也曾大幅引评《中国佛教史讲义》④。他还率先关注到汤用彤后来对该稿的修订。

1937 年初，当《汉魏两晋南北朝佛教史》稿本第一册刚缮写出来，胡适先睹为快，全天为之校阅，称赞"此书极好"，指出"锡予与陈寅恪两君为今日治此学最勤的，又最有成绩的。锡予训练极精，工具也好，方法又细密，故此书为最有权威之作。"⑤　胡适随即写一长信把该书介绍给商务印书馆馆长王云五出版，但汤用彤还想再作修补而迟迟未交稿。直到抗战爆发，因担心手稿遗失，汤用彤才考虑将其佛教史讲义的汉魏两晋南北朝部分先行出版。1938 年 6 月 9 日，汤用彤在致王维诚的信中说："《汉魏两晋南北朝佛教史》已由商务排版，闻已排竣待印，但未悉确否？此书本不惬私意，现于魏晋学问，又有所知，更觉前作之

---

①　汤用彤自批"年表应注意表出一时学风及其变化"，并依此对年表作有修订。此外，现存汤用彤遗稿中有《弘宣佛典年表》（汉唐）笔记两册，可供补充和参考，如，首页题云："朝代一项可删，应加助译人名、梵本原出、地名、名僧籍贯、师承。"以上汤用彤未刊讲义手稿今存北京大学燕南园 50 号。

②　汤用彤《隋唐佛教史稿》中"隋唐内外教之争论"等章节皆有目无文。据其《中国佛教史讲义》可为了解现版汤著里所缺失章节的思路和内容提供一些线索。

③　参见赵建永：《汤用彤先生所开课程及其教学特色》，《北京大学学报》2004 年第 6 期。

④　胡适：《〈四十二章经〉考》，《胡适全集》第 4 卷，安徽教育出版社 2003 年版，第 192、193、201 页。

⑤　胡适：《日记 1937 年·1 月 17 日》，《胡适全集》第 32 册，安徽教育出版社 2003 年版，第 609 页。

不足。但世事悠悠，今日如不出版，恐永无出版之日，故亦不求改削也。"① 此言与该书《跋》中所云"惟今值国变，戎马生郊，乃以其一部勉付梓人，非谓考证之学可济时艰。然敝帚自珍，愿以多年研究所得作一结束。惟冀他日国势昌隆，海内乂安，学者由读此编，而于中国佛教史继续述作"，可互相印证。同年6月，该书终于由商务印书馆在长沙印行（四六版878页，50万字），1944年又编入"佛学丛书"于重庆再版。对勘手稿本的第四稿和初版的《汉魏两晋南北朝佛教史》，可知其间又有不少改动。

解放后，汤用彤对《汉魏两晋南北朝佛教史》又有增删，直到去世前一年，他还对中华书局1963年版进行修订，成为其最终的定稿。汤用彤以最高标准要求自己的治学，对自己的著述总是心感不满，一生不断超越自我，精益求精，反映了他推陈出新、学无止境的精神。从汤用彤对历次版本修改方式的比较中，我们可以清晰地洞见其传世名著背后埋藏着的世人难以发现的写作思路，使人学习到汤著中近乎完美的治学范例和研究方法②产生和运用的过程。

汤用彤开设的"中国佛教史"课程及其讲稿的出版，使国内外佛教史研究焕然一新，直接促成了中国佛教史学科的创立，并带动了整个魏晋南北朝史乃至中国文化史的学术研究，受到学术界的普遍赞誉。

1938年12月，容媛在《燕京学报》介绍了《汉魏两晋南北朝佛教史》的基本结构和主要观点，认为："此可见著者眼光所及，固已及于中国思想史之全范围。然则研究中国思想史者，固不可不一读此书也。"③ 这是关于该书最早一篇正式发表的书评。

---

① 汤用彤：《汤用彤致王维诚信一通》，耿云志主编：《胡适遗稿及秘藏书信》第24册，黄山书社1994年版，第511—512页。
② 李四龙教授认为：《汉魏两晋南北朝佛教史》"这部力作不仅给予我们学识上的帮助，而且在治学方法上提供了一种近于完美的范例"。李四龙：《译后记》，［荷］许里和著，李四龙、裴勇等译：《佛教征服中国》，江苏人民出版社1998年版，第628页。
③ 容媛编：《国内学术消息·〈汉魏两晋南北朝佛教史〉》，《燕京学报》第24期（1938年12月）。

　　1944 年，该书与陈寅恪的代表作《唐代政治史述论稿》同被教育部学术审议委员会评为一等奖，诚为实至名归。吕澂在对汤用彤《汉魏两晋南北朝佛教史》的审查报告中称赞："佛教东来，逐时演变。苟非洞晓本源，则于其递嬗之迹，鲜不目迷五色者。此中国佛教史所以难治也。我国佛教史籍旧有数种，均不合用，近人撰述亦鲜可观。汤君此著，用力颇勤，取材亦广。"吕澂评判的标准极为严苛，而且其治佛教史的理念与汤用彤相左，但他仍然肯定"汤著搜罗编次，粗具规模，叙次有绪，可资参考"。① 因此，吕澂把《汉魏两晋南北朝佛教史》作为其代表作《中国佛学源流略讲》的主要参考书。② 张岱年细读了《汉魏两晋南北朝佛教史》后，认为此书"为现代中国学术史开辟了一个新纪元"。③

　　1976 年，牟宗三在台湾大学哲学系开讲"南北朝隋唐佛学"第一堂课时介绍："汤用彤先生的《汉魏两晋南北朝佛教史》，这部书是一定要看的，这是了解中国吸收佛教的初期必看的书，考证的很详细……这部书考证六家七宗考证的最好，讲竺道生讲得最好。"④ 饶宗颐在首届"汤用彤学术讲座"中开场便坦言："汤老的学术研究对我启发很大，他的《汉魏两晋南北朝佛教史》一书，至今仍是我的重要资源之一。"⑤

---

　　① 吕澂：《审查报告》，1944 年，台湾清华大学博物馆筹备处藏。吕澂和柳诒徵对汤用彤《汉魏两晋南北朝佛教史》的审查报告，近来由杨儒宾教授复制一份，提供给汤一介先生。汤先生旋即转交笔者研究。

　　② 吕澂的名著《中国佛学源流略讲》总共九讲，每讲末尾都附录"本讲参考资料"，其中关于汉魏晋南北朝时期的有七讲，汤著《汉魏两晋南北朝佛教史》皆排列在吕澂精选出的古今中外名家著述之首位。吕澂：《中国佛学源流略讲》，中华书局 1979 年版，第 31、42、65、85、109、136、158 页。

　　③ 尚易：《忆往谈旧话宗师——纪念汤用彤先生诞辰百周年学术座谈会侧记》，《北京大学学报》1993 年第 6 期。

　　④ 牟宗三：《讲南北朝隋唐佛学之缘起》，《牟宗三先生全集》第 27 卷，联经出版事业股份有限公司 2003 年版（台北），第 281 页。

　　⑤ 杨立华：《高山仰止——第一届汤用彤学术讲座侧记》，《北京大学校刊》1997 年 4 月 15 日第 3 版。

季羡林赞誉："此书于 1938 年问世，至今已超过半个世纪。然而，一直到现在，研究中国佛教史的中外学者，哪一个也不能不向这一部书学习，向这一部书讨教。此书规模之恢弘，结构之谨严，材料之丰富，考证之精确，问题提出之深刻，剖析解释之周密，在在可为中外学者之楷模。凡此皆是有口皆碑，同声称扬的。在中国佛教史的研究上，这是地地道道的一部经典著作，它将永放光芒。"①

该书问世使中国佛教史"成为一门系统的科学而登上了学术舞台"②，并始终不失为最有权威的传世经典，一直被海内外学者视作"中国佛教研究中最宝贵的研究成果"③。此言可作定评。④

《汉魏两晋南北朝佛教史》在大陆、台湾分别都已再版十多次。其中，中华书局 1955 年、1963 年、1983 年所印上下册流行较广，而《汤用彤全集》本校订最为精良。新中国成立后，中华书局曾请求汤用彤出版其《中国佛教史》讲义的隋唐部分，以应社会急需，他说还要增改，而未允。汤用彤逝后，《隋唐佛教史稿》由汤一介先生整理多年才面世。从汤用彤对出书的态度可知他对学术非常严谨。任继愈对此感叹道："前辈学者对待学术著作标准很高，要求很严。这种学风，今已罕见。"⑤

从《隋唐佛教史稿》的附录《五代宋元明佛教事略》及其相关大批读书札记中，我们可以看出，汤用彤除了撰写隋唐佛教史之外，还计划凭独力完成整部中国佛教通史。我国台湾学者颜尚文指出：尽管汤用彤生前未能出版《中国佛教史》讲义的后半部，但是他遗留下的《隋唐佛教史稿》、论文、札记等，其分量比起前书并不逊色，且佛教史的

---

① 季羡林：《〈国故新知〉序》，汤一介编：《国故新知》，北京大学出版社 1993 年版，第 1、2 页。

② 麻天祥：《汤用彤评传》，百花洲文艺出版社 1993 年版，第 88 页。

③ 孙尚扬：《汤用彤》，东大图书公司印行 1996 年版（台北），第 42 页。孙尚扬教授说："该书被誉为字字珠玑、增一字则嫌多、减一字则嫌少的经典之作。"孙尚扬：《〈汤用彤选集〉前言》，《汤用彤选集》，吉林人民出版社 2005 年版。

④ 参见许抗生：《读汤用彤先生的中国佛教史学术论著》，《北京大学学报》1984 年第 6 期。

⑤ 任继愈：《〈汤用彤全集〉序二》，《汤用彤全集》第 1 卷，河北人民出版社 2000 年版，第 2 页。

精神要义业已点出，足够后人的探讨。① 汤用彤尽管对自己的著作并不满意，但汉唐佛教史的主要问题已得到基本解决。可以说，若没有认真读过汤著，要想在佛教史研究上有所进步是很困难的。

（二）汤用彤对佛教典籍的整理——史料学建设的典范

汤用彤对佛教史研究的贡献还突出地体现于他对相关古籍史料的整理工作。他认为："著书立说和整理古籍是同样值得重视的，古籍有真有伪，有糟粕有精华，不加整理，运用时就有困难。"② 中国自汉魏以降，佛教典籍异常丰富，多达数万卷。《祐录》卷十二载梁代僧祐叙其情形曰："由汉届梁，世历明哲。虽复缁服素饰，并异迹同归。讲议赞析，代代弥精。注述陶练，人人竞密。所以记论之富，盈阁以牣房，书序之繁，充车而被轸矣。"据此汤用彤指出：

> 我国佛教之成熟，学说之分派，悉可于此丰富之著作见之。惜佚失极多，百不存一。研究中国文化之变迁者，所深憾焉。③

他一生特别重视史料的积累和考辨利用，广搜精求，几近达致人类获取知识的极限，并留下了大量资料摘抄和读书笔记，为其学术研究奠定了常人无可比拟的基础。他欣赏傅斯年关于"历史学即史料学"的观念，然其佛典整理的可贵之处在于以其科学方法和慧识，不仅从常见的旧材料里发掘出新问题，还在残缺庞杂的史料中梳理出佛教发展的脉络，并从中洞见时代思想的演变轨迹。

汤用彤注重历史学和文献学的方法，善于从传统的目录学入手，对佛教典籍进行考证分析和校勘。现存他涉及中国佛教史领域的最早成果是《佛典举要》，初步总结了他研读佛典二十多年来的积淀和思考。《佛典举要》先

---

① 颜尚文：《汤用彤先生的汉唐佛教史研究》，汤一介编：《国故新知》，北京大学出版社1993年版，第50页。

② 章正续、詹明新：《燕园访汤老》，《光明日报》1961年8月5日第2版。

③ 汤用彤：《汉魏两晋南北朝佛教史》，《汤用彤全集》第1卷，河北人民出版社2000年版，第414页。

略述巴利文、梵文、藏文和汉文四大类佛藏及其编纂史，再概述体现佛教源流变迁的根本经典，最后介绍中国重要佛教论著及相关史料，包含着丰富的历史文化内涵。文中所列书目择取审慎，独具匠心，其解说简明扼要，注重印度佛教与中国佛教的联系，显示出汤用彤由疏理印度佛教史转向中国佛教史的治学思路。可以说，这是首次向世人提供的一份研究中印佛教史的必读书目和最佳入门途径。他从研究方法论的高度指出，研究中国各宗论著须在已知印度佛教根本典籍之后，乃可涉入，盖因"探其本，自易明其流；知大义，自不堕歧路。故本篇于此，更不备举"。① 该文表明汤用彤推重支那内学院的佛典校勘工作，以及欧阳竟无、梁启超、熊十力②所做的相关研究，并密切关注国际前沿的最新进展。对于日本正在编修的《大正藏》，他一方面指出，其书未必如其吹嘘的那样已极尽搜集校刊之能事；另一方面认为，睹邻国此种"洋洋大观"之"巨典"出世，而我国处"财力均乏之秋，文献惧绝"，当发人深省!③ 由此可见，发扬国光，不甘日本学者专美于前，是汤用彤治中国佛教史的重要动力。

新中国成立后，汤用彤更加注重历史文献的整理工作，积极倡导佛藏等大型古籍的校刊，以实现其早年盛世修典的宏愿。1957 年，汤用彤在科学院学部会议书面发言中对"十二年科学规划"提议说："在旧社会有力量印出《四部丛刊》、《四部备要》等成套丛书，我想我们也应该能印出比那些更有用的丛书来。"因而特别提出应整理出版比日本

---

① 汤用彤：《佛典举要》，《南大周刊》第 34 期（1926 年 5 月 29 日，二周年纪念号），第 60 页。近年笔者搜集汤用彤遗文时，于南开大学图书馆善本室发现此文，故未及收入初版的《汤用彤全集》。

② 受西方逻辑学影响，汉传因明研习于 19 世纪末复苏，五四后逐步形成了继唐代之后的又一高潮。汤用彤在因明学方面选出的是玄奘传人窥基的《因明入正理论疏》。该书是因明学重要典籍，为窥基晚年集大成之作，故又被尊为《大疏》，但初学者不易理解。于是汤用彤向大家推荐熊十力在 1925 年底完稿，行将出版的《因明大疏删注》作为入手之书。熊十力对窥基《大疏》删繁就简，加以注释，他的因明思想主要体现于其中。该书 1926 年 7 月由上海商务印书馆出版，对因明研习起到积极地推动作用。《佛典举要》大概是现知学术界最早关注熊十力这一重要著作的文章。熊十力赠送汤用彤的《因明大疏删注》初版，由汤一介先生珍藏于北京大学治贝子园。

③ 汤用彤：《佛典举要》，《南大周刊》第 34 期，第 57 页。该文排印多误，参阅赵建永校注汤用彤著《佛典举要》，《中国哲学史》2008 年第 2 期。

所出《大正藏》"更好的大藏经来供全世界的学者应用"。① 为此，他写过一份"意见书"，时任文化部副部长的齐燕铭回信②表示支持，并委托潘梓年负责这项工作。1962 年夏，汤用彤、陈垣、吕澂、周叔迦、向达等学者开会讨论此事，会议决定由吕澂先编一份《中华大藏经目录》。1963 年初，吕澂编出目录，并油印成册分送给各位专家征求意见。汤用彤、周叔迦、巨赞都对吕澂的编目提出了书面意见，后因"文革"才中断了这项有望替代《大正藏》的编纂工程。改革开放后，在任继愈的主持下编成了《中华大藏经》，使佛教藏经的集成进入了一个新的阶段，但因汤用彤诸老多已谢世，而未尽落实当年的初衷。

在倡导编印大藏经的同时，汤用彤以身作则，大力开展对一些佛教重要典籍的校注和史料的搜集工作，在古籍整理和历史研究方面都起到了良好的示范作用。汤用彤的古籍整理类遗稿全面注意了中印学术史上所关心、争论的主要问题及其发展线索，其中相当多的问题，是汤用彤首先注意到的，甚至至今也还只有他注意到了。③ 它堪称研究整部印度学、佛教、道教、玄学及其相互关系史的资料宝藏，是中国这些学科研究进入新阶段的标志，有助于进一步确立我国在以上领域的地位，必将对相关文化史和古籍整理研究的深入发展起到极为重要的引领作用。

---

① 汤用彤：《改善科学院和高等学校的关系——在科学院学部会议上的发言》，《光明日报》1957 年 5 月 28 日。

② 这份"意见书"及齐燕铭回信虽尚未发现，但汤用彤 1963 年所写另一"意见"函中对吕澂和周叔迦在目录分类问题上的争论提出了自己的看法，可资参考。汤用彤：《关于中华大藏经目录的意见致哲学社会科学部并转潘老》，《汤用彤全集》第 7 卷，河北人民出版社 2000 年版，第 659—661 页。

③ 此类问题如：觉天在佛教思想发展史上的关键地位、鬼道与神道关系、僧肇有无老子注、佛性本有始有、大空与小空之比较、曹寅与佛道关系、中西印文化在自然观诸方面异同，等等。学界对汤用彤遗稿里相关问题的梳理，参见汤一介：《用彤先生有关"中国佛教史"的若干资料》，汤用彤：《汉魏两晋南北朝佛教史》（增订本），北京大学出版社 2010 年版，第 491—559 页；汤一介：《前言》，汤用彤：《理学·佛学·玄学》，北京大学出版社 1991 年版，第 1—10 页；钱文忠：《〈汤用彤全集〉第七卷〈读书札记〉与"〈隋唐佛教史〉"》，《中国哲学史》2001 年第 2 期；赵建永：《汤用彤未刊稿的学术意义》，《哲学门》2004 年第 2 册；赵建永：《〈汤用彤全集〉的编纂和学术意义》，《出版发行研究》2011 年第 12 期；赵建永：《汤用彤著述整理出版历程述评》，《中国文化》2013 年秋季号第 38 期。

盖出于这种认识，《历史研究》杂志 1962 年 10 月 15 日刊发一篇题为《陈垣、陈寅恪、汤用彤、顾颉刚著述情况》的学术资讯，介绍了汤著的重印，新编中的《往日杂稿》和《魏晋玄学讲义》，还特别关注他古籍整理的进展："作者目前正在整理校点《高僧传》。《中国佛教史料》和《中文佛经中的印度佛教史料》（名暂定）也正在搜集资料，进行编订。后者辑录的资料，都是在印度佛经中译成汉文的资料，在现在的印度佛经中已不存在了。"①这是正规出版刊物中对汤用彤已刊和未刊编著及其价值最早的综合报道，成为我们了解汤用彤古籍整理业绩的珍贵历史记录。虽仅为一段简约的文字，但却是开启了后来海内外无数研究和评论的发端。

上述简讯所载汤用彤正在搜集编订的"中国佛教史料"和"中文佛经中的印度佛教史料"，当时没有定名是由于搜集规模极其庞大，故先大体按照中印佛教之分，暂拟了两个名称。如今看来，"中国佛教史料"这一系列，除宗派部分多已收入《汤用彤全集》外，还包括未刊的《经钞》、《读书杂钞》、《佛教史料杂钞》（全应 23 册，首册遗失）、《〈全唐文〉中的排佛思想》、《佛教碑铭资料》、《关于三阶教、净土宗的材料》等资料摘抄，以及《佛法之性质》、《寺院与教育》、《佛性本有始有的争论》、《佛教对中国影响与现在中西文化关系之比较》等读书札记和写作提纲，涉及从汉唐到宋元明清的佛教及其与儒道的关系乃至中西之争等问题。

这类遗稿的主要意义在于，弥补了他佛教史讲义中《隋唐佛教史稿》和《五代宋元明佛教事略》的不足，可以呈现出中国佛教史的全貌。这是汤用彤为增广其《中国佛教史讲义》，并将其最终完善成《中国佛教史》而特意有计划、有系统收集的史料。汤著言简意深的观点通过佛教史料的本身得出说明和论证，这对于研究佛教史和了解汤用彤的

---

① 该文中还提到汤用彤"仍在助手的帮助下辛勤的进行研究和古籍整理工作"。详见（未署作者）《陈垣、陈寅恪、汤用彤、顾颉刚著述情况》，《历史研究》1962 年第 5 期，第 179—180 页。

学术观点都十分重要。既然有了《中国佛教史讲义》的框架，再加上《中国佛教史料》及其有关读书札记所汇集的材料，以及不难从中抽绎出来的研究思路，一部史料完备、视角独特、重点突出、体系严整的《中国佛教史》实已呼之欲出。

　　1962 年 5 月 3 日，新华社也刊发了一则关于汤用彤讲授"印度哲学汉文资料"的消息。[①] 结合他以印度哲学史为基础进而更深入全面研究中国佛教史的思路来看，《历史研究》所载汤用彤编订中的"中文佛经中的印度佛教史料"实际上也涵括了印度哲学部分。自 1962 年《历史研究》首揭汤用彤编订中文佛经里印度史料的价值在于"现在的印度佛经中已不存在"以来，海内外学者们正是沿着这一诠释路径不断深化着对汤用彤编纂这批史料历史意义的认识。汤用彤对中印佛教典籍的编订系从浩如烟海的各类史料里钩沉索隐，详考甄选而成。虽为资料汇编，但其中也有不少校注和按语，多点睛之笔。可惜他过世太早而未及充分阐述自己的观点以完成印度佛教和中国佛教的通史，而这批文稿为学界更好地把握其学术思想提供了极大便利。因此，汤用彤编定的中印佛教史料对中外学者都具有极高的学术价值，其意义并不亚于《印度哲学史略》、《汉魏两晋南北朝佛教史》诸书，是该领域研究难以绕过的基本学术资料。

　　中印文化交汇产生了中国化的佛教，并促成魏晋玄学到隋唐道教重玄学，再到内丹心性学及宋明理学的发展。[②] 汤用彤的资料汇编和相关札记文稿就是对这一文化发展路径开创性探索的梳理总结。他费尽毕生心血而搜聚齐备的研究资料集成，为后世学术研究奠定了牢固的基础，并开辟出广阔的道路。为此，汤一介先生生前发起主持搜集整理近千万字的《汤用彤全集》续编，其中大多为未刊稿。发掘这座文化宝藏，不

---

　　① 张丽君：《北大许多知名学者关怀后一代师资的成长》，《人民日报》1962 年 5 月 4 日第 1 版。

　　② 汤一介先生让以道教与中国哲学为主攻方向的强昱教授参与整理《印度佛教汉文资料选编》，其深意当与为进一步梳理这一文化发展路径有关。

仅有助于人们更为客观全面地认识汤用彤在佛教学术史上的地位和作用，还可以为重审中国文化史上很多重要问题提供原始文献的依据，更将惠泽学人在相关领域里的传承和推进。

二、汤著佛教史体系的主题

相较于佛教的传统史著，汤用彤的优势在于既有深厚的考据功底，又受到严格而系统的现代学术训练，掌握了新工具和新方法。确如贺麟所言："（汤用彤）得到了西洋人治哲学史的方法，再参以乾嘉诸老的考证方法。所以他采取蔡勒尔（Zeller）治希腊哲学史一书的方法，所著的《汉魏两晋南北朝佛教史》，材料的丰富，方法的谨严，考证方面的新发现，义理方面的新解释，均胜过别人。"[1] 正因为如此，汤用彤在梳理、集成和诠释佛教原始文献的基础上，厘清了佛教思想发展的轨迹，产生了新观念和新结论，从而创建了佛教史研究的学科体系。

（一）汤著的研究方法——价值至高之工具和导引

从汤著中均可见传统治学门径与现代科学方法的完美结合，说明他的佛教史撰述具有高度的方法论自觉。汤著佛教史的研究方法是以考证、比较为根本，加之系统的历史诠释，因而可称为"考证比较诠释体"。[2] 在笔者看来，这是在跨文化、跨学科的考证和比较方法的基础上，从不同视角来观察分析，并在一个更宽广的境界中实现"视域融合"，进而整合形成的史论结合的诠释学方法。

汤著体现了对传统考据学的继承和创新，既有事实的考证，又有理论的剖析。张岱年认为汤用彤的这种考据学一大特点是"掌握了全面的证据，结论不可动摇。这是史料考证的最高水平，令人叹服"。[3] 汤著现代学术意识和方法的科学性，使其考证方法在研究中虽应用最广，却

---

① 贺麟：《五十年来的中国哲学》，商务印书馆 2002 年版，第 21—22 页。
② 麻天祥：《汤用彤评传》，百花洲文艺出版社 1993 年版，第 89 页。
③ 张岱年：《深切怀念汤锡予先生》，汤一介编：《国故新知》，北京大学出版社 1993 年版，第 42 页。

无一般考据家支离琐碎的通弊。孙尚扬认为：汤著佛教史超胜乾嘉诸老处，既在于学术领域之拓展，亦在于所取材料之更加丰富及史识之更加宏通。不仅有对纸上遗文之辩证精释，亦有对地下实物的发掘整理和运用，更有对异族故书的译解和比照。而这一切又都服务于他对民族文化史的建构，故能"较乾嘉诸老更上一层"。① 乾嘉之学的主要缺点是以手段为目的，为考据而考据，陷入不切时务的烦琐章句。而汤用彤则把佛教史置于中外文化交流发展史的大局中，以考据作为手段和基础，通过对新旧学术方法的综合创新，促进了中国传统佛教学术的现代转型。

汤用彤采取的比较研究方法，任继愈最早予以揭示："有意识地运用历史比较法研究中国佛教史，开创者是汤先生。"② 从留学时汤用彤就已注意比较宗教学的研究，在充分占有资料的基础上，对比较各方作全面深入的精确把握，以免把比较变成牵强比附。他的全方位、多层次的多维比较，涵括时空上的纵横比较，逻辑关系的因果比较；既有古今各家比较，条分缕析，又与中外比较，层层推进。③ 汤用彤对佛教史的比较研究并不限于该学科本身，而是富于现代性的跨学科比较研究的视野和方法。故而他能够以佛教的比较史学研究为途径，将之上升到不同文化体系交流发展普遍规律的层次予以深化。就其深刻性而言，汤用彤的跨文化、跨学科比较研究本身也体现了现代学术探索的一种新范式，对于佛教史乃至中国文化史研究都具有深远意义。

汤用彤的历史诠释学有两个基本方法，即"以分见全、以全释分"和"同情默应、心性体会"。"以分见全、以全释分"的方法，就是汤用彤留学哈佛时所撰论文《当前哲学的趋势》论及的"如何以部分来解释整体，或者以整体来解释部分"的问题。④ 运用这种方法，使他善

① 孙尚扬：《汤用彤》，东大图书公司1996年版（台北），第179—181页。
② 任继愈：《汤用彤先生治学的态度和方法》，《燕园论学集》，北京大学出版社1984年版，第47页。
③ 关于汤用彤比较研究方法的系统性，参见麻天祥：《汤用彤学术思想概说》，张岱年、汤一介等编著：《文化的冲突与融合》，北京大学出版社1997年版，第158—159页。
④ 汤用彤：《当前哲学的趋势》，1919年，汤用彤手稿专柜，北京大学燕南园50号藏。

于在融会贯通某一学派乃至整体时代局势的前提下，来获得对具体历史问题的确切理解，并透过断简残篇而洞悉作者的根本见解，乃至社会思潮的演变轨迹。汤用彤的同情默应方法虽与钱穆提出的"温情与敬意"①相类，但是并非源于钱穆。这从汤用彤早期的未刊手稿中可以明显地看出来。如他1925年在南开大学讲授的《印度哲学》讲义首章中，专列"研究方法"一节说："我们须妥善协调人类学学派从外部事实描述的方法和心理学派探究内在生活的这两种方法。我们必须置身古人地位，以再现他们的冲动和情感。"②后来他在《汉魏两晋南北朝佛教史·跋》中进而深入总结了同情默应的方法。③这种研究方法既能彰显佛教自身的特质，也充分体认到佛教史学作为一种人文学术的意义。④

汤用彤所创"考证比较诠释体"的研究范式体现在他具体的历史研究中，是把史识放在第一位。他常说："做学问，除了广泛占有资料外，还要有科学的识见。……没有史识，光是资料的汇集，不能算作史学著作。"⑤汤用彤的过人之处正是善于驾驭材料，在考证和比较的基础上，从习见的材料中提炼出新观点，且颇富通识。实际上，这一方法并不局限于他的佛教史研究中，而且也是其玄学史、道教史、印度哲学史等各项研究的方法特色。他并不止于建立信史，而是善于在错综复杂的学说演进中，探索关键的过渡环节，以说明文化转型的机制。汤用彤极重视考证，亦未忽视思想，真正做到了考证、比较和解释并重，使史料无堆砌之弊，比较无附会之嫌，解释无空疏之失。他研究问题皆先对史料的可靠性逐条详实考证，再联系各方面材料加以综合比较，究其前因后果，进而予以恰如其分的诠释，以明义理或问题真相，使具体历史问题得到整体性呈现。他不愿单纯成为考据家，其佛教

① 钱穆：《凡读本书请先具下列诸信念》，《国史大纲》（修订本），商务印书馆1996年版，第1页。

② 汤用彤：《印度哲学》，1925年，汤用彤手稿专柜，北京大学燕南园50号藏。

③ 汤用彤：《汉魏两晋南北朝佛教史》，《汤用彤全集》第1卷，河北人民出版社2000年版，第655页。

④ 详见张志强：《中国"现代性"视野中的近现代佛教》，《博览群书》2004年第3期。

⑤ 任继愈：《汤用彤先生治学的态度和方法》，《燕园论学集》，北京大学出版社1984年版，第47页。

研究目的是为中外文化交流史的进程理清脉络，以探索人类文明进步的途径。

　　良史必有才、学、识三长。① 史学、史识、史才，再加史德，汤用彤可谓四者兼备。他的佛教史研究资料丰赡，论断精审，对人物不轻加褒贬，处处让史实说话。基于其新人文主义的理念，他由探寻普遍真理出发，综合全史以镕铸中、西、印三大文化领域，达到了专治一学所不能拥有的境界。要想学科知识结构创新，单一视域是不行的。视域融合的程度决定了我们学科研究的宽度、高度和深度。这种明确的会通意识，既使他在东西文化的互证互释中彰显出共同的人文精神和文化发展的一般规律，也使其佛教史著述至今仍具有无法替代、难以超越的重要价值。汤著从方法到内容在注重考释具体历史细节基础上的体系化特点，对于纠正当前历史研究中"碎片化"的倾向，亦有颇多镜鉴和启迪。

（二）　中国佛教史的三期划分——佛教中国化的三阶段

　　汤用彤认为以朝代对佛教史进行分期，是特为方便之假设，学者不可胶执。这是因为"政治制度之变迁，与学术思想之发展，虽有形影声响之关系，但断代为史，记朝代之兴废，固可明政治史之段落，而于宗教时期之分划，不必即能契合。……学者于区分佛教史之时代，当先明了一时一地宗风之变革及其由致，进而自各时各地各宗之全体，观其会通，分划时代，乃臻完善，固非可依皇祚之转移，贸然断定也"。② 由于政治与文化学术之间的张力所造成两者变迁的不同步性，在学术研究中既要注意政治制度的外在影响，也要注重遵循文化发展的内在理路。汤用彤依此对佛教中国化变迁之迹进行梳理，将中国佛教史划为三个时期，并由此得出文化移植三阶段的理论。笔者认为，汤用彤关于中国佛教史的三期划分，正表明了印度佛教中国化过程的三个阶段。这表现在不同阶段佛教的形式和内容的沿革上，体现出不同文化由冲突到融合的

---

① 　冯友兰：《中国哲学简史·自序》，北京大学出版社 1996 年版，第 1 页。
② 　汤用彤：《隋唐佛教史稿》，《汤用彤全集》第 2 卷，河北人民出版社 2000 年版，第 4 页。

规律。

中国佛教史的第一阶段是佛道阶段，即《汉魏两晋南北朝佛教史》第一分"汉代的佛教"所论的内容。他辟"佛道"专章，从教义、实践和传播三方面详论佛、道之间的初步调和，以说明当一种文化进入新环境时必然会作出相应的改变。佛教要在中国生根发芽，必须适应中国国情，进行必要的变通。佛教与中国具体情况相适应的过程，就是佛教的中国化过程。佛教初传必须适应汉代重道术的特点，以精灵起灭、安般禅法分别与谷神不死、吐纳之术相配合，所以出现佛老并祠的现象。时人因重方术而接受佛教，故而汤用彤称汉代佛教是"方仙道式"的佛教。① 由此观之，佛教中国化始自汉代对佛教的道教式解读，也可以说佛教的中国化在当时表现为道教化。汉代佛教仅被视为道术且与道术相附会，说明两者关系不过是因表面形式的相似而调和，并未深入实质性的思想内容层面。这是佛教中国化过程中最初始的表现形态。

中国佛教史的第二阶段是佛玄阶段。《汉魏两晋南北朝佛教史》第二分"魏晋南北朝佛教"共十五章详述这一阶段佛教与本土文化的冲突与融合进程。魏晋以后，佛道顺应玄学清流而转入佛玄阶段，中国文化面目为之一变。② 玄学化是这一阶段佛教中国化的主要表现形式。正是通过玄学的桥梁，佛教得以在思想上逐步深入中土，站稳脚跟，并由此在南北朝后步入独立自主发展的时期。随着佛教影响的扩大，佛教与儒、道的本质差异日渐显现，社会上将之看作严重事件，因此出现本末之争、形神之辩、夷夏之争，以及北魏武帝、北周武帝的毁法等理论和武力方面的冲突。

中国佛教史的第三阶段是以隋唐宗派佛教为巅峰的独立发展阶段，《隋唐佛教史稿》专门论之。这一阶段，印度佛教已被彻底同化为中国

① 汤用彤：《汉魏佛学的两大系统》，《汤用彤全集》第 5 卷，河北人民出版社 2000 年版，第 177 页。

② 汤用彤：《汉魏两晋南北朝佛教史》，《汤用彤全集》第 1 卷，河北人民出版社 2000 年版，第 89—90 页。

佛教，而融入本土文化中了。外来佛教比本土文化更容易发生变异，这是为适应新环境而被迫采取的一种应变措施。张桎先生用"入乡随俗，移花接木"来谈佛教与中国文化的关系，① 可谓简明形象地表达出汤用彤总结的佛教中国化进程中文化移植的特点。佛教在移植中只有改造得更加本土化，才能使人消除心理的障碍，并因此得以在隋唐落地生根而大兴。汤用彤着重分析了隋唐佛教之所以能进入鼎盛期而具备的四种特性：统一性、系统性、独立性、国际性。② 隋唐佛教相互联系着的这四种特性，是其区别于其他时期佛教的主要标志。

汤用彤强调能否适应中国文化特性决定了各宗的盛衰。历经上千年的磨合，印度佛教在中国传统的影响下逐渐改变性质，最终在宋朝完成自身的转化，彻底变成中国文化的有机组成。汤用彤的佛教研究始终着眼于中印文化的冲突与调和，揭示了不同文化的相互影响，导致双方渗透、互补，终致融合转化的客观必然性。他以上研究的用意，确如贺麟所说，是想证实中国文化即使在南北朝隋唐佛学最盛而儒学最衰之际，也未失掉其民族精神，并通过吸收外来文化，促成中国文化获得创造性的新发展。③

上述佛教中国化过程的三期划分法既合乎佛教各派历史发展的具体情况，也合乎中外文化交融的一般规律，所以广为学界所接受。④ 汤著佛教史既从纵向视角对佛教发展中的基本问题作前后比较，疏理出中国佛教史的脉络；又从横向视角梳理佛教与儒道的碰撞与融合，解决了佛教与中国文化关系的难题。由此，他总结出了文化移植过程中冲突与调

---

① 2003 年 3 月 20 日，时任台湾中华道教学院副院长兼执行长的张桎先生访问北京大学，在治贝子园与王守常教授及笔者谈论道教何以为中华文明根底时讲的这番话，对本书佛道关系之认识多有启发。

② 汤用彤：《隋唐佛学之特点》，《汤用彤全集》第 2 卷，河北人民出版社 2000 年版，第 325—331 页。

③ 贺麟：《五十年来的中国哲学》，商务印书馆 2002 年版，第 23 页。

④ 参见颜尚文：《汤用彤先生的汉唐佛教史研究》，汤一介：《国故新知》，北京大学出版社 1993 年版；赵建华、赵建永：《外来文化中国化规律的先期探索——从汤用彤的文化双向交流理论看文明的冲突与融合》，《东岳论丛》2010 年第 6 期。

和必经的三阶段理论。① 汤用彤在佛儒道三教融合产生宋明理学的研究中，摆脱今古文经学纷争，着从文化层面解析历史之先鞭，揭示出中国文化发展的连续性和主体性。他在这些学科开疆辟域，创造出新型研究范式，而超越中外传统史学，代表着世界史学和文化研究潮流，素为国际学界所敬重。以上都是随后同类论著，往往在汤著架构体系上进行损益，而极难在全局上彻底突破的根本所在。

研究中国佛教史，必然会遇到"佛教中国化"的问题。与国外早期流行的"佛教征服中国"说相比，汤用彤的研究表明，中华文明不但没有被"征服"，反而彻底同化了外来之教，这显然更为切合历史真相。因此，汤著成为此后海内外学者研究此类问题的起点。荷兰汉学家许里和在其名著《佛教征服中国》中屡屡称引汤用彤的著述，奉之为"价值至高之工具和指南"，并盛赞其"大师风范"。② 许里和在书名里虽还保留着"征服"二字，但已罕有居高临下的研究态度。其实，该书的基本内容如其副标题所示，诠释了佛教初来与中国文化相调适的早期历史，侧重于佛教如何被中国社会接受。美国学者陈观胜延续这种研究理路，著成《佛教的中国转型》，从伦理、政治、经济、文学与教育五个方面，探讨了佛教进入中国以后的适应与转变过程。③ 凡此可见，汤用彤开创的佛教中国化研究，对在国际学术研究中彰显体现中国风格气象的"中国路径"④ 和"中国学派"多有启益。

三、汤用彤在现代佛教学术史上的地位

佛教在现代学术上之地位是于中外文化的交汇中形成的。内因是清

① 汤用彤：《文化思想之冲突与调和》，《汤用彤全集》第 5 卷，河北人民出版社 2000 年版，第 281 页。

② E. Zürcher, *The Buddhist Conquest of China: the Spread and Adaptation of Buddhism in Early Medieval China*, Leiden: Brill, 2007, p. x, p. 18.

③ Kenneth Chên, *The Chinese Transformation of Buddhism*, Princeton: Princeton University Press, 1973. 相关研究参见李四龙：《美国的中国佛教研究》，《北京大学学报》2004 年第 2 期。

④ 参见赵建永：《昌明国故 融会新知——汤用彤对中国路径的求索》，《光明日报》2011 年 3 月 28 日第 15 版。

朝末年旧体制崩溃导致传统经学衰微，促使诸子学、佛学走向复苏。外因是佛教研究在西方被纳入东方学范围，成为国际性显学。对佛教史作现代的实证研究，以欧美、日本得风气之先。经过汤用彤筚路蓝缕的努力，中国在佛教研究方面的落后状况才开始得以扭转。诚如台湾学者张曼涛所言，面对欧美及日本学者的佛教史研究热潮，"我国足以抵抗者，仅汤用彤一人"。① 虽仅有汤氏一人，但也足令国际中国佛教史研究的局面为之改观。他的佛教著述兼取中外研究之长，并加以超越，奠定了他在该领域的崇高地位，使中国现代佛教学术研究逐渐步入独立发展之路。

（一）中国佛教学术依附地位的改变

欧洲佛教研究开创时期以列维（Levi）等人为代表，美国佛教研究的奠基者新人文主义宗师白璧德和梵学泰斗兰曼都师承列维。欧美的佛教研究长期以印度学为主导，优势主要体现在方法论、分析视角和语言工具等方面。日本则承袭其重视中国佛教的传统，加之较早受益于现代学术转型而积累丰厚。② 汤用彤以现代学术方法研究佛教史，并将其作为自己的治学重心，始于他留学哈佛期间所受白璧德和兰曼的影响。在其启发下，汤用彤从研究不同文化体系的本来特性入手，进而探讨其由碰撞到融合的过程，这构成汤氏独到的治学理路。依此，他从未将佛教视为孤立的文化现象。在治中国佛教史之前，汤用彤通览西方哲学史、印度佛教和印度哲学史，并掌握七种外文，经受了严格系统的中外学术训练。这为其佛教史研究提供新的学术视野、理论方法和比较参考的对象，也是其佛教史研究成就超乎众家之上的重要原因。

中国现代意义上的佛教研究起初颇受日本影响，如蒋维乔的《中国佛教史》、黄忏华的《中国佛教史》、《佛学概论》等主要是在编译日人著作的基础上写成。而汤著的问世，则充分展现了中国佛教研究依附性地位

---

① 张曼涛：《编辑旨趣》，张曼涛主编：《现代佛教学术丛刊》第 5 册，大乘文化出版社 1980 年版（台北），第 1 页。

② 欧美佛教研究情况，参见狄雍（De Jong）著，霍韬晦译：《欧美佛学研究小史》，佛教法住学会 1983 年版（香港）；李四龙：《欧美佛教学术史》，北京大学出版社 2009 年版。

改变的历程，其中以汤用彤对日本关于中国佛教宗派旧说的颠覆性研究最为典型。

清末民初，国人赴日成风，不少在国内亡佚的佛教各派论疏回流。日本关于中国宗派十宗、十三宗的误传，也传入国内。汤用彤此际已非常留心中国佛教宗派问题，他注意到梁启超主编的《新民丛报》曾用日本旧说介绍中国佛教十三宗，杨文会则根据日僧凝然旧作而撰《十宗略说》。① 他在 20 世纪 30 年代，已质疑十宗、十三宗的传说，并在讲授隋唐佛教史时，对于宗派亦有所论列，后因战乱频仍，而暂时中断了这项研究。他晚年看到岑仲勉《隋唐史》等人著述，仍承袭十宗或十三宗之说。② 为纠偏导正，汤用彤抱病翻阅了中外大藏经中数千卷的资料，充分利用正反方面的材料，溯源中日间佛教交流史实，写成论中国佛教无"十宗"的两篇长文③，全面阐释宗派的形成及其性质。④

汤文指出，日人所谓中国佛教旧有"十宗"、"十三宗"的说法，系出于传闻，并非真相。他运用比较方法对佛教各宗进行考证解析，界定了"宗"的两层含义：一是宗旨，指学说与学派，相当于西方宗教中的"sect"；二是教派，即有创始人、传授者、信徒、教义、教规的宗教团体，这是与"学派"的不同之处。隋唐以前，"宗"是学派的含义。从隋唐开始，才具有教派的含义。前者属佛学史，后者属佛教史。二者互有关联，且因时变迁。若以经论之讲习为宗，则数目亦不定是十宗或十三宗。质言之，这是把学派之"宗"和教派之"宗"混同为一。⑤ 他以毕生之力研究中国佛教宗派问题的原因，不仅是要纠正长期

---

① 汤用彤：《论中国佛教无"十宗"》，《哲学研究》1962 年第 3 期。

② 汤用彤：《论中国佛教无"十宗"》，《哲学研究》1962 年第 3 期。

③ 汤用彤：《论中国佛教无"十宗"》，初载《哲学研究》1962 年第 3 期，收入《汤用彤全集》第 2 卷，河北人民出版社 2000 年版，第 367—382 页。《中国佛教宗派补论》，初载《北京大学学报》1963 年第 5 期，收入《汤用彤全集》第 2 卷，河北人民出版社 2000 年版，第 383—416 页。

④ 从 1997 年起，笔者对汤用彤晚年研究佛教宗派等问题的读书札记，以读作者所读之书的方式进行校订，经多年努力终于整理出来，收入《汤用彤全集》第 7 卷，河北人民出版社 2000 年版，第 61—621 页。

⑤ 汤用彤：《论中国佛教无"十宗"》，《哲学研究》1962 年第 3 期。

以来某些日本学者的误导，恢复历史本来面目，[①] 更主要是因为印度佛教传入中国后，由学派到教派的转变是中国化佛教成熟的重要标志。汤用彤的研究理念由于契合中国佛教的本质特点，从而辨明日本佛教界误传产生的根源，克服了山崎宏等日本现代学者分门别类研究的支离、隔阂、不能全观的局限性，且开启了真野正顺以下学者的视野，像平井俊荣讨论宗派的部分，几半承袭汤说。[②]

汤用彤为含糊不清的"宗"字区分出在各个时代不同的含义，并以学派和宗派之名分别指称隋唐前后佛教的发展，彻底推翻了中国自清末起近七十年来承袭日本的旧说，从而使学界对宗派佛教的研究别开生面。由于考辨精详，其说已成为学术界的主流观念。如吕澂在《中国佛学源流略讲》序论中特意指出汤用彤"无十宗"之论对日本佛教相关研究的超越，还说："中国方面，过去的形式比较陈腐，如《释氏稽古略》、《佛祖统载》，都太简单。民国以后，曾取材并模仿日本人……汤用彤先生的《汉魏两晋南北朝佛教史》，受日本人的影响就少，所用资料比较丰富。"[③] 石峻认为这表明："汤先生真正能做到摆脱国外专家所制定的框架，从而建立了我国学者独到的体系。"[④] 颜尚文全面接续了汤用彤研究宗派的问题意识，写成《隋唐佛教宗派研究》，[⑤] 成为对宗派佛教进行整体性系统研究的代表性著作。正如台湾学者王俊中所总结的："自汤用彤以降，学者已不再将'宗'字称谓南北朝所流行的经论师，也开始用定义之后的'学派'和'宗派'来指涉南北朝与隋唐佛教各自的性格与特色。"[⑥] 汤用彤由于早逝而未及终结宗派佛教的研究，

　　① 汤一介：《昌明国粹，融化新知——纪念汤用彤先生诞生 100 周年》，《中国文化》1994年第 1 期。

　　② 详见王俊中：《中国佛教早期"宗派"问题研究的相关探讨》，《谛观杂志》第 81 期，1995年 4 月。

　　③ 吕澂：《中国佛学源流略讲》，中华书局 1979 年版，第 18 页。

　　④ 石峻：《汤用彤先生的治学与为人》，《石峻文脉》，华夏出版社 2012 年版，第 85 页。

　　⑤ 详见颜尚文：《隋唐佛教宗派研究》，新文丰出版公司 1980 年版（台北）。

　　⑥ 王俊中：《中国佛教早期"宗派"问题研究的相关探讨》，《谛观杂志》第 81 期，1995年 4 月。

故其立论未必尽善尽美，日本学者也不甘心于原样照搬汤说，但海内外学者都在他创造的研究平台上，对中国佛教的这类关键问题已经能够展开较为对等的研讨交流了，从而不断推动宗派佛教研究向纵深发展。

汤用彤的佛教史著述后出转精，终得与国外权威专家分庭抗礼。其原因，正如柳诒徵在对《汉魏两晋南北朝佛教史》的审查报告中所评："治佛教史有三蔽：专述释典，易涉夸诞；惟事考证，罕契渊微；持儒、玄及欧美哲学以评判佛书，又难独得真际。详阅是书，剥蕉抽茧，切理厌心；于历朝史籍、政教、风尚，因果昭融；于诸宗学说，钩提玄要，层累曲尽。举凡传记傅会之谈，近贤臆测之说，东西学者之舛误，慎思明辨，犀烛冰融。洵为佛教史之名著，能解各家之蔽者也。"① 该书优点在于大处能系统全面，而小处又细致周密。它既是考据精审、开拓性的佛教史专著，为民族文化建设作出卓越贡献，又借古镜今，深寓抗日救国之情意，增强抗战时期的民族自信心。

此书对日本学术界产生巨大影响，并被当时世界上最权威的佛学辞书《望月佛教大辞典》所多次引用。② 正如著名学者镰田茂雄所言：《汉魏两晋南北朝佛教史》一书"既不偏重教理，亦不偏重教团，却又能切中两者的精髓，以思想性推展为中心，打破以往教理史的框架，俨然是一部注重与社会脉动相连的正统通史"。他深信该书"不仅为中国历史上首见，甚至于全世界亦少有匹敌者"，并因此而认定汤用彤是"伟大的哲学史家、佛教史家"，"汤用彤先生的大著之刊行，对日本的中国佛教研究给予了极大冲击，激发日本学者纷纷投入创作。例如塚本善隆博士的《塚本善隆著作集》全七册（大东出版社）、道端良秀博士的《中国佛教史全集》全十一册（书苑）、牧田谛亮博士的《中国佛教史研究》全三册等"。镰田茂雄还回忆"当年在东京大学研究所就读时，得获汤用彤教授的《汉魏两晋南北朝佛教史》上、下二册，如饥似

① 柳诒徵：《审查报告》，1944年，台湾清华大学博物馆筹备处藏。
② 《望月佛教大辞典》第8册，世界圣典刊行协会1973年版（东京），第14、76、146、193、212、232页。

渴拜读的情景……在这样反复熟读之下，奠定了我对中国佛教史学术研究方法的基础。现在，手捧着这本书的最初版，往事历历，令人感怀不已。在倾慕汤用彤教授的学识之余，我决心投注一生的时间来研究中国佛教史，因此才完成六册《中国佛教史》的出刊（全八册）"。①

（二）汤著佛教史与诸家之比较

随着现代学术的建立，佛教逐渐被视作中国哲学史和思想史的基本组成部分。胡适主要因为他对佛教只能做些细节方面的考证，寻不见研究门径，所以其著《中国哲学史大纲》只有上卷，而下卷最终没能写成。此后凡中国哲学史著作均述及佛教，而且魏晋南北朝到隋唐一段所占比重最大，也是最难梳理的难关。不厘清佛教思想史，就无法写出完整的哲学史已成为学术界的共识，而这一历史难题最终被汤用彤解决了。

将佛教作为现代学术研究对象的学者中，冯友兰、梁漱溟和熊十力主要进行思想研究，而汤用彤和胡适、陈寅恪则以历史考证为主。冯友兰评价自己"讲佛学失于肤浅"，是其两卷本《中国哲学史》两大弱点之一。② 他晚年从马克思主义哲学观的视角提出，佛学各派的主题是主观唯心主义和客观唯心主义的斗争，并以此为线索来说明中国佛学发展的三个阶段：格义、教门、宗门。这依然没能超出汤用彤以佛教和本土文化融合进程为线索来划分中国佛教史三期的格局。冯友兰研究佛学多有新见，可是因其著作体例及佛学认识水平所限，内容稍嫌简略。

汤用彤与梁漱溟、熊十力虽都是现代著名的佛学大家，但他们治学路数却根本不同。汤用彤在顺天学堂读书时期（1908—1911），就常与同窗梁漱溟一起研读佛典。梁漱溟虽精通佛学，但他主要将之用于"世界文化三期重现"说的建构③和宗教信仰上的身体力行，而没有写成中

---

① 镰田茂雄：《序》，《汤用彤全集》第 1 卷，佛光文化事业有限公司 2001 年版（台北），第 3—5 页。
② 冯友兰：《中国哲学史新编》第 4 册，人民出版社 1986 年版，第 1 页。
③ 赵建永：《梁漱溟"世界文化三期重现"说得失申论》，《东岳论丛》2006 年第 1 期。

国佛教史和中国哲学史的专著。熊十力早年与汤用彤一起师从欧阳竟无研究唯识学，并在汤用彤劝导下写成《佛家名相通释》等名著，但他主要是从佛教中汲取养分，用于其新唯识论体系的创建，长于哲学思辨，而疏于史学考据。汤用彤终生致力于发掘佛教中有益世道人心的积极因素，但并不迷信奉教，而是客观地评论其得失。正像任继愈所说，汤用彤总是谨严而客观地把中国古代佛教这一社会现象当作历史学的一个分支来探讨。①

汤用彤是从史学角度研究佛教的代表，素以学术功力扎实著称。胡适的佛教史研究全凭考据，虽具有开创性，但他反佛教的负面心态，使其研究结论也大都流于破坏性的层面。尽管胡适与汤用彤在治学上多有分歧，胡适却于日记中赞扬："锡予的书极小心，处处注重证据，无证之说虽有理，亦不敢用，这是最可效法的态度。"凡读过汤著的人都有同感，于此最可见汤用彤治学严谨的大家风范。职此之故，胡适虽曾同时盛赞汤用彤与陈寅恪研究佛教最有成绩，但却认为汤著佛教史在工具方法诸方面均较陈寅恪更有权威。②

陈寅恪留学时与汤用彤饮誉"哈佛三杰"，师出同门。兰曼虽然对他们都格外赞赏，但对汤用彤在印度语言学方面的评判优胜于陈寅恪。③陈寅恪与汤用彤的治学理念近似，最有望超越汤用彤。可惜陈寅恪在佛教研究领域没能持之以恒，虽具通才，却无通史，只留下些佛教史的零篇散论而未成系统。④汤用彤的佛教史研究虽以史学考据为主，但又兼顾"同情默应"的义理诠解。他恰在陈寅恪、胡适、冯友兰、梁漱溟和熊十力等人没能完成的地方做了深入探讨，即在综合考证、比较及思想诠释方法的基础上，厘清了佛教中国化的过程，建立起较为完备的研究

---

① 任继愈：《汤用彤先生治学的态度和方法》，《燕园论学集》，北京大学出版社 1984 年版，第 39 页。

② 胡适：《日记》，1937 年 1 月 18 日，《胡适全集》第 32 卷，安徽教育出版社 2003 年版，第 610 页；1937 年 2 月 22 日，《胡适全集》第 32 卷，安徽教育出版社 2003 年版，第 615 页。

③ Diaries, Charles Rockwell Lanman Papers, Harvard University Archives, HUG 4510.5, Box.

④ 参见陈寅恪的自评，《陈寅恪集·金明馆丛稿二编》，三联书店 2001 年版，第 360 页。

体系。

汤用彤的中国佛教史研究，在世界范围内至今罕见其匹。台湾学者蓝吉富评判佛教史各家著作时，认为："六十年来之中国佛教史研究领域内，欲觅一能与汤先生比肩之我国学者，恐尚难得其人。"[①] 吕澂在佛典史料方面的功底，虽然并不亚于汤用彤，但他的佛教史论著大抵犹如钱穆所言属于"近代专家之学即就佛书为佛学"，与融通中西的汤著不能"同类并视"。[②] 而且吕澂受到了其信奉唯识宗的家法局限。究其根源，汤用彤在 20 世纪 20 年代已具备新人文主义的视角，并掌握了文化人类学等新理论。这种会通古今中外的先进理论与方法，时人难以企及，却使其研究的层次和境界得以提升，并开拓出新的研究方向和领域。

在汤用彤佛教史研究范式的影响下，佛教学界形成以史学意识为主导的佛教研究，史学意识成为学界区别教界之佛教研究的标志。[③] 这一史学意识与马克思主义方法相结合，构成新中国佛教研究的主体内容。其代表性著作是任继愈主编的三卷本《中国佛教史》，该书较全面地继承并发展了汤用彤佛教史研究的体系。近三十年来，中国佛教史的研究已经全面开花，在汤用彤研究不足的唐代之后到近代一千多年间的佛教史得到了深入，尤其在禅宗、净土宗等领域已经堪与国外的研究相媲美。把海内外佛教史著作与汤著相比较，会看到其间有一种进化式的发展关系，或祖述汤说，或加以改编、改造和改进。可以说，海内外的中国佛教史研究至今仍受惠于汤著，都在其学术体系下加以借鉴、损益和发扬，优秀成果不断涌现。

总之，在国际东方学研究的视野下，汤用彤整合新旧治学方法，以佛教史料学建设为基础创建的佛教史研究体系，开辟了中国佛教史和比

---

① 蓝吉富：《汤用彤及其汉魏两晋南北朝佛教史》，《现代佛学大系》第 27 册，弥勒出版社 1982 年版（台北），第 1 页。

② 钱穆：《忆锡予》，《燕园论学集》，北京大学出版社 1984 年版，第 26 页。

③ 张志强：《中国"现代性"视野中的近现代佛教》，《博览群书》2004 年第 3 期。

较史学的学科领域。他彰显了佛教在历史学中的地位，也使相关文化史研究进入新时期。他通过研究佛教中国化进程，总结出不同文化相互碰撞发展的普遍规律，不但为中国史学增加了瑰宝，而且丰富了世界历史和宗教学研究的宝库。他创立的研究范式对世界范围的佛教史界影响深广。凡是欲研究中国佛教的学者，都不得不去研读他的著述。可以说，汤著是中国佛教研究史不可超越的一座里程碑。作为承古开今的一代宗师，汤用彤的一生是 20 世纪中国佛教学术现代化进程的一个缩影，其治学为后人树立了崇高典范，留下一份珍贵而厚重的精神遗产。①

第三节　治中国佛教史门径
——《高僧传》研究的方法论意义

汤用彤对创立中国佛教史学科的贡献最为卓著，其中关于《高僧传》的研究对其治中国佛教史有重要意义，但学界对此尚无专门探讨。笔者在校理汤用彤著述的过程中，深感他毕生尽瘁的僧传研究，实为其治佛教史的起点和基石，而新人文主义观照下对理想人格的追求是汤用彤为人为学之根本，也是其佛教研究的现代性所在；这一学术案例充分凸显出文化对话与融合过程中主体性人格对于构建文化主体性的核心意义，遂留意于兹而成此节。

一、《高僧传》对汤著佛教史的基础作用

佛教典藏浩瀚，选择恰当的入手书，对于探索中国佛教史至为关键。汤用彤治佛教史，遍览大藏，最看重梁代慧皎所撰《高僧传》（14 卷）。《高僧传》记载从东汉永平十年到梁天监十八年间（67—519）257 位高僧（另附 239 人）的生平行状、师资传授等情况。此间正是佛法东传由冲突到融合的关键阶段。该书是这一时期历史、语

---

① 　参见赵建永：《汤用彤与中国现代佛教史研究》，《历史研究》2014 年第 1 期。

言和文学资料的宝库，对于研究中国佛教史、中国哲学史和中外文化交流史都具有极高的价值。考辨《高僧传》，在汤用彤佛教史研究中的基础性作用主要有如下两方面：

（一）《高僧传》是汤用彤治佛教史的起点和基石

东晋南北朝时期众多僧传中唯有《高僧传》完整保留下来，它为研究早期佛教史提供了最基本的原始资料。《高僧传》虽极具史料价值，但也有不少真伪难辨的内容，且在长期流传中字句讹误极多，因而对该书的考究，便成为汤用彤治佛教史的起点。

汤用彤 1926 年所写《佛典举要》一文，已明确把《高僧传》系列的著作列为了解中国佛教史的要籍。[①]凭借多年深厚的学术积累，汤用彤 1930 年发表了他的第一篇中国佛教史专文《读慧皎〈高僧传〉札记》[②]，考辨出《高僧传》所据 80 余种史料来源，还对书中记述的可靠程度，条分缕析，并通过与各种史书的比照而对其误记作出令人信服的订正，初步向世人展示了他探本究源、考证与比较相结合的治学特色。

20 世纪 30 年代以前，国人所著中国佛教史多承袭日人。汤用彤《高僧传》研究文章的发表及其"中国佛教史"讲义稿的陆续出版，则表明我国现代佛教学术研究逐步走上独立发展的道路。他的佛教著述兼取中外研究之长，并加以超越，奠定了他在该领域的崇高地位。"九一八"事变后，见民族危机日深，汤用彤发表了系列文章，批驳日本权威学者足立喜六、矢吹庆辉、常盘大定、高井观海、塚本善隆在中国佛教史研究中的谬误，理据确凿，实事求是地指出他们在中国古籍断句、校勘、考证和论断等方面的错误，及治学方法和态度的问题，借以抒发抗日爱国之情。[③]

---

① 参见汤用彤著，赵建永整理校注：《佛典举要》，《中国哲学史》2008 年第 2 期。

② 原载《史学杂志》第 2 卷第 3、4 期合刊，1930 年 9 月，后收入《汤用彤全集》第 5 卷，河北人民出版社 2000 年版，第 61—76 页。

③ 汤用彤：《矢吹庆辉〈三阶教之研究〉跋》，《史学杂志》第 2 卷第 5 期，1931 年 4 月；《评〈唐中期净土教〉》，《大公报》1934 年 3 月 17 日；《评〈考证法显传〉》，《微妙声》第 3 期，1937 年 1 月；《评日译〈梁高僧传〉》、《评〈小乘佛教概述〉》，《微妙声》第 8 期，1937 年 5 月。汤用彤把这些文章辑成《大林书评》，现已收入《汤用彤全集》第 2 卷，河北人民出版社 2000 年版，第 354—355 页。

1937 年，汤用彤在《微妙声》第 8 期发表《评日译〈梁高僧传〉》，指出常盘大定教授 1936 年译注出版的《高僧传》（收入日本《国译一切经·史传部第七》）采用材料失当，考订史实失察等严重问题。汤用彤从注释方法的角度阐明，为史传作注，引用材料应可详可略："略则尽可将相关之记载择要列出，而只记其卷数，以备学者之自行参定。"①"如欲求详，则可择录相关记载之文，或并加以考订。"②

在求简约方面，汤用彤指出：《高僧传》开篇"摄摩腾传"的相关记载，应列上《理惑论》、《四十二章经序》、《化胡经》、袁宏《后汉纪》、范晔《后汉书》、王琰《冥祥记》、《佑录》、《真诰》、《法本内传》等卷目。③ 此外，"《水经注》、《伽蓝记》等较略之记载，但亦重要，似亦可言及"。④ 而常盘之注，只译录了《四十二章经序》及《佛祖历代通载》各一段，对此汤用彤辨析道："《通载》所言系节取《法本内传》之文，注释内应提《内传》，俾读者知其说之所出。或径引《内传》而不言《通载》，以免枝蔓。又《高僧传》所载永平求法事迹，与王琰《冥祥记》所载最相同，而与《佑录》二、袁、范诸记颇有不同。今此注仅录《经序》，而于他书概不列出，既不能显求法传说分歧，又不能示《梁传》所载最早见于何书（依大体言，传所记出于《冥祥记》者多，而根源《经序》者少）。"⑤ 据此，他认为该处常盘氏注释实属陋略。

在求详备方面，汤用彤指出常盘氏之书虽"颇具此意，然其疏略实甚可惊"。⑥ 他仍于常盘氏书的卷首传中，就白马寺名的来历，举出四条应补充的材料，并对其于竺法兰译经事，妄引《房录》为注，详加

---

① 汤用彤：《大林书评》，《汤用彤全集》第 2 卷，河北人民出版社 2000 年版，第 354 页。
② 汤用彤：《大林书评》，《汤用彤全集》第 2 卷，河北人民出版社 2000 年版，第 355 页。
③ 汤用彤：《大林书评》，《汤用彤全集》第 2 卷，河北人民出版社 2000 年版，第 354 页。
④ 汤用彤：《大林书评》，《汤用彤全集》第 2 卷，河北人民出版社 2000 年版，第 354 页。
⑤ 汤用彤：《大林书评》，《汤用彤全集》第 2 卷，河北人民出版社 2000 年版，第 354—355 页。
⑥ 汤用彤：《大林书评》，《汤用彤全集》第 2 卷，河北人民出版社 2000 年版，第 355 页。

批驳。①

以上失考之处均见该书首页，其余部分谬误也不少。因而，汤用彤坦率直言："吾人不必翻毕全书而知其无当于用也"②，"日本人士为发扬国光，开始翻译中文一切经，进行极速。举众多人才与物力以赴之，务克期而成书。而于常盘氏之译注则在广告中特为宣扬，然其结果却令人大失所望，是诚欲速不达，世之著述者宜可以鉴矣。"③常盘大定虽为日本佛学泰斗，但其《高僧传》注释在汤用彤的睿识下却破绽百出，颇失水准。书评字里行间深蕴着强烈的爱国精神，正如任继愈所论："汤先生作为一个功底深厚的中国学者，最有发言权，并善于利用我们的发言权，为国争光。"④

汤用彤1938年首版的传世名著《汉魏两晋南北朝佛教史》第十五章"南北朝释教撰述"中"史地编著"一节，对《高僧传》与《名僧传》等相关史籍的渊源考释甚详。从该书其余章节中也可以看出他对《高僧传》史料的娴熟运用。《高僧传》里对于佛教史研究有价值的材料，经过汤用彤的分析辨正和现代诠释，基本上被评引或化用到自己的各类著述中。综观汤著佛教史，无论引用次数还是引文篇幅，《高僧传》及《续高僧传》皆为最多的一类书。他格外重视僧传资料的考辨、积累和运用，是其佛教史研究能破除前人成见，且常孤明先发的重要原因。

（二）汤用彤对《高僧传》史学传统的扬弃

汤用彤并非孤立地研究《高僧传》，在笔者看来，他是从佛教史学史的角度，梳理佛教各类史书的发展演变轨迹，以此为线索研究《高僧传》一系著述的来龙去脉。东晋南北朝时期的史书以僧人传记最为发达，但基本散佚，汤用彤从各种文献中钩沉考出的就达40多种。他指出，最早在东晋开始流行的僧人传记，沿袭和发扬了东汉以来品题人物

---

① 汤用彤：《大林书评》，《汤用彤全集》第2卷，河北人民出版社2000年版，第355页。
② 汤用彤：《大林书评》，《汤用彤全集》第2卷，河北人民出版社2000年版，第355页。
③ 汤用彤：《大林书评》，《汤用彤全集》第2卷，河北人民出版社2000年版，第357页。
④ 任继愈：《〈汤用彤全集〉序二》，《汤用彤全集》第1卷，河北人民出版社2000年版，第5页。

的著作传统，如孙绰《明德沙门赞》、康法畅《人物论》等，《高僧传》里亦常引此类文章。较先出现的专门僧传是当时名僧的个人传记，然后始有按地域或类别而作的僧传。前者有《安法师传》、《佛图澄传》等，后者有郗超《东山僧传》、法济《高逸沙门传》等。再后随着佛史、法传和僧录三方面的著述大量涌现，乃有纪事本末体佛教通史性质的著作出现，如萧子良《三宝记》等。慧皎则在前人基础上，博采众家之长，撰成规模完整、体例谨严的综合性僧传，并为后世奉为圭臬。唐代道宣《续高僧传》、宋代赞宁《宋高僧传》、明代如惺《明高僧传》，均遵循《高僧传》所创体例。①

汤用彤研究僧传贵在能于小处入手，大处着眼，将其放在中印史学传统差异的大背景下进行考察。他认为，印度以重宗教之故，偏于出世，而略于世事记载。印度史书常杂神话且残缺，是治此学的莫大遗憾。中国则对佛教史料极意保存，不仅广记本国僧事，还为释迦等印土圣贤立传。②他揭示出中印文化这一因相互交流而彰显出来的巨大差异，意在表明：即使佛教在我国极盛时，其出世态度也并未改变国人原有重视历史记录的意识；相反，佛教在中国化进程中却因中国史学的文化传统而得以弘扬。

汤用彤的僧传及佛教史研究，都是力图阐发本土文化在与作为外来文化的佛教从冲突到融合过程中的主体性原则——这种研究既接续了中国史学的优良传统，又用现代学术的方法加以光大和超越。他一生抱定"昌明国粹，融化新知"的治学宗旨，以考据作为手段和基础，通过对民族文化自身演进及中外文化交流史的客观研究，从中探索、总结中华文化涵化外来文化的规律，以解决中国文化如何发展的问题。其佛教史研究虽始自《高僧传》具体问题的考证，但又不止于具体问题，正是因

---

① 详见汤用彤：《校点高僧传》，《汤用彤全集》第6卷，河北人民出版社2000年版，第436页；汤用彤：《汉魏两晋南北朝佛教史》，《汤用彤全集》第1卷，河北人民出版社2000年版，第431—440页。

② 汤用彤：《汉魏两晋南北朝佛教史》，《汤用彤全集》第1卷，河北人民出版社2000年版，第431页。

为他将《高僧传》放在中外文化交流的宏阔历史背景中，综核各方面史实，以阐明思想演进趋势，求得规律性的认识。故此他得以汲取和发扬古今中外优秀传统而独树一帜，开创了宗教史和文化研究的新局面。

二、高僧人格精神对汤著佛教史的影响

《高僧传》之所以成为汤用彤平生研究致力最多的一部书，以上所论仅属外在理路的分析；其深层的内在动力则是在新人文主义的现代性视域观照下对理想人格的不懈追求。贺麟《五十年来的中国哲学》一书为我们揭示汤用彤研究《高僧传》的内在原因提供了线索：汤用彤"超出哲学各派别的争论之上，极力避免发表他自己的哲学主张，然而从他佛教史中分别名僧与高僧一段，谁也可以知道他的意向之所在了。"①

汤用彤论高僧、名僧之别，见于《汉魏两晋南北朝佛教史》第八章"释道安"首节"高僧与名僧"。他开篇即引慧皎自序对《高僧传》一书命名的解释：

> 自前代所撰，多曰名僧。然名者本实之宾也。若实行潜光，则高而不名；寡德适时，则名而不高。名而不高，本非所纪；高而不名，则备今录。故省名音，代以高字。②

慧皎以前，本称"名僧"，慧皎始用"高僧"一词。此后《高僧传》之名逐渐通用。《四库提要》以为"《高僧传》之名起于梁释惠敏"。陈垣考证，此说受了晁公武《郡斋读书志》错将慧皎当成惠敏的误导。汤用彤认为陈垣所论"甚为精当"，并作了一些补证。③

---

① 贺麟：《五十年来的中国哲学》，辽宁教育出版社 1989 年版，第 23 页。
② 汤用彤：《校点高僧传·关于高僧传》，《汤用彤全集》第 6 卷，河北人民出版社 2000 年版，第 440 页。
③ 参见汤用彤：《校点高僧传》，《汤用彤全集》第 6 卷，河北人民出版社 2000 年版，第 416 页；汤用彤：《校点高僧传·关于高僧传》，《汤用彤全集》第 6 卷，河北人民出版社 2000 年版，第 440 页。

六朝僧人能言善辩者即易享大名，常华而不实，徒具虚名。为矫时弊，慧皎首倡以"高僧"的尺度来编传。汤用彤对此评论说：

> 盖名僧者和同风气，依傍时代以步趋，往往只使佛法灿烂于当时。高僧者特立独行，释迦精神之所寄，每每能使教泽继被于来世。至若高僧之特出者，则其德行，其学识，独步一世，而又能为释教开辟一新世纪。①

在他看来，道安、慧远、僧肇、道生、玄奘就是中国佛教史上不数见的卓越高僧，他们深刻影响了中国佛教发展的历史进程。但汤用彤的真正用意却并未停留在这一层面。对此，钱穆通过联系汤用彤的学行而有精辟之见：

> 锡予之为人为学，则非欲以僧侣来宏扬佛法者，实乃以中国人来宏扬中国传统之道。此则读锡予书者不可不知也。②

此言可谓深会汤用彤研究整理《高僧传》的良苦用心。佛教以僧人的活动为主体，而《高僧传》主旨即在阐明"道藉人弘，理由教显。而弘道释教，莫尚高僧"的道理③。作为当时文化载体的高僧以人格伟力弘道的精神，正是服膺新人文主义的汤用彤努力寻求的精神动力和文化资源。汤用彤研究《高僧传》注重理想的主体性道德人格的形成以及崇高人格精神的道德感召作用，充分体现了其深切的新人文主义关怀。在他看来，高僧大德通过坚忍不拔的自律践行，在净化与提升自己心灵境界的同时，也带动了他人，影响着时代风气，成为社会道德的重要源泉，其卓绝特出之高僧堪为民族精神的体现。

---

① 汤用彤：《汉魏两晋南北朝佛教史》，《汤用彤全集》第 1 卷，河北人民出版社 2000 年版，第 141 页。

② 钱穆：《忆锡予》，《燕园论学集》，北京大学出版社 1984 年版，第 26 页。

③ 汤用彤：《校点高僧传·序录》，《汤用彤全集》第 6 卷，河北人民出版社 2000 年版，第 434 页。

鲁迅有句名言："我们从古以来，就有埋头苦干的人，有拼命硬干的人，有为民请命的人，有舍身求法的人……虽是等于为帝王将相作家谱的所谓'正史'，也往往掩不住他们的光耀，这就是中国的脊梁。"① 此处"舍身求法"是指对法显、玄奘等高僧的颂扬。民国三年后，鲁迅专心阅读《高僧传》、僧肇、玄奘等高僧传记及其著述，欲为其人生理想寻取精神动力，并曾连夜抄录《法显传》万余言。由于高僧为法忘躯、不惜身命的奉献精神感人实深，故此鲁迅高度评价他们是真正具有自信力的"中国的脊梁"。在这一方面，鲁迅与汤用彤的精神追求是一致的。

综观汤著，可知汤用彤除曾写有《评〈考证法显传〉》，并对为求真经，历尽难险的献身精神倍加赞赏外，据孙尚扬教授所论汤用彤还钦崇以下品格：艰苦卓绝，风骨坚挺，弘法殷勤；特立独行，潜修实行，高而不名；颖悟绝伦，见道深弘，孤明先发，开思想之新纪元。在同情褒扬之外，凡迎合风气，依势步趋，即寡德适时，名而不高；凡成成相因，乏刚健之人格，身处山林而心向富贵，均在针砭之列。其批评标准既包括学术思想方面，也蕴含道德人格于其内。②

汤用彤对崇高人格形成机制的探索与白璧德的新人文主义主张用道德理性节制情感，倡导以内省（inner check）克制人的本能冲动来完善个体，从而调理社会混乱，在精神上是相通的。汤用彤试图从佛教汲取人格精神力量，正是对新人文主义倡导的从古典文化中寻求道德内在制约力的身体力行。由此才能明白他何以常年随身必携《高僧传》。

《高僧传》借主体性人格的力量以弘道的特色，深深地影响了汤用彤佛教史研究的理念。他研究佛教最为契赏高僧们的伟大人格精神，其创作《汉魏两晋南北朝佛教史》意在"俾古圣先贤伟大之人格思想，终得光辉于世"。③ 由是他自然对古人的崇高人格怀有一种同情和敬意，

---

① 鲁迅：《中国人失掉自信力了吗》，《鲁迅全集》第6卷，人民文学出版社1973年版，第119页。

② 参见孙尚扬：《汤用彤学术方法论述略》，《北京大学学报》1998年第2期。

③ 汤用彤：《汉魏两晋南北朝佛教史》，《汤用彤全集》第1卷，河北人民出版社2000年版，第655页。

并进而提出"同情默应"和"心性体会"的研究方法。《汉魏两晋南北朝佛教史·跋》云:"宗教情绪,深存人心……故如徒于文字考证上寻求,而乏心性之体会,则所获糟粕而已。"① 他还说:"我过去反对以盲目信仰态度来研究佛教史,因为这样必然会看不清楚佛教思想的真相。"② 汤用彤对佛教特点有精确把握的原因,正是抱同情理解,入乎其中,切身体验对方的感受;同时持客观态度,出乎其外,避免对佛教的曲意回护,从而有别出于信仰的研究。所以《汉魏两晋南北朝佛教史》无论在学界还是教界都具有权威性。汤著佛教史深刻体现了理论与方法的一贯,标志着我国学术界对宗教研究的方法论自觉。

与以上指导理念和方法相应,《汉魏两晋南北朝佛教史》以人物为核心③来考察佛教的兴衰变迁之迹。从该书章目即可看出佛教人物在全书的醒目位置。汤用彤从《高僧传》的开篇人物始,对历代高僧的思想要旨、学脉源流及其在中国佛教史、哲学史的地位和影响,皆有精审辨析,从而令其著述呈现出以思想性推展为主线的特点。所以汤用彤的佛教史著述实际上是一种佛教哲学发展史。其中所表现的现代哲学观念与研究方法,既为中国佛教哲学史研究奠定了基础,也为中国哲学史的研究打通了难关。

汤用彤对理想的主体性人格的关注并不限于佛教,他的各项研究无不贯穿这一理念。以《高僧传》研究为契机,汤用彤通过高扬主体性人格揭示了中华文化发展的主体性和连续性,解决了佛教与中国文化关系的历史难题,并将之上升到文化移植一般规律的高度加以深化。④

---

① 汤用彤:《汉魏两晋南北朝佛教史》,《汤用彤全集》第1卷,河北人民出版社2000年版,第655页。

② 汤用彤:《重印后记》,《汉魏两晋南北朝佛教史》,中华书局1955年版。

③ 汤用彤解放后检讨自己的佛教史研究过分强调"个别历史人物所起的作用"。汤用彤:《重印后记》,《汉魏两晋南北朝佛教史》,中华书局1955年版。

④ 参见赵建永:《从〈高僧传〉研究看汤用彤治中国佛教史的门径》,《哲学研究》2009年第5期。

三、校理《高僧传》

目前虽有多篇文章讨论了汤用彤校注本《高僧传》里的具体问题，但关于他整理《高僧传》的始末及其意义，却少有探讨。本节比较了现行汤校本《高僧传》的所有版本手稿底本，并就近年来的一些商榷文章予以回应，解答了关于现版《高僧传》整理中存在的一些问题，为学界聚讼不已的这一难题，提供了新的解决途径，略补前贤研究所未及。

（一）汤用彤对僧传的整理

考订史料是研究历史的基础，基础如有问题，则循此而有的研究必不可靠。汤用彤一生特别注意文献的整理考订，以使自己的研究有扎实的根基，并为后学展开研究奠定基础。解放前他就对当时赶时髦、凑热闹的虚浮学风甚不以为然，告诫学生说："第二等的天资，老老实实做第二等的工作（即从事历史资料考证等工作）而不挂上什么流派的牌号，可能产生第一等的成果。如果第二等的天资，做第一等的工作（建立体系），很可能第三等的成果也出不来。"他还谦虚地说自己有"自知之明，甘愿做第二等的工作，给后人留下点有用的资料也好"。① 这种针对徒务虚名、不求实学的批评与《高僧传》"高而不名"、"潜修实行"的评判标准是一脉相承的。

汤用彤晚年更加侧重于佛典的整理，并以《高僧传》的校注作为重点。1962 年初，汤用彤提议的刊印"中华大藏经"计划获得政府支持，文化部多次召集吕澂、周叔迦、陈垣等专家学者开会商讨这项宏大的古籍整理工程。以此为契机，他同时加速《高僧传》校勘准备工作的进度，并与中华书局签订了约稿合同。这实际上在古籍整理方面起到了一种示范作用。

汤用彤综合全史，以超凡之识，积毕生之力，搜集了大量《高僧传》的相关资料。这些丰富的第一手材料，为其校理《高僧传》奠定

---

① 任继愈：《汤用彤先生治学的态度和方法》，《燕园论学集》，北京大学出版社 1984 年版，第 49 页。

了常人难以企及的优势。在整理中，汤用彤参阅了与僧传有关的几乎所有历史文献。他以《大正藏》为底本，选录其中宋、元、明三本的校勘，并尽量寻求该书的各种版本，以《弘教藏》、《碛砂藏》、《金藏》和金陵刻经处等本相互参校；还参考各类佛典如《出三藏记集》、《名僧传钞》、《内典录》、《开元录》、《法苑珠林》、《弘明集》、《广弘明集》、音义书等，及相关正史、野史、地志、类书、道藏、金石碑铭、敦煌文献、笔记小说等等，详加引证，辨明同异，必求精审。

汤用彤还就《高僧传》中吐火罗语汇，与季羡林仔细探讨。① 季羡林认为：汤用彤之所以是真正的国学大师，一条重要原因就是"他对中国古代典籍的研读造诣很高，对汉译佛典以及僧传又都进行过深刻彻底的探讨，使用起来，得心应手，如数家珍。"②

汤用彤整理此书的原则，首先是校勘时"宁滥毋缺，有闻必录"，即尽可能收集齐相关的全部材料；在此基础上，定稿时采取"宁缺毋滥，去芜存精"的标准，从大量繁芜的材料中筛选出有用的部分，择善而从，有参考价值者则存之，无参考价值则弃之，以确保校勘的准确。其治学之广博视野与谨严态度，于此可窥一斑。

为统筹全局计，汤用彤在僧传系列的整理中，注意到了《高僧传》的重新命名问题。他认为"校印古籍，对原名似不宜更动"，但后人引用《高僧传》时，有"梁高僧传"、"慧皎高僧传"、"高僧传初集"等多种名称，既不统一，也不妥当；所以可另外给它一个简称，印在内封面或扉页的原书名之后。汤用彤曾将此书定名为《校点高僧传初集》，简称《僧传初集》，并希望在校印续传时援用，依次命名，以至"四集"（即距今最近的《明高僧传》），若以后再有编辑僧传者不妨名为"五集"，以此推至无穷。③ 另据其《续高僧传》笔记一册和《佛教史料

① 汤用彤：《校点高僧传》，《汤用彤全集》第 6 卷，河北人民出版社 2000 年版，第 7 页。
② 季羡林：《〈国故新知〉序》，汤一介编：《国故新知》，北京大学出版社 1993 年版，第 1 页。
③ 汤用彤：《致中华书局哲学组》，《汤用彤全集》第 7 卷，河北人民出版社 2000 年版，第 653—654 页。

杂钞》第八册中的《续高僧传》史料，可推测汤用彤打算在校完慧皎《高僧传》后，继续校点道宣的《续高僧传》。

为使僧传的出版体例一致，1963 年 3 月 23 日，汤用彤复函中华书局哲学组，就整理《宋高僧传》计划提出详细意见，大意为：一、古籍整理出版，应不同于翻印，僧传整理除以不同版本互勘外，还应参考其他有关资料，如当代史籍及其他佛教书籍，酌量引证，指出异同。二、"僧"字本训为"众"，本不是指个人，因此简称"僧传"更符合原义。三、音释已不完全适合现代读者的需要，且非原著所有，似可不要。四、可附录该书作者传，最好再加些相关材料，并分析介绍所编僧传内容，如一般出版物的说明。五、分段有无必要可考虑。标点既系边排，则用书名号亦不费工。六、索引可编，宜继许地山先生之志愿，作完《佛教史传引得》。可先在目录上加页码，以便读者翻阅。七、鉴于僧传的文字特点，以不用简化字为宜，并用竖行排版，以便夹注。① 以上建议不但对整理僧传十分切实妥当，而且对今天的古籍整理也有借鉴作用。

1963 年 9 月，《高僧传》整理工作全面铺开。12 月 13 日，汤用彤将卷首部分已基本定稿的六个僧人传记（现存五纸）和三个附录《关于高僧传》、《关于慧皎》、《高僧传分科分卷人数对照表》作为样张油印出来征求意见。1964 年 3 月 7 日，汤用彤在回复中华书局"64（编）字 266 号"来函中，表示将考虑出版社对《高僧传》校勘所提意见，还预计："如工作顺利，本年底或可脱稿，否则至迟明年上半年即可完成。"② 可惜不久因劳累过度心脏病发而住院治疗。4 月 2 日，汤用彤在医院病笃时口述，由秘书李长霖笔录的《高僧传》校注计划，是现知他最后的学术工作。未几，他于五一节赍愿以终，在当代学术史上留下了无尽的遗憾。

---

① 汤用彤：《致中华书局哲学组》，《汤用彤全集》第 7 卷，河北人民出版社 2000 年版，第 653—654 页。

② 汤用彤：《致中华书局哲学组》，《汤用彤全集》第 7 卷，河北人民出版社 2000 年版，第 661 页。

（二）汤校本《高僧传》的整理

改革开放之初，汤一介先生即从汤用彤遗稿中整理出 40 条按语和两个附录，题为《〈高僧传初集〉按语选录》发表于《文献》1980 年第 2 辑，以供学人参阅。1983 年初，为纪念汤用彤诞辰 90 周年，汤一玄先生接着进行整理，努力按照汤用彤的既定原则对全稿重新标点，选取稿本的校注，并应当时的出版要求删去两千余条，还编有人名、书名《索引》，于 1987 年春节完稿。① 其间，汤一介先生也给予了许多帮助。汤用彤原拟写一绪论，但未及完成。现版《高僧传》卷首的"绪论"是汤一介先生根据汤用彤《汉魏两晋南北朝佛教史》中的材料写成的。

汤用彤校点的《高僧传》目前共有以下三种版本：

第一种是中华书局 1992 年 10 月初版《高僧传》。该书共 47 万字，封面注明由汤用彤校注、汤一玄整理，收入"中国佛教典籍选刊"丛书。1996 年 2 月第 2 次印刷本一如其旧。1997 年 10 月第 3 次印刷时，装帧用纸大为改善，对原书一些校误有所订正，但又有新的排印错字出现。2004 年 4 月第 4 次印本总体上没有变动。

第二种是河北人民出版社 2000 年 9 月版《汤用彤全集》卷六《校点高僧传》。此书以中华书局的初版为底本，将原来的繁体竖排改为简体横排，并参照原稿《僧传校稿》20 册和金陵刻经处本、大正本《高僧传》对勘，作有不少文字、标点上的修订，补入汤用彤的校记数十条②。人民大学哲学系宣方博士、《法音》杂志编辑桑吉扎西与笔者参与了该项工作。汤用彤在 1963 年底就确定书中注文的种类有三：以文字校勘为主，辅之以资料介绍和字词解释。③ 现版该书重点也在校勘，

---

① 汤一玄：《整理说明》，《高僧传》，中华书局 1992 年版，第 1 页。

② 1999 年暑假，笔者校订《校点高僧传》时，汤一介先生送来底本《僧传校稿》20 册和金陵刻经处版、大正版《高僧传》做参照。我逐字逐句对勘以上版本，改正了不少误字和标点。汤用彤底稿中有两千多条未刊校注，我原想多整理些加入，但由于出版期近，已无法大幅改版。后来又参考河北版对佛光版《校点高僧传》进一步分段、标点。如今看来，其中某些句读，尚可改进。

③ 汤用彤：《校点高僧传·简略说明》，《汤用彤全集》第 6 卷，河北人民出版社 2000 年版，第 1 页。

而非注释。注文主要是比勘他书所载相关内容的文字异同，其次是点明《高僧传》的史料来源，而解释词义的注很少。因此，这次校订根据汤一介先生的建议，书名改为《校点高僧传》，从而更符合汤用彤的初衷。1962 年 11 月 22 日，汤用彤与中华书局总编金灿然签署的合同上，书名即为"高僧传校点"。

第三种是台湾佛光文化事业有限公司 2001 年 4 月所出《汤用彤全集》卷五《校点高僧传》（上下册）。在星云大师关照下，组织台湾学者为之做了很多审校工作。此版据汤用彤的底本《僧传校稿》增益千余条，但在编辑中分段和选取标点的标准，与大陆不尽相同。在河北本和佛光本出版前，笔者逐句进行了对勘，做了文句编辑上尽可能的统一。虽未尽善，但可稍补大陆前版之缺。故以后《高僧传》再版时，若以河北版为底本同时参考佛光版校印，应是最佳的选择。

（三）存在的问题及解决途径

汤用彤校理的《高僧传》自 1992 年首次出版后多有佳评，为研究者提供了极大便利，推动了相关研究的发展，目前已有十多种该类著作相继面世。但由于种种原因，该版仍存在不少问题，至今已见数篇商榷文章。

如：汪维辉《〈高僧传〉标点商兑》（《古籍整理研究学刊》1997年第 3 期）就中华书局《高僧传》初版的校勘、标点问题挑出 46 例进行探讨。

董志翘发表系列文章《〈高僧传〉校点献疑》（《文史》1999 年第4 辑）、《〈高僧传〉校点商榷》（《古籍整理研究学刊》1999 年第 1期）、《〈高僧传〉的史料、语料价值及重新校理与研究》（《东南大学学报》2004 年第 4 期）和《中华书局版〈高僧传〉校点商补》（《四川师范大学学报》2005 年第 6 期）探讨中华书局版《高僧传》校勘、标点问题，认为可商之处有几百例。其中《〈高僧传〉的史料、语料价值及重新校理与研究》一文为全国高校古籍整理研究工作委员会基金项目的阶段性成果，重点举中华本《高僧传》中 4 例问题加以探讨，并对重新校理该书提出一些建设性意见。

王东撰《〈高僧传〉校点札记》、《〈高僧传〉校点商榷》、《〈高僧传〉校点拾零》和《〈高僧传〉校点献疑》，连载于《江海学刊》2006年第4期至次年第1期，对中华书局第4次印本标点共举18例进行商榷。

鲍金华《〈高僧传〉校点商议》（《古籍整理研究学刊》2007年第4期）对中华书局第2次印本的校点择其要者计28条相商。

许卫东《〈高僧传〉标点校勘补录》（《唐都学刊》2005年第3期）对中华书局第4次印本选出问题28例。郭东阳《〈高僧传〉校点零拾》（《语文知识》2008年第2期）为河南省教育厅人文社会科学项目"《高僧传》词汇研究"成果之一，对第4次印本校点择取8例加以商讨。

程亚恒《〈高僧传〉校点辨疑》（《书品》2008年第6期）就中华书局第4次印本"依然存在的一些令人费解之处"，提出己见。"国学网"等网站上罗新《说说校注本〈高僧传〉》诸文也都参与了讨论。

2007年教育部全国高校古籍整理研究工作委员会重点科研项目"《高僧传》详注"立项，由华东师范大学古籍所主持。2008年5月，课题组召集京沪两地学者就"《高僧传》注释中的若干问题"开会研讨如何在汤用彤的工作基础上，更好地重新校注《高僧传》。

综观以上讨论，聚讼之处多集中在标点问题上，且皆针对中华本而发，而对《汤用彤全集》中《高僧传》校点未作异议。尽管有些意见有重复，或许还可商榷，但他们对《高僧传》校理提出许多中肯的看法，有助于该书再版质量的提升。诸篇商榷文章于此难以一一辨析，其中不少问题在汤用彤留下的大量《高僧传》未刊手稿中即可找到答案。《校点高僧传》大陆现行诸版未收入的校注两千多条，散见于汤用彤的以下札记中：

《僧传校稿》20册，《己巳（1929）读书札记·高僧传笔记》、《校点僧传初集总目》、《僧传校勘随记》、《僧传校勘札记》、《〈僧传〉校勘记》、《高僧传分科分卷编制的次序》、《校勘用本》、《参考书目（附按语）》各 1 册，以及《赵城藏（南宋本）》、《思溪藏（南宋本）》、《径山藏（明本）》中关于《高僧传》的校勘笔记各 1 册。

　　《校点僧传初集总目》是这项工程的总体规划，分绪论、版本、校勘说明、加工标点、校记、资料性的注、辅助性的小注、参与人员、附录诸项。其中"绪论"拟写史料来源可靠性（如志异故事《冥祥记》、《幽冥录》）等，并对慧皎此传的不足之处有深刻检讨。《僧传校勘札记》内有"附见人名问题"、"《高僧传》校对需待解决的问题"、"《六帖》所引书目"等节。《僧传校勘随记》中"《高僧传》中有关义理的问题"一节关注佛陀跋陀罗与罗什辨"几微"（卷二），僧敷传中"心神有形"等哲学问题（卷五），以及关于儒佛异同的白黑论争等。"版本问题"一节拟详论各版本的优劣，以为大正本较古，丽本接近原貌①。

　　从以上各类札记来看，现行本《高僧传》质量与汤用彤原定计划的预期还有相当差距。此外，他已刊著述中引用和论及《高僧传》的内容甚为丰富，并有精审的考订，纠正了《高僧传》的不少误记，其中很多尚未及反映到现版的校点《高僧传》里。汤用彤生前亲自写下的这些考释、校勘和标点，《高僧传》再版时有必要采用，或在附注中体现出来。由于此书是汤用彤未竟之稿，各种各样的笔记草稿，卷帙既巨，辨读亦艰，全面系统的整理，甚费时功，有待学界进一步努力完善。

　　目前整理出全本《高僧传》的便利条件是汤用彤的未刊手稿尚在，并且当年他整理僧传所读之书也多有保存。汤用彤费尽毕生心血而搜聚齐备的《高僧传》相关资料，为后学大大节省了时间和精力。仅就僧传版本而言，其参照之广，正如钱穆所言："（锡予）专意搜罗《高僧传》一书，遇异本即购。自谓亦几无遗漏矣。"② 现存汤氏案本《高僧传》，

---

① 1963 年 10 月 5 日，他致函金陵刻经处查询购买高丽守其等校《高丽国新雕大藏校正别录》（三十卷，支那内学院出版）一书。汤用彤：《致金陵刻经处》，《汤用彤全集》第 7 卷，河北人民出版社 2000 年版，第 656 页。

② 钱穆：《八十忆双亲·师友杂忆》，三联书店 1998 年版，第 188 页。

几近韦编三绝，其精勤如是。足见他学养高致，非唯天纵其资，更赖涵泳史籍，钩沉探微，朝夕于斯而致。先生治学义方，永为后世垂范。①

综上可见，汤用彤精研《高僧传》对其佛教史研究不但具有基础性作用，而且《高僧传》蕴含的人格精神，经过新人文主义的创造性诠释和现代转换，对他的佛教史乃至全部学术研究更具指导性意义。他的相关研究和整理凸显了僧传在佛教史中的价值和地位，也为中国佛教史、哲学史和文化史研究开辟出新途径，并挖掘了丰富的史料。我国佛教研究近年虽有较大发展，但仍基于汤用彤等前辈学者的研究范式。回顾和梳理汤用彤《高僧传》的研究工作，不仅对于僧传及佛教史研究有重要意义，还对系统总结他的治学思路和方法，更有效地促进中国佛教史范式的发展创新有深刻启迪。

---

① 参见赵建永：《汤用彤与〈高僧传〉的整理研究》，《中国典籍与文化》2011 年第 5 期。

第六章

道家、道教研究

——奠基道教史学科

　　学界对汤用彤学术思想的研究多着眼于他的佛教史研究成就，而关于他对道教史学科的奠基性建设的研究，一直是开展得相对薄弱的环节，虽常有论著称引①，但罕有专门探讨。原因在于他的道教研究成果，除《读〈太平经〉书所见》、《读〈道藏〉札记》等少数专文外，多散见于其佛教史、玄学和读书札记（包括大量未刊手稿）等各类著述中，且被其中国佛教史研究第一人的耀目光环所遮蔽，不易彰显，而系统性梳理总结亦有难度。笔者在校理汤用彤遗著的过程中，深感他于道教研究实有灼见，功不可没，故力图探幽发微，试作此章。

---

　　① 如：胡孚琛教授主编《中华道教大辞典》中有林乐昌所写"汤用彤"的简短词条，见《中华道教大辞典》，中国社会科学出版社 1995 年版，第 1695 页；朱越利、陈敏：《道教学》，当代世界出版社 2000 年版，第 30、31、317、318、319、333 页；龚鹏程：《道教新论》，学生书局 1991 年版（台北），第 240、245、246 页及序言，等等。

第一节　佛道论衡下的《太平经》考证研究

——道教研究的基石

对于道教史研究的开端，入手点的选择实为关键。汤用彤通过对浩如烟海的道教经史的广搜精求，首先确定了《太平经》在道教发展史上承前启后的重要地位。他指出："《太平经》者，上接黄老图谶之道术，下启张角、张陵之鬼教。"①《太平经》是黄老学演进的产物，为汉代道术支流，而佛教在汉代也完全被当成神仙道术来理解和接受。正如汤用彤所说："汉代佛教，养生除欲，以守一、修定为方法。以清净无为、住寿成道为鹄的。与《太平经》教同为黄老道术支流。"② 因此，汤用彤的道教研究首先梳理了《太平经》与黄老学的深厚渊源。

一、《太平经》和道教的前奏

为了理清黄老道术与《太平经》、汉代佛教的源流关系，汤用彤探本求源，首先考察了佛教传入之前黄老之学到黄老道术的演变过程。他指出，《庄子·天下篇》举儒、墨、阴阳、名、法诸学③，总名之为道术；汉初司马谈《论六家要指》以黄老之清净无为曰道家，《汉书·艺文志》从之；《史记·封禅书》已称方士为方仙道；王充《论衡·道虚篇》以辟谷、养气、神仙不死之术为道家；汉末乃有太平道。它们共同构成了后世天师道教的始基。④ 这都说明道教是由先秦道家发端，经过

---

① 汤用彤：《读〈太平经〉书所见》，《汤用彤全集》第 5 卷，河北人民出版社 2000 年版，第 264 页。

② 汤用彤：《汉魏两晋南北朝佛教史》，《汤用彤全集》第 1 卷，河北人民出版社 2000 年版，第 112 页。

③ 张德钧在《现代佛学》1964 年第 1 期发表的《读汤用彤先生〈汉魏两晋南北朝佛教史〉记》一文中说，《庄子·天下篇》中没有"举"到"阴阳家"。笔者认为，汤用彤据《天下篇》"易以道阴阳"而言"阴阳"诸学，在广义上使用这一指称亦未尝不可。

④ 汤用彤：《汉魏两晋南北朝佛教史》，《汤用彤全集》第 1 卷，河北人民出版社 2000 年版，第 65 页。

黄老学与神仙道术的合流，而逐步发展演变而来的。

在道家向道教的演变过程中，汤用彤特别关注黄老学在道教形成中的作用。他历举班固《汉书·艺文志》所载道家中《老子》四家五十一篇，《神仙》共十家，托名《黄帝》者四家六十八篇，并且阴阳、五行、天文、医经、房中均溯源于黄帝。《隋书·经籍志》曰："汉时诸子道书之流有三十七家，大旨皆去健羡，处冲虚而已，无上天官符录之事。其《黄帝》四篇、《老子》二篇，最得深旨。"《隋志》所言，汤用彤认为是指主张清净无为的西汉黄老之学，即班固《艺文志》所谓"独任清虚，可以为治"。《史记》中已载黄帝鼎湖仙去之说，并谓老子百有余岁，以其修道而养寿。据此，汤用彤指出：

> 道家者流早由独任清虚之教，而与神仙方术混同。阴阳五行，神仙方技，既均托名于黄帝。而其后方仙道，更益以老子。于是黄老之学，遂成为黄老之术。降及东汉，老子尤为道家方士所推崇。长生久视之术，祠祀辟谷之方，均言出于老子。周之史官，擢升而为教主。[①]

当时学界过多地强调了道家与道教之间的区别。汤用彤则率先注意到了黄老之学向黄老道术演变的轨迹，而这正是由道家到道教演进的关键环节。他从中看出了道家与道教的密切联系，此亦为道教史研究必须先要搞清楚的问题。对于秦汉之际黄老道家演进的发掘和阐明，汤用彤实有开端之功。黄老之学到黄老道术变迁之迹的厘清，对于道家道教学术史的进一步组织、整理，确有相当的贡献。

汤用彤的上述研究说明，道教的产生首先是中国固有的黄老道家自然演进的结果，而且道教是土生土长的本土宗教，它的创立没有受到佛教的影响。然而，道教形成初期的另一特点即其来源的兼容性，尤其是

---

① 详见汤用彤：《汉魏两晋南北朝佛教史》，《汤用彤全集》第 1 卷，河北人民出版社 2000年版，第 41—42 页。

黄老方术和佛教理论的碰撞与融合成为道教发展壮大的重要特点。汤用彤于此亦言之甚明：

> 两汉之世，鬼神祭祀，服食修练，托始于黄帝老子。采用阴阳五行之说，成一大综合，而渐演为后来之道教。浮屠虽外来之宗教，而亦容纳，为此大综合之一部分。①

道教形成时期这种兼容并包的特点，他在美国柏克莱大学讲授的《中国汉隋思想史》讲义"导论"中有进一步的评述：

> 在佛教初来中国时，中国的星相术、炼丹术、占卜术、流行的迷信观念和各种带有宗教性质的教团以及某些哲学思想被糅合在一起，形成了一个庞大的宗教体系，也就是说，这一时期是道教的形成期。②

这说明道教根植于民间传统信仰而加以整合，深入民心，民族性强烈，所以影响广泛而深远。这一重要观点有助于我们理解，为什么自古以来，虽然道士占人口基数的比重并不多，甚至往往很少，但是道教思想却能够大范围传布的问题。后来，施舟人（K. Schipper）更立论以道教文化为"中国文化的基因库"。③鲁迅的名言"中国根柢全在道教，从此考虑，一切问题迎刃而解"④，也可以从道教兼容性的方面来理解。

---

① 汤用彤：《汉魏两晋南北朝佛教史》，《汤用彤全集》第1卷，河北人民出版社2000年版，第43页。

② 原文为："It was also at that period that Chinese astrology, alchemy, Art of Divination, popular superstions, various religions cults, and some philosophical ideas were brought together and syncretized to form a gigantic system of religion, that is to say, it was the Formation Period of Taoistic Religion." 汤用彤：The History of Chinese Thought from Han to Sui Dynasty，《汤用彤全集》第4卷，河北人民出版社2000年版，第188页。

③ 详见施舟人：《中国文化基因库》（汤用彤学术讲座之三），北京大学出版社2002年版。

④ 鲁迅：《致许寿裳》，《鲁迅书信集》，人民文学出版社1976年版，第18页。

道教这种包容各家、自成一家的综合性，在《太平经》中有集中体现。在汤用彤看来，《太平经》正是上接黄老，容纳佛教而成"一大综合"的道教最早经典。由此，他重点展开了对《太平经》的研究。

二、《太平经》出世真伪考

《太平经》因其深蕴本土特有的宗教意识并深契当时基层民众的需求，而被道教创始人所推崇。可以说，《太平经》的行世是道教产生的重要标志。研究《太平经》首先必须回答《太平经》究竟成书于哪个时代的问题？1935 年 3 月，汤用彤在《国学季刊》第 5 卷第 1 期上发表长文《读〈太平经〉书所见》，成为国内学术界对《太平经》创始性的系统研究。文中考定该经为汉代作品，解决了《太平经》的成书年代问题，并梳理出早期道教的概貌以及这一时期佛道关系的基本框架。他在西南联大期间指导王明先生作的《太平经合校》，后来成为研究道教的必读资料。《太平经合校》的编纂以明《道藏》57 卷残本为底本，参照各类引书，加以校、补、附、存，基本上恢复了《太平经》10 部 170 卷的原貌，为道教史研究提供了重要的史料依凭。《太平经合校》以扎实的功底和独创的体例已成为国内外公认的定本。

关于《太平经》与黄老的渊源，汤用彤指出，《太平经》亦为安身治国之方，颇含黄老无为之理①。黄老之道盛于汉初，其旨在清净无为，乃君人南面之术。汤用彤据《汉书·东方朔传》注引《黄帝泰阶六符经》：天之"三阶平，则阴阳和，风雨时，社稷神祇咸获其宜，天下大安，是为太平"，推断其时所谓黄帝之道已有太平之义。而黄老道术亦与阴阳历数有关。西汉成帝时，齐人甘忠可，陈赤精子下教之道，诈造《天官历包元太平经》十二卷。于吉之《太平经》上接甘忠可而来。②

---

① 汤用彤：《读〈太平经〉书所见》，《汤用彤全集》第 5 卷，河北人民出版社 2000 年版，第 264 页。

② 汤用彤：《读〈太平经〉书所见》，《汤用彤全集》第 5 卷，河北人民出版社 2000 年版，第 261—262 页。

《后汉书·襄楷传》载：顺帝时，"琅邪宫崇诣阙上其师于吉于曲阳（今山东郯城附近）泉水上所得神书百七十卷，皆缥白素，朱介、青首、朱目，号《太平清领书》"。李贤注曰："神书即今道家《太平经》也。其经以甲乙丙丁戊己庚辛壬癸为部，每部十七卷也。"汤用彤从李贤注中发现有五处引有《太平经》，并从许地山处得到证实，李贤注为引用《太平经》之最早者。据此汤用彤推测现《正统道藏》所载《太平经》五十七卷残本，即是宫崇所上百七十卷的"神书"——《太平清领书》。

汤用彤断定《太平经》为汉代旧书，主要根据有三：一是依据唐章怀太子李贤对范晔《后汉书》注释及王悬河《三洞珠囊》所引，证明《正统道藏》中的《太平经》，唐代已有其书。二是详考现存《太平经》之性质与葛洪《抱朴子》及范晔《后汉书》所记完全符合。三是证实《太平经》所载之事实与理论，皆汉代已有，且"五兵"、"刑德"之说，若非汉人则不能陈述若是之详备。① 这也是《太平经》为汉代之书最关键的证明。因此，对于《太平经》的真伪，汤用彤总结道："《太平经》所记与汉末之黄巾、六朝之道士，均有差异，则谓其为最早之道教典籍，而非后人所伪造，固有相当理由也。"②

《太平经》的出世年代及其地位，自汤用彤起，逐渐为学界所公认。他的《太平经》研究带动了当时学界对此书的关注，更启发了后学。余英时在《中国古代死后世界观的演变》一文引述了汤用彤《太平经》研究的成果，认为："日本学者研究《太平经》者最多，如福井康顺、大渊忍尔、吉冈义丰诸人都是名家。所以西方学者往往接受日本学者关于《太平经》年代考证的见解。……其实锡予先生《读〈太平经〉书

---

① 汤用彤：《读〈太平经〉书所见》，《汤用彤全集》第5卷，河北人民出版社2000年版，第252—259页。

② 汤用彤：《读〈太平经〉书所见》，《汤用彤全集》第5卷，河北人民出版社2000年版，第264页。

所见》一文才真是开创性的作品。"① 王明运用更加翔实的史料和颇具说服力的论证过程，充分证明了这一断言的科学性和准确性。王明对汤用彤关于《太平经》成书问题的考证作了非常有意义的发挥。他认为汤用彤基本解决了《太平经》的成书年代问题：

> 从此以后，在我国学术界，无论搞哲学思想史的，道教史的，或搞社会史的，以及其他有关专题研究上，都把它作为后汉时代的经典来引用。②

由此可见，汤用彤的道教史研究是建立在其谨严精审的史料考订基础上而展开的。他为道教的历史研究提供了经考证确实的文本，从而为后人研究打下了牢固的基础。

三、《太平经》与佛道关系

汤用彤论证《太平经》为汉代之书，先是证实其内容为汉代已有。然而，最确切的证明是找出其中所说，非在汉时不能有的证据。这种论证虽然极其困难，但是他通过研究《太平经》反映出的佛教与道教的关系，进一步断定该书在汉末之前出世，并从中看出《太平经》在早期佛道二教关系史上的重要意义。这不能不说是极为难得之发现。他1937年已基本定稿的《汉魏两晋南北朝佛教史》的第四章"汉代佛法之流布"和第五章"佛道"中列有"《太平经》与化胡说"、"《太平经》与佛教"两节，系专门从佛道关系的角度，来接续以往他对《太平经》的研究，体现出他经史考证与思想研究相辅相成的治学特色。其学术价值，主要见于以下两点。

---

① 余英时：《中国古代死后世界观的演变》，《燕园论学集》，北京大学出版社1984年版，第196页。

② 王明：《论〈太平经〉的成书年代和作者》，《道家和道教思想研究》，中国社会科学出版社1984年版，第183页。

（一）《太平经》是否反对佛教

东汉佛教流行于东海，而《太平经》出于琅琊，壤地相接，平原人襄楷因之得以读过佛教典籍和于吉"神书"。由此，汤用彤认为，造此经者如知桑门之道术，亦不足异。如《太平经》卷一一七言："四毁之行，共污辱皇天之神道。而此四种人者，乃道之大瑕病所由起，大可憎恶，名为天咎。一为不孝，弃其亲。二曰捐妻子，不好生，无后世。三曰食粪，饮小便。四曰行乞丐。"《太平经》对这四种行事斥驳极详，就此汤用彤认为：

> 出家弃父母，不娶妻，无后嗣，自指浮屠之教。而《论衡》谓楚王英曾食不清，则信佛者固亦尝服用粪便也。至若乞求自足，中华道术，亦所未闻。故《太平经》极不以此为然。[①]

范文澜先生所著《中国通史简编》对于《太平经》所言以上"四事"，亦持类似看法。[②] 时任中国佛教协会副会长的巨赞法师认为，范先生可能是受了汤用彤著作的影响。由于《太平经》研究在当时是学界的热门话题，为在这场学术讨论中辩驳此种不利于佛教的观点，巨赞特撰《汤著〈佛教史〉关于"〈太平经〉与佛教"的商兑》一文，质疑《太平经》所谓"四毁之行"是针对佛教而发，认为这是驳斥当时流行的其他一些道术。[③] 但他始终未能找出充分有力的文献证据以驳倒汤用彤的论断。

汤用彤在与巨赞反复的讨论中补充了一些论证的材料，这对我们了解汉代佛教与道家道教以及儒家的关系颇有价值，今已整理收入《汤用

---

① 汤用彤：《汉魏两晋南北朝佛教史》，《汤用彤全集》第1卷，河北人民出版社2000年版，第78页。

② 范文澜：《中国通史简编》，人民出版社1949年版，第242页。

③ 巨赞：《汤著〈佛教史〉关于"〈太平经〉与佛教"的商兑》，《现代佛学》1962年第6期。

彤全集》。① 巨赞与汤用彤的以上探讨，有助于后人深化认识《太平经》及早期道教与佛教的复杂关系。在佛道二教的冲突与融合问题上，汤用彤认为虽然佛、道二教在生活方式和历史背景上往往存在对立之处，但也在许多方面，一直存在着相互吸纳和会通的一面。他举出精灵不灭信仰、承负与轮回、守一气法与守意禅法的流行等例证。凡此可知，不仅道教有佛教思想的成分，反之，汉代佛教亦有道教思想的成分。他们互相比附、融会和利用，各自发展其教义，以争取社会群众的信仰与帝王之拥戴。

（二）《太平经》是否汲取佛说

汤用彤认为，《太平经》虽然反对佛教的出家制度，但经中的许多观念明显借自佛教。《太平经》卷九十一曰："天师之书乃拘校天地开辟以来，前后圣贤之文，河洛图书神文之属，下及凡民之辞语，下及奴婢，远及夷狄，皆受其奇辞殊策，合以为一语，以明天道。"在汤用彤看来，《太平经》摭采极杂，所谓"夷狄之文"当包括经西域传来的佛教，故此经虽不似后来道书中佛教文句连篇累牍，但亦间采佛言，如本起、三界等。以下就两个重点问题，来阐述他对《太平经》与佛道关系的认识。

1. 承负与轮回的异同

儒家在汉代即使被独尊后，鬼神方术的社会影响不但没有被削弱，反而得到加强。佛教初入时，面对此种较为强势的本土文化，不得不改变其本来面目，依附于道术以传其教。汤用彤指出，《太平经》与佛教的异同，以鬼魂之说为最可注意。《太平经》信人死为鬼，其说与王充《论衡》诸篇所记汉代迷信相同。王充谓人禀神气以生，其死复归神气。虽无轮回之说，然其元气永存说，可引申为精神不灭。边韶《老子铭》言，老子离合于混沌之气，与三光为终始。对于此类说法，汤用彤总结道：

---

① 这些论证材料今存汤用彤晚年所写《佛史宗派资料杂抄》中，他标注说"为巨赞文所查的材料，记在下面备用或备而不用"。汤用彤：《佛史宗派资料杂抄》，《汤用彤全集》第7卷，河北人民出版社2000年版，第618—620页。

固不但好道者根据浴神不死之句，且亦用阴阳二气之义，触类而长之。因谓老子即先天之道，遗体相续，蝉蜕渡世。形体虽聚散代兴，而精神则入玄牝而不死。佛家谓释迦过去本生，历无量劫。道家亦谓老子自羲、农以来，叠为圣者作师。道家主元气永存，释氏谈生死轮转，因而精灵不灭，因报相寻，遂为流行信仰。轮回报应，原出内典。浴神不死，取之道经。二者相得而彰，相资为用，释、李在汉代关系之密切，于此已可见之矣。①

面对"浴神不死"、"蝉蜕渡世"此类具有巨大吸引力的流行观念，佛教不得不改变其本来面貌，变"无我轮回"为神灵不灭、轮转报应。《理惑论》中牟子答问时均持此论，甚至附会《老子》以佐其论。道家主元气永存，佛教则谈生死轮转，由此使得精灵不灭、因报相寻之说成为汉代佛教中最流行的信条。② 时人对于印度佛教的核心观念"无我轮回"仅粗浅地以为是，精灵起灭，寄生不久，形尽神传，其事如幻。由此亦足证释迦教义，自始即不为华人所理解。佛教谈三世因果，遂亦被误认为"鬼道"③ 之一，内教外道，因而并行不悖。④

中国这种精神不灭的思想与印度的轮回观念相差甚远，所以汤用彤认为：《太平经》绝对无轮回之说⑤，自无佛家之所谓因果。但《经》中盛倡"承负"之说，为其根本义理之一。盖谓祖宗作业之善恶，皆影

---

① 汤用彤：《汉魏两晋南北朝佛教只》，《汤用彤全集》第 1 卷，河北人民出版社 2000 年版，第 66—67 页。

② 汤用彤：《汉魏两晋南北朝佛教史》，《汤用彤全集》第 1 卷，河北人民出版社 2000 年版，第 65 页。

③ 笔者认为，张陵"鬼道"、"鬼教"之名，当与此精灵不灭信仰有关。"鬼"在这里属中性词，并无贬义。

④ 汤用彤：《汉魏两晋南北朝佛教史》，《汤用彤全集》第 1 卷，河北人民出版社 2000 年版，第 68 页。

⑤ 汤用彤：《读〈太平经〉书所见》，《汤用彤全集》第 5 卷，河北人民出版社 2000 年版，第 266 页。

响于其子孙。先人流恶，子孙受承负之灾。承负之最大，则至绝嗣。《经》中援用此义以解释颜夭跖寿诸多不平等之事，如曰："父母失道德，有过于乡里，后子孙反为乡里所害，是即明承负之验也。""力行善反得恶者，是承负先人之过，流灾前后，积来害此人也。其行恶反得善者，是先人深有积畜大功，来流及此人也。"（乙之十一）① 据此，汤用彤指出：

> 《周易·文言》已有"积善之家，必有余庆；积恶之家，必有余殃"之说。道教承负之说，自本乎此。《太平经》之报应，为中土典籍所无，《经》中言之不只一处，疑其亦比附佛家因报相寻之义。但佛家之因果，流及后身，《太平经》之报应，流及后世。说虽不同，而其义一也。故道教对承负之说，视之甚重，而言之详且尽。②

汤用彤首次揭示了《太平经》的承负报应说不同于佛教因报轮回论。在他看来，"承负"说由《易·坤·文言》中善恶报应思想发展而成③，但又以中土无此说而推断，承负说为比附佛家因果报应义的一种综合性创新。

汤用彤此言尚有可作进一步分析和探讨的余地。承负说与佛教轮回果报说之具体内容差别显著。新出土文献材料及研究进展证明，承负思想在本国自有渊源④，它以"天道循环"为理论基础。《太平经》言："元气悦惚自然，共凝成一……败而不止不可复理，因穷还返其本，故

---

① 任继愈认为："'承负说'的目的在于加强社会全体成员挽救社会危机的责任感，激励上下同心，学道为善，但说得过了分，不能不损害天神公正的形象。"任继愈：《中国道教史》，上海人民出版社 1997 年版，第 23 页。

② 汤用彤：《汉魏两晋南北朝佛教史》，《汤用彤全集》第 1 卷，河北人民出版社 2000 年版，第 81 页。

③ 《太上感应篇》、《了凡四训》继承并发扬了《周易》、《太平经》以降的善恶报应学说，具有促进三教融合的作用，至今影响深广。

④ 刘昭瑞：《〈太平经〉与考古发现的东汉镇墓文》，《世界宗教研究》1992 年第 4 期。

名为承负。"① 这是说，剥极必复，衰败至极，则回归本原。这种天道循环观是承负说的理论基础，与印度佛教"六道轮回"为依据的果报观异质。从而丰富并证实了汤用彤关于"承负"与佛教轮回不同的判断是符合历史真相的。

蒙文通先生尽管认为《太平经》尚无印度佛学的渗入，但也部分赞同汤用彤之说，称引道："汤锡予先生谓：佛教说'自身作业，来生受报（轮回）'，《太平经》则说'子孙受报'，与《周易》同说。"蒙先生认为"此义最精，亦最显然者"。② 陈撄宁亦持此说。汤用彤与蒙文通、陈撄宁等学者关于《太平经》是否受到佛教影响的分歧，与他们当时的治学领域的侧重点不同有关。

2. 守一气法与守意禅法的比较

《太平经》的守一、鬼神报应、尸解及种民等学说，亦均于后世道教极有影响。汤用彤重点论述了道教守一之法在佛教中的来源。他指出：中国的文化传统里虽有《老子》"抱一"之说，但《太平经》中守一之法，谓为长生久视之符。守一者可以为忠臣孝子，百病自除，可得度世。其法疑取自佛家禅法，汤用彤立论的根据是"守一"一语，屡见于汉魏所译之佛经中。因此，汤用彤推测：

> "守一"盖出于禅支之"一心"。而《太平经》之守一，盖又源于印度之禅观。③

通过比较，汤用彤发现了《太平经》的"守一"与当时佛经中的"禅

---

① 王明编：《太平经合校》，中华书局 1960 年版，第 305 页。汤一介先生在汤用彤的基础上，进一步详细考察了"承负说"的源流及其与佛教"轮回说"的结合。汤一介：《魏晋南北朝时期的道教》第十三章《"承负"说与"轮回"说》，陕西师范大学出版社 1988 年版，第 333—344 页。

② 蒙文通：《道教史琐谈》，《古学甄微》，巴蜀书社 1987 年版，第 315 页。

③ 汤用彤还说：一心之谓守一（详一一四卷）。《抱朴子·地真篇》亦云："守一存真，乃能通神，少欲约食，一乃留息。"汤用彤：《汉魏两晋南北朝佛教史》，《汤用彤全集》第 1 卷，河北人民出版社 2000 年版，第 83 页。

观"，在用语和内容上的一致性。但是这尚不能断定"守一"之法即是来自印度，因为这种法术在本土源远流长，然而也不能排除后来受到佛教影响的可能性。饶宗颐、陈撄宁、李养正、萧登福等学者在汤用彤研究的基础上，对"守一"的渊源又作了新的补正。如，饶宗颐认为"守一"一词见于《庄子·在宥》之"我守其一，以处其和"。因此，汉代佛经中的"守一"以"格义"释之较妥。①

关于"守一"的来源虽有不同观点，但汤用彤对这一问题的提出及其尝试性的解答，无疑具有开创之功，并不断启发着后学。汤一介先生对"守一"思想的发展进行了详细考察，指出，"守一"或"守真一"在道教理论体系中非常重要，它正是把个体的人与作为宇宙本体的"道"联系起来的桥梁，人成"仙"的关键。②《太平经》、《老子河上公注》等早期道经反复强调的守一存真之法，对后世道教内丹学的发展有重要影响。

《太平经》之所以特别重视"守一"，与当时流行中国的小乘"安般守意"禅法有关③，并相互影响。汤用彤发挥其精通梵文的语言优势，指出汉魏佛经中的"意"字，在梵文里原指心意（末那）和忆念。安般守意本即禅法十念之一，非谓守护心意。言其为守护心意，乃国人因译文而生误解。守意之说，道家养生之常谈。道家养气之方吐纳，亦犹佛教之安般。现存《安般守意经》亦多杂入道家用语，如："安为清，般为静，守为无，意名为，是清静无为也。"道家吐纳与佛教禅法的共同流行，说明佛道二家修道行为的确有相似的地方，从而可以融通调和。

安世高、支谶等人译经后，禅法流传渐广。安世高最善禅数，其弟子尤以行禅知名。此种禅法有二：一为观不净，二为持息念。后者乃是以

---

①　饶宗颐：《老子想尔注校证》，上海古籍出版社1991年版，第58—59页。

②　详见汤一介：《魏晋南北朝时期的道教》第二、四、七章，陕西师范大学出版社1988年版。

③　《太平经》提倡的"守一"对"守意"禅法的吸收，详见汤一介：《佛道关于老子化胡问题的争论》，《佛教与中国文化》，宗教文化出版社1999年版，第123—134页。

禅心寄托于呼吸，与道家方士习吐纳者相似。汤用彤广引《太平经》、桓谭《仙赋》、王充《论衡·道虚》及《抱朴子·释滞》、荀悦《申鉴》诸书，以说明彼时好道者多有习吐纳、治气之术者。他认为道家之吐纳，虽然不能断定其必因袭佛家之禅法，但当时安般禅法之流行，则必因其与道术契合，而得攀附传播之便。由此，汤用彤得出一重要结论：

> 汉末以来，安般禅法，疑与道家学说相得益彰，而盛行于世也。①

以此可见佛教初来，一方面，为求生存流布而附会道教，另一方面，道教亦取资于佛教，增益其所不能。汤用彤对当时佛、道二教互惠关系的揭示，实发前人所未发。在汤用彤的启示下，李养正先生对道家气法和安般禅法两者如何"相得"，如何能"相得"；如何"益彰"，如何能"益彰"，进一步作了具体的剖析和探讨。②

由上可知，汤用彤对早期佛、道关系研究的特色之一，是通过对汉译佛经（包括梵文、巴利文佛经）与道经文献的初步对比，发现了它们在用语和观念等方面的相似性。这种比较研究方法，汤用彤实发其端。当前学界有关这一时代的研究虽夥，但主要仍将佛教与道教分开来论，对二者交互影响之研讨，仍需进一步深入。在这一值得继续开发的领域若有所突破，须将佛教与道家道教乃至儒家学说结合起来研究，同时要于文献比照上用功。此项工作中应注意辨别所译之文字是源出，还是自创；所译之内涵是新义，抑或旧说之变化。如是方能看出佛教与道家道教等本土文化之间的交互影响。

由上可见，汤用彤治道教史，视野开阔，不局限于具体问题，不囿

---

① 汤用彤：《汉魏两晋南北朝佛教史》，《汤用彤全集》第1卷，河北人民出版社2000年版，第108页。

② 详见李养正：《东汉道家气法与佛教"安般守意"小议》，张继禹编订：《道教经史论稿》，华夏出版社1995年版，第457—468页。

于考证。诚如任继愈所论：汤先生"注意从历史的前因后果，从发展的观点考察历史事件，同时又注意结合地理、社会环境来考察历史现象。这是史学研究者的基本要求，也是汤先生大量著作常用的一种方法。"①

第二节　武则天与佛道教关系研究
——初唐宗教史的开拓

前贤对陈寅恪的研究颇为丰厚，而对汤用彤与陈寅恪的学术交往却鲜有探讨，特别是他们在研究唐代政教关系方面有许多契合点值得发掘。有鉴于此，本节根据新发现的手稿等资料，通过他们在武则天及初唐皇室宗教信仰等问题上的学术互动，来揭示其学术思想的旨归，以期对学人有所启益。

一、武则天与佛教关系

汤用彤与陈寅恪志趣相投，经常切磋学问，互赠著述，其中既有文章初稿，也有新刊之作。这在笔者近年来整理汤用彤藏书的过程中，时有发现。藏书里面常写满了汤用彤和陈寅恪等师友们的亲笔批注和题记，虽不比长篇宏论，然吉光片羽，随笔而就，适可凝结先贤思想之精微韫晦。这些文字如待发掘的宝藏，堪为中外学术史研究之一手材料。若能由微知著，深入玩味，则可冀于学术史研究上发现新问题，开拓新途径，进而收获新知。今略检一则，以见一斑。

1935 年，陈寅恪在《中央研究院历史语言研究所集刊》发表《武曌与佛教》② 一文，探讨了武则天所受佛教的重要影响及其对佛教图谶的利用。当年陈寅恪赠送汤用彤的该文抽印本，由汤一介先生珍存下

---

① 任继愈：《〈汤用彤全集〉序二》，《汤用彤全集》第 1 卷，河北人民出版社 2000 年版，第 4 页；参见赵建永：《汤用彤对〈太平经〉与早期道教关系的研究》，《哲学研究》2004 年第 8 期。

② 陈寅恪：《武曌与佛教》，《中央研究院历史语言研究所集刊》第五本第二分册（1935 年），第 137—147 页。后收入陈寅恪：《金明馆丛稿二编》，上海古籍出版社 1980 年版，第 153—174 页。

来。其封页左侧有陈寅恪的一段个性鲜明的题记，现版陈寅恪各类文集均未收入，亦未提及。兹录于下：

> 敬求　教正　寅恪。
>
> 矢吹曾论道生学说，必见　尊文，而绝不提一字；又论"格义"，恐亦见鄙作，亦绝不言及。故弟于篇末引　尊论以折之，而文中则不用其在巴黎发见之材料，职此故也。[①]

这段题记很有趣味，也极富学术价值，但需要简单交代一下背景，其意方易了然。"矢吹"系日本著名学者矢吹庆辉[②]。道生学说和格义问题之讨论，由汤用彤《竺道生与涅槃学》、《释道安时代之般若学述略》和陈寅恪《支愍度学说考》诸文所揭橥，[③] 成为现代佛教史上颇具原发性的两大学术创获。从题记可以看出陈寅恪既对国外最新学术动态非常关注，又对中国学术是否受到国际同行的充分认可相当关切，从中也寄寓了他对中国学术如何走向世界的祈盼。由此，他发觉矢氏读过汤用彤和他的相关文章，虽然借鉴了他们的很多研究成果，却在文中一字不提，对此他颇感愤慨。由于汤用彤曾对矢氏之书痛下针砭，故陈寅恪不必再多费笔墨，遂借机提出矢氏的相关研究，并援引汤文予以责难（即"折之"）。他在文末的"附注"中说：

[①] 赵建永：《陈寅恪赠汤用彤文题记》，《光明日报》2013 年 2 月 4 日第 15 版。

[②] 矢吹庆辉（1879—1939）毕业于东京帝国大学哲学科，留学哈佛，任教于日本大学、东京帝国大学等校。他在欧洲所发现敦煌文献的结集《鸣沙余韵》于 1930 年出版，还著有《鸣沙余韵解说》、《阿弥陀佛之研究》、《思想的动向与佛教》、《关于敦煌出土本楞伽师资记》（载 1933 年《宗教学年报》）等名作。

[③] 汤用彤《竺道生与涅槃学》初载《国学季刊》3 卷 1 号，1932 年 3 月，收入《汤用彤全集》第 2 卷，河北人民出版社 2000 年版，第 77—137 页；《释道安时代之般若学述略》初载《哲学论丛》1933 年 5 月号，收入《汤用彤全集》第 2 卷，第 138—168 页。陈寅恪《支愍度学说考》初载《庆祝蔡元培先生六十五岁论文集》1933 年 1 月版，收入《金明馆丛稿初编》，上海古籍出版社 1980 年版，第 141—167 页。《释道安时代之般若学述略》与《支愍度学说考》同年面世，皆论格义，观点基本一致。盖因陈、汤二老过从甚密，常交流心得，立论自然相近，惟陈寅恪对"格义"外延的界定稍宽泛。

关于武曌与佛教符谶之问题，可参考矢吹庆辉博士著《三阶教之研究》及汤用彤先生所作同书之跋文。（载《史学杂志》第二卷第五六期合刊。）①

武则天与佛教谶事也是陈文的重点。平素鲜引近人论著的陈寅恪让人们去参考矢氏的名著，从表面上看，还以为矢氏的三阶教研究在武则天与佛教符谶关系的探索上取得了重大进展，实则是反其意而用之的暗讽和警戒。矢氏曾两次赴欧，巡历英、德、法诸国，调查敦煌史料，从中抄集新发现的三阶教文献，复广搜我国典籍中之史实，依之写成《三阶教之研究》，1923 年以此获文学博士学位。该书 1927 年 6 月出版，附印敦煌残余及日本所存三阶教的全部典籍，合订成六百余纸的一巨册，系首次将三阶教历史、教义及典籍公布于世的学术成果。该书虽史料丰赡，似已周详完备，但在博学和睿识的汤用彤眼里依然疏误甚多。

汤用彤 1931 年在《史学杂志》发表《矢吹庆辉〈三阶教之研究〉跋》，对矢氏采用材料失当，考订史实失察等问题，详加辩驳。如，矢著以大量篇幅极饶兴味地阐论武则天时期《大云经》符谶之事，但此事与三阶教毫无干系。因为矢氏以《开元释教录》"天授立邪三宝"之语系指《大云经》谶②，实误解了原文。《开元释教录》卷十八谓三阶教："以信行为教主，别行异法，似同天授，立邪三宝。"所谓"天授"乃提婆达多（Devadatta）汉文意译之名。他在佛世时犯五逆罪，破坏僧伽，另立与佛陀敌对的教团。故《开元录》此语是指信行的异端邪说犹如提婆达多别行异法，非指武则天年号。况且唐时人无直斥武后之理，如《开元释教录》所云"我唐天后证圣之元"可为佐证。

据法显、玄奘所记，到唐朝，在印度尚有提婆达多的信徒，此即所

---

① 陈寅恪：《武曌与佛教》，《中央研究院历史语言研究所集刊》第五本第二分册（1935 年），第 147 页。

② 矢吹庆辉：《三阶教之研究》，岩波书店 1927 年版（东京），第 63 页。

谓"邪三宝"。因三阶教过度渲染末法和苦行，曾遭到四次敕断：武则天以其违背佛意，继隋文帝600年的禁断令后，于公元695年和699年两度下诏禁止。唐玄宗公元725年又诏命销毁全部三阶教典籍。但其教仍绵延四百年，且远传高丽、日本，至宋初方绝。汤用彤所作考辨均证实三阶教与《大云经》谶事确无关联。

由于汤用彤釜底抽薪，将矢氏立论之基点彻底颠覆，其鸿篇巨论便顿然崩塌。从此一斑，既可见汤用彤对与梵语相关问题的敏锐和对中印佛教史的精通，也让人们怀疑以矢氏为代表的日本佛学界在经典文本解读方面到底有多大的可靠性。

矢氏不仅把提婆达多的汉译名误读成武则天的天授年号，而且把天授年间发生的关于《大云经》符谶的重大事件进行了错置，可谓错上加错。矢著中所录大英博物院藏疏解《大云经》弥勒授记事的敦煌写本一卷，因残卷首，而缺书名及作者。据《东域传灯录》载《大云经神皇授记义疏》一卷，则残卷当原标此名。该疏末有"来年正月一日癸酉朔"① 之语，矢氏认定为咸亨年间，岁在癸酉。汤用彤则发现其年正月朔日，恰为癸酉，应系天授二年。载初元年（690年）7月沙门薛怀义等人表上《大云经》，武则天遂于9月9日称帝，改元天授。此残卷之作正在此年，或许也是薛怀义等所表上者。② 此外，汤用彤还对矢著阙载的信行弟子、三阶教居士，以及建无尽藏应始于梁武帝等疏失③ 逐一纠谬补正。

《矢吹庆辉〈三阶教之研究〉跋》是汤用彤第一篇直接与日本权威学者正面交锋的专文，以其深厚学养，为中国争得了学术话语权。时值"九一八"事变之际，汤用彤随后发表了系列文章辑成《大林书评》，批驳日本专家在中国佛教史研究上的误导。汤用彤《大林书评》的发表及其佛教史论著的问世，则表明我国现代佛教研究已走上独立发展之

---

① 矢吹庆辉：《三阶教之研究》，岩波书店1927年版（东京），第693页。
② 汤用彤：《大林书评》，《汤用彤全集》第2卷，河北人民出版社2000年版，第360页。
③ 汤用彤：《大林书评》，《汤用彤全集》第2卷，河北人民出版社2000年版，第360、361页。

路。尽管矢氏没注明参考过汤用彤的论著，但汤用彤依然恪守学术规范，在自己的已刊和未刊稿中，凡参引矢氏等日人著述每每注明，并对其得失作出客观公正的评判。汤用彤的佛教著述既避免了日人研究的缺陷，也汲取了其长处，并加以超越，从而避免了西化派与国粹派的偏颇，使自己的研究臻于平和而又公允的圆融境界。在聚讼已久的古今中外之争中，汤用彤表现出更为健全、开放和成熟的文化心态，并由此奠定了他在宗教史领域的崇高地位。

陈寅恪在赠汤用彤文题识中，除恳请汤用彤"教正"自己的新作外，主要是解释为什么要借助汤文对矢氏的批评，以及他何以不用矢氏在巴黎所发现敦煌经卷的原委。题识虽仅略略数语，但却意蕴深厚。陈寅恪自立、自尊、自强的性情风骨和爱国热忱跃然纸上。由此便不难理解陈家"不食日粟"的缘故了。1937 年日寇侵入北平，陈寅恪之父陈三立绝食五日以身殉国。日军侵占香港时，陈寅恪于此间生活来源断绝。日本驻港司令和港督分别给饥寒贫病交迫中的陈寅恪送来粮食和巨资。然而陈寅恪宁愿饿死，也毅然坚拒此不义馈赠，其兄陈隆恪闻知寄诗句"正气狂吞贼"以勉励之。陈寅恪的学人风骨和民族气节，可借用 1929 年他为王国维所写纪念碑文作为定评："先生之学说，或有时而可商。惟此独立之精神，自由之思想，历千万祀，与天壤而同久，共三光而永光。"①

该题记还反映出陈寅恪和汤用彤治学动机及其宗旨的问题，这与陈寅恪 1929 年所赋诗《北大学院己巳级史学系毕业生赠言》的立意是一贯的。陈诗云："群趋东邻受国史，神州士夫羞欲死。田巴鲁仲两无成，要待诸君洗斯耻。天赋迂儒自圣狂，读书不肯为人忙。平生所学宁堪赠，独此区区是秘方。"② 该诗意指，上世纪初，冈崎文夫、白鸟库吉等日本学者，执中国史研究牛耳，虽无甚高论，然其运用现代学术方法

---

① 陈寅恪：《清华大学王观堂先生纪念碑铭》，《陈寅恪集·金明馆丛稿二编》，三联书店 2001 年版，第 246 页。

② 陈寅恪：《北大学院己巳级史学系毕业生赠言》，《陈寅恪集·诗集》，三联书店 2001 年版，第 19 页。

的成效，却为国内浮躁学风望尘莫及。于是出现中国史权威反而不在中国，学子赴日受学国史的现象。学习本国历史却要去日本，这是一种何其沉痛的国耻。彼时包括佛教史、道教史在内的中国史被日本纳入充当侵略工具的东洋学、支那学之中。而夸夸其谈、盲目自信的民粹主义，犹如战国辩士田巴、鲁仲连那般流于表皮功夫，无济于事。陈寅恪期待国内学人以实际行动洗此耻辱。"读书不肯为人忙"是指治学要有自由独立思考的创新精神，如此方能使学术精进无碍。

此《赠言》与陈寅恪《挽王静安先生》诗中"吾侪所学关天意"的主旨相类。王国维、陈寅恪与汤用彤皆聚集在《学衡》杂志"昌明国粹，融化新知"的旗帜下，其研究事关民族文化的前途命运。汤用彤和陈寅恪一直视中国文化为立命之本，他们选择体现民族精神的历史学和三教关系作为终生奋斗的领域，其意也正在于阐扬民族魂，以高水准的学术文化成就使国家立足强国之林。这正与他们为学立志，不为世俗名利而高扬主体性人格的理念一脉相通。为学一种是为了谋生，一种是谋心，即求心有所安。陈汤二先生自为后者。他们以身作则，不甘日人专美于前，打破其文化霸权，将中国宗教史和汉唐史等研究，在世界范围内树起新的高峰，洗雪了中国史权威只在日本之耻，赢得了世人对中国学术的尊重。①

二、武则天与道教关系

陈寅恪认为武则天是中国历史上最为奇特之人物，论之者虽众，但实少有发明。② 《武曌与佛教》就武则天大力倡导佛教一事探根寻源，

---

① 据出身清华国学研究院的蓝文徵教授云：1933 年，他邂逅白鸟库吉，当白氏听说他是陈寅恪的学生，即趋前与之握手。原来白氏研究中亚史遇到难题，写信请教德、奥诸国学者，皆不得其解，托人请教陈寅恪，才终获解决。白氏表示，如无陈教授之助，他可能至死不解。（蒋天枢：《陈寅恪先生编年事辑（增订本）》，上海古籍出版社 1997 年版，第 82 页。）对此故事的真实性，日本学者大都表示怀疑，因为在《白鸟库吉全集》中从未提到陈寅恪。而我们联想到矢吹博士"绝不提一字"的做法，被尊为"日本史学界太阳"的白氏在著作中"绝不言及"的心态，亦可做"同情"之理解。

② 陈寅恪：《武曌与佛教》，《中央研究院历史语言研究所集刊》第五本第二分（1935 年），第137 页。

从家世信仰和政治需要两方面剖析武则天与佛教的关系，详述其先世杨隋皇室的佛教信仰背景及对她的熏陶，认为武则天自幼深受其母杨氏的影响而信佛，又由于佛典教义，特别是佛教符谶可以为其政治革命张目，故极欲利用之。现存汤用彤 1929 年完稿的中央大学油印《隋唐佛教史稿》讲义第二稿（初稿仅于《胡适日记》中残存一章）、1931 年完稿的北京大学铅印《隋唐佛教史稿》讲义第三稿、《矢吹庆辉〈三阶教之研究〉跋》和陈寅恪上文都对初唐佛教势力之升降以及武则天与佛教关系作了详细分析。陈寅恪除证实了汤用彤的观点之外，又引证旧史与近出佚籍，得出一些新的结论。陈寅恪显系在肯定武则天崇信佛教的前提下作这番论证的。武则天诚与佛教关系密切，但若断定她的信仰纯是佛教，则并不符合历史事实。

在汤用彤 1962 年 11 月 21 日于《光明日报》的"史学"栏目发表《从〈一切道经〉说到武则天》之前，探讨武则天与佛教关系的研究成果，主要着眼于政教关系，着重论证武则天怎样依靠佛教改朝换代，没有超出陈寅恪的研究框架。陈寅恪学风严饬，为世所重，每一立论，必反复推敲，务使细密周详。但他当时未注意道教方面的敦煌史料，也没有像汤用彤那样广泛利用石刻碑铭，故于道教对武则天的影响有所忽视，未得全观。而汤用彤这篇短小精悍的力作补陈文之不足，以其发现的武则天所撰《一切道经》序文为契机，指出武则天在敬佛的同时，亦与道教有密切关系。这一结论是汤用彤在结合敦煌史料梳理道教发展史的过程中揭示的，并由此修正了学术界对武则天宗教信仰的片面认识。

唐初诸帝在原有基础上大力搜编道经，伴随着国力的强盛而终于有条件集成了第一部道藏《一切道经》，并以此奠定了后世历代道藏编纂的根基。记载此事的史籍主要有唐玄宗御制《一切道经音义序》和"金紫光禄大夫"史崇等人奉敕所撰《妙门由起序》。此二文实际上都是《一切道经音义》的序论，载《正统道藏》仪帙中，亦见于《全唐文》。陈国符著《道藏源流考》曾详论之，遂为研究者所熟知。而伦敦藏敦煌写本斯字 1513 号中的《一切道经序》，在汤用彤发现之前尚未引起国内外学界的注意。正是由于这项重要史料的缺失，使得人们对《一切道经》序文作者及其背景的研究都无从谈起，因而对初唐道教的许多关键问题也就难以明了。自汤用彤发表《从〈一切道经〉说到武则天》，根据伦敦藏敦煌道经写本并结合《金石萃编》、新旧《唐书》等各类文献，考辨出武则天亲撰《一切道经序》（下简称《序》）的前因后果，才使上述问题基本得以解决。

《序》仅存三百多字，文系骈俪体裁，遣词用典，古奥难懂。汤用彤先按其大意分为四段：首段"盖闻紫仙握契……普照均于堂镜"叙述道经之行世；二段"孝敬皇帝……自含章于秋礼"述李弘之德；三段"今者黄离遽殒……感痛难胜"哀悼李弘之亡；末段"为写一切道经卅六部……俱出四迷"以写经功德为其造福。李弘是高宗第五子，武后长子，初封代王，后立太子①，公元675年病逝，高宗追谥孝敬皇帝，葬制一准天子之礼。汤用彤据史崇所编《妙门由起》明经法第六引、《多宝塔碑》等史料指出，抄经三十六部是其时写贵重功德书的习惯数目。唐初《一切道经》每部有两千余卷，为李弘所写道经三十六部，总数超过七万卷。如此巨大耗费，只有皇家才能有此人力物力。② 姜伯勤从《贞松堂藏西陲秘籍丛残》载罗振玉藏公元8世纪初写本题记中找到当时皇家动员全国各地道士入京写《一切道经》的证据，并据上海图书馆18号文书题记指出，李弘逝后大约20年里在京城仍组织全国道观人员进行这项活动，敦煌神泉观的道士亦参与其事。③ 这些新见史料都进一步充实了汤用彤的论断。

汤用彤所发现的敦煌写本《一切道经序》应是当年入京抄经的道士

---

① 唐高宗欲传位于李弘，或许与两晋南北朝以来盛传"李弘应谶当王"的政治预言有关。史书和道藏中"李弘现象"的揭示，详见汤用彤：《康复札记四则·"妖贼"李弘》，《汤用彤全集》第7卷，河北人民出版社2000年版，第1—3页。

② 汤用彤：《从〈一切道经〉说到武则天》，《汤用彤全集》第7卷，河北人民出版社2000年版，第42页。

③ 姜伯勤：《〈本际经〉与敦煌道教》，《敦煌研究》1994年第3期。胡孚琛主编：《中华道教大辞典》中相关词条也引证并发挥了汤用彤对《一切道经序》的论断（胡孚琛主编：《中华道教大辞典》，中国社会科学出版社1995年版，第229页）。

带至敦煌的。《序》原题"御制"但未署名，汤用彤看出文中所说"兴言鞠育"是化用《诗经》"母兮鞠我……长我育我"，而"拂虚怅（汤校作帐）而摧心，俯空筵而咽泪"显系母亲之口气。时武后当政，写《一切道经》，必是她的主意。为李弘写经，当在他逝后不久。《金石萃编》卷五十八和《全唐文》卷十五所载高宗为李弘立碑亲撰的《孝敬皇帝睿德纪》（下简称《纪》）是很好的参证。

《纪》与《序》所写主体不同，叙事详略因之互异，却常有相同处。一方面，用词造句往往如出一辙。如《纪》言"兴言念往，震悼良深"，《序》曰"兴言鞠育，感痛难胜"。另一方面，两文叙事亦复有雷同。如《序》赞孝敬之德曰"问安视膳"、"抚军监国"。《纪》则述其九德，并"视膳尝药"，"监国字人"。参照《纪》文与《旧唐书》诸王传可知，李弘本多病，闻父欲传其位，因兹感结，旧疾增甚，医治不愈而亡。《序》中，武后感痛难胜，为之写《一切道经》，与《纪》所说"天后心缠积悼，痛结深慈"，亦相吻合。两文如此相似，以至于可以说《纪》径据《序》之意加以扩写，出于一人手笔，或为某宫廷学士代拟，甚至有可能是武后所亲撰。汤用彤发现的这些史料也否定了长期以来后世关于武后杀子的传说。

汤用彤由《一切道经》的编写缘起，进而论述武则天的宗教信仰。武则天少时当过尼姑，利用《大云经谶》登上帝位，奖励华严宗、禅宗等，是她广为人知的崇佛事实，但这在一定程度上也遮蔽了人们对她与道教关系的认识，甚至造成她一向崇佛抑道的错觉。汤用彤则独具慧眼地发掘出不少事实表明武则天与道教有着深厚的渊源，认为武则天笃信道教的热情，乃承继太宗、高宗之遗制，并深刻影响了她的后人章怀太子、太平公主、睿宗、玄宗诸人以及时代风尚。这主要体现在以下四个方面：

（一）唐初中国社会承南北朝遗规，依旧佛道并行。唐太宗虽立寺礼僧，但又下诏自认本宗"出自柱下"，宜阐玄化。他令玄奘译《老子》为梵文，并召道士蔡晃、成英等相助，形成释老共作的局面，欲使中华圣典传布西域。此外，还有一些传世的碑帖等文物可为研究初唐的皇室信仰提供线索。

太宗在《圣教序》中表彰玄奘求法布道，其中开篇"盖闻二仪有象，显覆载以含生。四时无形，潜寒暑以化物。是以窥天鉴地，庸愚皆识其端。明阴洞阳，贤哲罕穷其数。然而天地苞乎阴阳而易识者，以其有象也"之宏论，由他所秉之道家立场来展开论述佛教传布东土的影响，别有意味。魏征深知太宗心态，故其《九成宫醴泉铭》（欧阳询书）以道家清静无为的视角来歌颂当朝的垂拱而治。而李治为太子时所作《述三藏圣记》，则较其父太宗对于佛教更加褒扬。

岑文本撰《伊阙佛龛之碑》（褚遂良书）中，记述太宗第四子魏王李泰为其亡母做功德而开窟造像，实反映了太宗晚年李泰与太子李承乾争夺皇位，李泰借此以博取太宗好感的史实。龙门石窟中还有些高宗、武周时期的造像也反映了当时皇室崇佛的一面。其中最著名的卢舍那大佛，盛传是按照武则天的形象塑造的。[①]

武则天于李弘逝后，既为之写道经，又度人出家，丧葬时释道皆做功德。她为做皇帝，利用佛道二教，笼络各方人士。她亲制新译八十卷《华严经》序文，大言其登帝位系"叨承佛记"。尽管武则天标榜自己是弥勒佛化生，但这并不妨碍她也深信道教。汤用彤据伦敦藏敦煌写本斯字6502、2658号《武后登极谶疏》（即《大云经疏》）中征引的道教天师寇谦之铭"火德王，王在止戈（武字）……武兴圣教，国之大珍"，指出武则天"登极所用之符谶，固非专依佛教，并有道教也"。[②]唐朝诸帝为自身利益，时而拜佛，时而求道，甚至几乎同时崇信佛道二教，这以武则天最为典型。

（二）太宗晚年在宫中炼长生丹药。武则天于此时入宫，当受其影

---

① 汤用彤平素极少外出旅游，却特意参观考察龙门石窟，并拍下一张他难得一见的景区留影，表明了他对这批佛像学术价值的重视。

② 汤用彤：《从〈一切道经〉说到武则天》，《汤用彤全集》第7卷，河北人民出版社2000年版，第47页。

响而迷恋长生之术，故后来她向胡洞真天师乞九转丹药（《全唐文》卷九十七）。武则天所制新字中以千千万万为年，永主久王为证，长生王为圣。此亦可见她对于道教长生的向往。又"老子化胡"是道士诬谤佛教的说法，而武则天在《僧道并重敕》中竟言"老君化胡，典诰攸著……佛本因道而生"（《全唐文》卷九十六）。汤用彤认为标题与敕书以道为本的原意不合，故而题目起得并不准确。武则天尽管禁止佛道互谤，然而她实际上有时也在毁谤佛教，以此看来其重道无疑。

（三）武则天和高宗常优礼道士，著名者有潘师正、司马承祯、尹文操等。汤用彤据《新唐书》所载武后之母荣国夫人杨氏（579—670）去世时"后丐主为道士，以幸冥福"（意为武后乞求皇上借助道法，让母亲能在阴间享福），指出由此可知武后对道教迷信之深。她的子女颇染其风。如李弘升储，立东明观。李显升储，立宏道观。其时武则天当政，二观当是她为其子所立。声名显赫的太清观，本是武则天将自己的独生女儿太平公主送做道姑时，将公主宅第改建而成，史崇玄（即史崇，因唐朝道士双名之玄字，例可省略）为太清观主。睿宗令其二女金仙、玉真公主入道，并于京城各置一观，仍以金仙、玉真为名。二女入道时，靡费巨万，至足惊人。此显系武后送女入道之遗风。

（四）武则天于上元元年进号天后，建立"王公以降，皆习《老子》"（《唐会要》卷七十五）的法度。次年，为其亡子李弘写三十六部《一切道经》。后来玄宗御注《道德经》并疏义，传写分送宫观。这都是贯彻武后旨意的结果。史崇奉敕编撰《一切道经音义》和《一切道经音义妙门由起》二书，最迟当在先天二年（713）完成，《一切道经音义》多达一百四十卷，应在此前数年已奉命撰修，且必有长期准备。故上元二年大规模的写经，也为编撰《一切道经音义》创造了条件。音义书相当于现在的词典，而《妙门由起》[①] 节录道经分为六门，实乃一部道教概要，属于类书，二者均为工具书。工具书之编撰，证明道经受

---

① 汤用彤认为《妙门由起》引用《道德经》、《太平经》等诸多道书皆唐初以前，值得注意。汤用彤：《道藏资料杂抄》，《汤用彤全集》第 7 卷，河北人民出版社 2000 年版，第 593 页。

人注重。而武则天倡读《道德经》，大写《一切道经》，进一步造就了崇道的时代风尚，故她与道教实有长久的因缘。①

《从〈一切道经〉说到武则天》手稿的文末有一节论述，对于总结全篇颇为重要，但不知何故没有发表。笔者近年协助汤一介先生编纂新版《汤用彤全集》，对勘底本时才将其发现出来。弃之诚为可惜，今据原稿录出，以见其全：

> 《册府元龟》影印本589页："睿宗景云二年正月，加银青光禄大夫行太子率更令史崇玄为金紫光禄大夫太清观主"。史崇玄即史崇，是前述编纂《一切道经音义》及《妙门由起》的主持人。《音义》编纂的参加者有达官学者二十四人，其中如崔湜、薛稷、卢藏用、沈佺期、徐坚、刘子玄（知几）等；有名的道士为太清观的张万福等十八人。比之在武后时撰《三教珠英》集名士二十六人（见《唐会要》卷三十六），规模尤为宏大。史崇那时的官衔（已见本文首段）按《册府元龟》载乃是景云二年加封的，因此《音义》应是睿宗景云二年或以后不久敕撰的。先天二年六月太平公主与史崇欲发动政变，失败伏诛；参加编纂《音义》者数人亦均被杀。故《音义》至迟是在先天二年完成。
>
> 现据本文上面零星所述关于唐初一切道经主要事实，依年列述于下：
>
> 上元二年（675），武后为李弘写一切道经三十六部，作《一切道经序》。
>
> 景云二年（711），睿宗敕撰《一切道经音义》，编《妙门由起》。
>
> 先天二年（713），《一切道经音义》及《妙门由起》编撰完成。玄宗及史崇为之作序。

---

① 汤用彤：《从〈一切道经〉说到武则天》，《汤用彤全集》第7卷，河北人民出版社2000年版，第44—46页。

　　按《一切道经音义》现已亡失，只（整理者按：“按”到
“只”字间12字被划去）《道藏经》中尚存有张万福撰《无量度人
经音义》。《广韵序》言及之元青子、吉成子，或均唐时作《音义》
之道士。

或许是因为当时毛泽东对《光明日报》“史学”栏目非常关注，而汤文中
“发动政变……参加编纂《音义》者数人亦均被杀”等表述较为敏感，故
发表时改成用马克思主义的观点分析武则天的信仰。细察底本可以看出完
稿后，汤用彤在助手的帮助下，补充了这样的一些内容：“在中国封建时
代，统治阶级的人提倡佛道二教，基本是为了麻醉人民，巩固其统治地
位，这是必然的。但是同时也可符合其个人利益，贯彻个人信念。信道佞
佛，均看环境机缘，则有偶然性。士大夫之信仰，本有其阶级根源，同时
也有其政治目的。入山求仙也是‘仕宦捷径’，唐代已有这种风气。而吃
斋念佛亦未始非登龙之术。按维摩诘菩萨是未出家的居士，《维摩经》大
讲不二法门，因此在家固亦即出家，中国佛教遂形成居士佛教的潮流。王
右丞信佛，名维，字摩诘，是这种精神之体现。士大夫如此，皇帝亦然。
如梁帝之舍道归佛，唐皇之先道后佛，都是于巩固其统治之中实现自己的
信仰。……武则天虽是满脑子的迷信，但是只要她为百姓也做好事，推动
历史发展，还可以算是进步的。”[1] 汤用彤还以王维在安史之乱时的讽刺
诗为例，说明虔诚之宗教徒“固亦可为有爱国思想之诗人”，以此表明
宗教信仰与历史进步、爱国主义之间并不矛盾。[2] 这种论调在当年普遍
视宗教为封建残余和抨击对象的舆论氛围中无疑具有纠偏导正的作用。
　　汤文最后谦虚地说自己“对于唐初道教，主要就武周的事迹举出一
些例证，粗略论述，希望可供读者一些参考。如要详细研讨，则只能借

　　① 汤用彤：《从〈一切道经〉说到武则天》，《汤用彤全集》第7卷，河北人民出版社2000
年版，第46—47页。
　　② 汤用彤：《从〈一切道经〉说到武则天》，《汤用彤全集》第7卷，河北人民出版社2000
年版，第47页。

用古文一句：'仆病未能也'"①。由于健康原因，汤用彤未及彻底完成这项工作。随后，饶宗颐、富安敦（Antonino Forte）、神塚淑子、任继愈、胡孚琛等海内外学者进而考察了这一时期道教的发展，认为武则天的宗教信仰，前后有重大转变：

武则天早年即深受佛教和道教的双重影响；在其与薛怀义接近时期，主要是出于利用目的而崇佛；及至晚年常游幸嵩山，求长生，兴趣愈加转向道教。公元699年，她由洛阳赴嵩山封禅，返回时拜谒缑山升仙太子庙，触景生情而撰《升仙太子庙碑》文，亲为书丹。碑文借记述周灵王太子晋升仙故事，自赞自诩为武周盛世歌功颂德。碑文题款和碑阴的《游仙篇》杂言诗等，出自与道教深有渊源的唐代书法名家薛稷和钟绍京之手，成为艺术珍品。而薛稷正是汤用彤所指出的《一切道经音义》编纂者之一。碑阴额首有薛曜所书武则天作于改元久视之际的杂言诗《游仙篇》："绛宫珠阙敞仙家，霓裳羽旌自凌霞。……仙储本性谅难求，圣迹奇术秘玄猷。愿允丹诚赐灵药，方期久视御隆周。"唐代皇帝投简求神佑护，近世时有发现。1933年泰安曾出土唐玄宗封泰山的玉简，而1982年于嵩山发现公元700年制成的《除罪金简》反映了武则天晚年信奉道教的加深。金简上镌铭文："大周囯主武瞾好乐真道，长生神仙，谨诣中岳嵩高山门，投金简一通，乞三官九府，除武瞾罪名……"② 这通金简和《升仙太子庙碑》反映了武则天崇道的史实，为一窥绝代女皇的独特个性和内心世界，以及研究初唐社会风尚，提供了极其珍贵的实物资料。

由上可见，武则天似乎是奉行了一种综合性的宗教信仰，以利于她的政治革新。而这种新型信仰却有意无意地融合了中印宗教的内容，其中道教是不可轻忽的关键因素。武则天对佛道二教的兼容并蓄，典型地

---

① 汤用彤：《从〈一切道经〉说到武则天》，《汤用彤全集》第7卷，河北人民出版社2000年版，第47页。

② "囯"、"瞾"是武则天所用新字，"囯"通"国"字，"瞾"取日月当空普照大地之意，为武则天之名。道教有天、地、水"三官"，"九府"泛指各方神仙洞府。武则天投金简后，又服用僧人胡超为其炼制的长生药，顿感"疾小瘳"，便大赦天下，改元久视元年。"久视"语出《老子》五十九章："是谓深根固柢，长生久视之道"，含永生之意。

体现出我国历史上三教关系"和而不同"的特点，这也正是学衡派建构其论衡百家、自成一家的文化哲学的重要资源。

以上新出世文物史料和相关研究使学界对武则天乃至唐代前期的佛道关系、政教关系以及文化融合的认识渐趋深化，但所有这些进展都未脱离汤用彤所开启的研究方向。此皆可归功于汤用彤的学术研究搜求广泛，考订详审，在论证时不仅采用对自己观点有利的材料，而且能对与其观点不相合的材料亦作出合理的分析和解释。汤用彤全面地掌握论据[①]，特别是注意综合使用敦煌道经等新旧史料，无疑是其研究能超越前人、启发后进的重要原因。正如陈鼓应主编：《道家文化研究》"敦煌道教文献专号"中所说，汤用彤"在利用敦煌道教经卷方面，树立了崇高的典范"。[②] 汤用彤积极促进敦煌文物的考察、保护和研究工作，不仅为北大文科研究开出新路，也促成中国敦煌学研究走上历史文献和考古资料相结合的轨道，逐渐改变了"敦煌在中国，敦煌学却在国外"的局面。

在研究初唐政教关系的过程中，陈寅恪一方面证实了汤用彤关于武则天与佛教关系及初唐佛道势力升降的观点，另一方面也作出新论对汤说系统加以推进。而汤用彤在运用敦煌史料整理道藏时，首次揭示出武则天与道教的渊源并不亚于佛教。这一发现开创了武则天与道教关系的研究，也是对陈文的完善。汤、陈二老之文，珠联璧合，各尽其妙，相得益彰，使学界对武则天及初唐皇族的宗教信仰等问题有了较完整的理解。汤用彤和陈寅恪在研究中，摆脱今古文经学的纷争，开启了从文化层次解析历史的先河。他们在宗教思想史、政治哲学史等领域成就卓著，开拓了全新的研究范式，超越了中西方传统的史学，代表了世界史学和文化哲学研究的潮流，而为国际学术界所敬重。[③]

---

① 汤用彤晚年的读书札记，在研究武则天与道教关系的同时，仍继续注意搜集她与佛教关系的新史料，见《佛史资料摘抄》，《汤用彤全集》第 7 卷，河北人民出版社 2000 年版，第 279 页。

② 《道家文化研究》编委会：《编者寄言》，陈鼓应主编：《道家文化研究》第十三辑，三联书店 1998 年版，第 1 页。

③ 参见赵建永：《汤用彤与陈寅恪在初唐皇室信仰问题上的学术思想互动》，《哲学研究》2013 年第 7 期。

第三节　汤用彤道教研究的意义
——道教史学科的草创

由于近代以来道教的持续衰落，及民主科学思潮对它的批判，道教备受冷遇，相关研究论著屈指可数。汤用彤在《王维诚〈老子化胡说考证〉审查书》中说："今日吾人对于道教历史知识甚为幼稚。"① 此语如实反映了当时人们对道教基本认识的欠缺和道教研究草创时期的艰难状况。以近代学术观念把道教作为研究对象是 20 世纪初的事情，正如强昱教授在《百年道教学研究的反思》一文中指出，它与至今为学人推崇的刘师培、汤用彤、陈寅恪、蒙文通、冯友兰等学术大师密切相关。② 这些学者中，汤用彤对道家和道教学科建设的贡献尤为卓著。

一、治学的道教转向

由于佛、道二教的密切关系，汤用彤在研究佛教史的同时，也颇关注有关道教史的问题。其助手任继愈记述：汤先生治学也精研道教思想，"他对道教的关心不下于佛教，只是没有写成著作，他的功力鲜为人知。他写的《读太平经书所见》已透露了坚实的功力。"③ 汤用彤晚年的治学重点已逐步转向了道教。如其自言："解放后，常思治道教史。"④ 他的高足王明教授也说："汤先生在 1954 年大病以前，似乎酝酿着一个研究佛教和道教的宏伟计划，兴致勃勃。"⑤ 这种说法从汤用彤现存的大批读书札记中可以得到证实，他的第一份读《道藏》札记开

---

① 汤用彤：《王维诚〈老子化胡说考证〉审查书》，《汤用彤全集》第 5 卷，河北人民出版社 2000 年版，第 243 页。

② 详见强昱：《百年道教学研究的反思》，《首都师范大学学报》2001 年第 5 期。

③ 任继愈：《〈汤用彤全集〉序二》，《汤用彤全集》第 1 卷，河北人民出版社 2000 年版，第 2 页。

④ 汤用彤：《读〈道藏〉札记》，《汤用彤全集》第 7 卷，河北人民出版社 2000 年版，第 48 页。

⑤ 王明：《道家和道教思想研究》，中国社会科学出版社 1984 年版，第 376 页。

头自记是从 1954 年 4 月起开始动笔。① 同年冬，汤用彤因积劳成疾加之批判胡适运动的刺激，而身患中风，昏迷近一月，幸赖中医救治才转危为安，但此后仍长期卧病休养。这场大病并没有阻断他研究道教的热情，反而促进了他对生死问题和养生问题的感悟。在身体条件许可的情况下，他研读道教经史不辍，为后世留下了一笔丰厚的精神遗产。

（一）读《道藏》札记的价值

汤用彤晚年读《道藏》未刊札记的价值是备受学界关注的问题。近年来，笔者找到汤用彤有关道家道教的大量未刊手稿。由于整理的难度和规模都比较艰巨，所以未能录入初版的七卷本《汤用彤全集》。像《辛未（1931）读书札记·三教融合论》、《壬申（1932）读书札记·晋代儒道释》、《甲戌（1934）读书札记·关于太平道》、《乙亥（1935）读书札记·古旧道经》、《佛教史料杂钞》（共 23 册）中关于道、佛关系的史料等，现刚初步整理出来，拟收入即将新版的十一卷本《汤用彤全集》。笔者新近整理校注的汤用彤两篇遗文《从〈吕氏春秋〉看中国哲学史中的养生问题》和《〈养性延命录序〉校勘札记》，刊于《中国哲学史》2014 年第 1 期首次推出的"汤用彤与医学哲学史"专栏。此外，还有些他的遗稿也将列入整理计划陆续刊出。

从以上遗稿中，我们可略窥汤用彤道教研究的大体经过。鉴于汤用彤对道教研究的开创性和深厚功力鲜为人知，若将其道教研究未刊的文章、札记、资料汇编（约 20 万字），以及散见于已刊各种论著中的关于道家道教研究的文字（约 30 万字）汇总起来，足可辑成《汤用彤读道藏札记》或《汤用彤论道家道教》一书。上述文稿的整理发掘，会使人们对作为一代儒宗兼佛学大家的汤用彤之于道教研究的卓越贡献有更为全面的认识，对于推动当前学界尚显薄弱的道教研究和佛道关系研究，以及了解道教史学科的发展史非常有意义。

汤用彤一生阅读了大量相关道教的典籍，并写有不少道教论文和札

---

① 汤用彤：《读〈道藏〉杂抄》，《汤用彤全集》第 7 卷，河北人民出版社 2000 年版，第583 页。

记。他初阅《道藏》，觉其虽多系神仙长生之谈，但史料庞杂丰厚，便于读书时摘抄有用的材料，并加按语，以供治史者参考。他留下的读道藏札记对魏晋南北朝道教研究材料的搜集整理，颇具学术价值。其札记的特点是十分注意利用金石碑铭和教外文献中有关佛、道教的资料，在这一方面向为国外道教学研究者所忽视。由于语言文字、文化背景等的隔阂，即便他们重视也恐怕难望汤老学识功力之项背。

道教经典的整理是研究道教史的基础，汤用彤跨文化比较视域下的道教研究正是由此展开。汤一介先生认为，汤用彤研究道教史有两个考虑：

> 一是考虑佛道之争的问题。从佛道之争这个角度可能对把握当时思想潮流变化之轨迹有帮助。另一是想对道教经典作一梳理。我们知道，道教的许多经典成于何时、何人所作都不很清楚，这对研究道教史是很不利的。但也很可惜，有两本道教史资料摘抄，因水泡而无法辨认了。①

现收入《汤用彤全集》第七卷《康复札记》中的十八本《读书札记》，原应为二十本，其中四本基本是道教的。在整理过程中，笔者有幸见到了汤一介先生所述那两本在"文革"中被水泡过的道教札记，就其中隐约可辨的字句来看，多为魏晋南北朝时期的道教经史笔记。据笔者初步统计，汤用彤所阅道教经书当在三千卷以上。惜乎，他在知识分子的批判改造运动中病倒，并在十年后不幸去世，使这一可能改变中国道教研究落后状况的宏伟计划付诸东流。他毕生的学术积累未能及时收获成果，成为国际道教研究的重大损失。

（二）倡导道教史学科建设

汤用彤积极倡导道教史的学科建设，重视相关研究人才的发现和

---

① 汤一介：《编者后记》，《汤用彤全集》第7卷，河北人民出版社2000年版，第684—685页。

培养。陈国符 1942 年在汤用彤主持的北京大学文科研究所始得阅读《道藏》，其传世名著《道藏源流考》酝酿于斯。此书"历代道书目及道藏之纂修与镂板"一章还提到："承汤用彤先生告知道宣《续高僧传》载佛寺亦藏道书，谨录于此。"①1957 年 5 月 27 日，汤用彤向中国科学院学部委员会第二次全体会议提交长篇书面发言，在学科建设方面，他倡导整理和出版《道藏》、《太平御览》等重要文化典籍，强烈呼吁：

> 就社会科学方面论，还有一些问题需要我们大力研究，但目前对于这些问题似乎没有人在研究，那么我们就应根据这样的需要来发掘力量。例如，道教史的研究是迫切需要的，因为它的研究将对研究我国农民革命、自然科学史、哲学史等等方面都能起推动作用。但是谁来研究呢？我想应尽快地去发掘这方面的人才。例如，目前在北大图书馆系任教的刘国钧教授曾在这方面作过一些研究，似乎应请他花一部分的力量和时间来参加这一工作。因此，我建议科学院迅速地协助规划委员会了解这方面的情况，了解情况的方法之一，就是向一些老年专家请教。②

他在发言中从保障学术创造力的角度出发，力主应纠正科学研究和教学分家等做法，批评了社会科学界领导对蒙文通、钟泰等老专家不了解、不重用的官僚主义现象，提出应该重视和发现有真才实学的学者，并创造条件使他们能更好地为中国学术作出贡献；还反对学术机构对外闭关。对多年来得不到国外的学者的新书感到不满，主张恢复教授休假制度，派他们到国外去考察研究，加强与国外文化、学术界的交流和联系。这些意见今天看来仍然不失其重要参考价值。

---

① 陈国符：《道藏源流考》，中华书局 1963 年版，序言、第 113、114 页。
② 汤用彤：《改善科学院和高等学校的关系——在科学院学部会议上的发言》，《光明日报》1957 年 5 月 28 日。

在研究中汤用彤注重历史学和文献学的方法，从传统的目录学入手对一些道经进行考证分析，确定了时代，并作有校勘。他不仅注意道教的经典、科仪制度等方面，而且更注重思想史的研究，并有意识地运用历史比较方法，注意搜集整理佛藏中的道教资料和道藏中的佛教资料，注重双向交流造成的文化发展。他重视道教的社会历史文化背景，善于透过历史表象发现问题，像李弘现象、守一、承负、种民、双遣、重玄、道体与道术、养生的哲学意义、心性学、三教本末之辨等等，引起了学界的重视和持续研讨，也有力地回应了世界各国的道教研究。像李约瑟等汉学家常称引汤用彤的著述。

作为道教史学科创立的主要拓荒者之一，汤用彤对道教研究的贡献，不仅表现在具体的结论上，而且表现在他对佛教史的总结，为研究道教提供了可供借鉴的研究方法，以及对道教研究人才的培养上，如王明、任继愈、王维诚、汤一介诸先生，皆成为道教史学科建设的主力。正是汤用彤等前辈筚路蓝缕之功，奠定了中国学者道教研究的基本思路、方法和特色。因此，饶宗颐说："汤用彤先生对于道释宗教史之开拓，懋著功绩，沾被来学多矣。"①

汤一介先生所著《魏晋南北朝时期的道教》全面继承发展了汤用彤道教研究成果、方法和思路，同时提出不少独到见解，揭示了早期道教的发展历程。在他的倡导下，他培养的研究生（如王宗昱、张广保、强昱、杨立华、戈国龙诸君）于《道藏》梳理及道教研究大体上形成了一个系列。② 任继愈主编的《中国道教史》、《道藏提要》也吸收了汤著道教研究的成果，在一定程度上是对汤用彤未竟之志的继续。

二、现代新道家的开启

"新道家"的概念最初是指秦汉黄老学和魏晋玄学，现在则主要指

---

① 饶宗颐：《中国宗教思想史新页——首届"汤用彤学术讲座"演讲辞及其他》，北京大学出版社 2000 年版，第 1 页。

② 汤一介：《我与北大》，《北京大学学报》1998 年第 2 期。

"当代新道家"。它通常的定义为：一切持"同情默应"心态从事道家道教研究的专家学者。新道家较高层次的标准是，凡认可而且力行道家理念，并在新时期建立新体系，使之得到运用的人。从比较宽泛的意义上讲，凡崇尚自然和自由精神，愿意遵循自己的本真天性来生活，也不妨碍别人按其天性生活的所有现代人，都是新道家。无论按以上哪种标准来衡量，汤用彤无疑都可以属于现代新道家的阵营。

陈鼓应、胡孚琛诸先生都认为，汤用彤可谓当代新道家。胡孚琛先生在《道学通论》、《新道学与21世纪的文化战略》、《新道学的八大支柱》等论著中，提出一套新道学体系，包括道家、道教、仙学等内容。他认为新道学是解决当前全球各类严重社会问题的重要方法，会成为未来世界各国领导人的主导思想，是中华民族21世纪的文化战略。他提出"要创立有时代精神的新道学，并继承魏源、严复、吴虞乃至汤用彤、胡适、陈寅恪、王明、陈撄宁、金岳霖、方东美、宗白华、萧天石等人的道家传统，形成当代的新道家学派。"[1] 陈鼓应先生主编的《道家文化研究》推出新道家研究专号，认为汤用彤与蒙文通是学者中深具道家情怀的典型代表，"堪称当代新道家"。[2] 孙尚扬教授在《本体与境界——论汤用彤的玄学观》一文中则具体展示了汤用彤对魏晋玄学中道家思想的阐扬。[3]

在汤用彤与道家道教的整体关系的研究方面，学界仍有很大的发掘空间。汤用彤对严复等新道家的自由观念多有发挥，他与胡适、陈寅恪、王明、金岳霖、方东美、宗白华等早期道家道教研究的开拓者，都有深厚的学术交往。他对陈撄宁先生的道教研究也很关注，其现存遗稿中就影印有陈先生的文章。汤用彤还率先关注到槐轩学派传人兼浙东学

---

① 胡孚琛、吕锡琛：《道学通论》，社会科学文献出版社1999年版，第107页。

② 陈鼓应：《道家思想在当代》，《道家文化研究》第二十辑，三联书店2003年版，第5页。

③ 孙尚扬：《本体与境界——论汤用彤的玄学观》，《道家文化研究》第二十辑，三联书店2003年版。

派大家刘咸炘的道教研究①。1960 年 1 月 10 日，他致函蒙文通论学时提到："近年颇思研究道教史，记得《图书集刊》中，有刘咸炘老前辈关于道教史研究一文，不知兄处尚存有《图书集刊》否？如有，望寄弟一份。《图书集刊》中，似尚有其他与道教史有关论文，望一并寄弟。"② 由于蒙文通的回函还没有发现，他是否给汤用彤寄去了"与道教史有关论文"的具体情况尚难断定。但笔者在汤用彤现存藏书中找到一册顾颉刚与杨向奎合著的《三皇考》（1936 年 1 月《燕京学报》专号），内页有毛笔题记云："文通师惠存　学生杨向奎谨赠"。蒙文通此书何以存于汤家，这自与他和汤用彤在道教学术上的密切交流有关。

《三皇考》从宗教学的角度界定有关"三皇"的远古神话传说，最初是由顾颉刚 1929 年开始在燕京大学所授《中国上古史研究》课程讲义中的"三皇"部分改编而成。1933 年，顾颉刚和蒙文通的弟子杨向奎续写，增加了由《道藏》中材料补充的"太一行九宫"等内容，次年春完稿，在《燕京学报》发表后收入《古史辨》第七册中编。顾颉刚与杨向奎联手合作《三皇考》的初衷，可见之于他在《古史辨》第一册自序中所说："一部《道藏》，用实用的眼光看固然十之八九都是荒谬话，但若拿它作研究时，便是一个无尽的宝藏；我们如果要知道我们民族的信仰与思想，这种书比儒学正统的《十三经》重要得多。"③当时汤用彤正在写作的《汉魏两晋南北朝佛教史》于梳理佛道关系时，亦涉及"三皇"、"太一"等问题。蒙文通作为上古史专家，虽然常需要参考《三皇考》，但他与汤用彤、钱穆号称"岁寒三友"，自然知晓它对汤用彤的价值，故而将此书转赠给他。该书由汤一介先生珍藏于北京大学治贝子园。

---

① 刘咸炘的祖父刘沅（1767—1855）著《槐轩全书》，融道入儒，旁通禅佛，创立槐轩学派，同时形成了一个民间宗教派别即刘门教，至今仍盛行不衰的中医火神派系其支脉。经过汤用彤、萧天石、肖萐父、李学勤、马西沙诸先生的开拓，近年来海内外已展开对刘门教的系统研究。

② 蒙文通：《汤锡予来函》，四川大学历史文化学院编：《蒙文通先生诞辰 110 周年纪念文集》，线装书局 2005 年版，第 37 页。

③ 顾颉刚：《古史辨自序》，《古史辨》第一册，朴社 1926 年初版。

汤用彤温润如玉的君子风范，虽然也能从儒家和佛家的思想体系中找到某些渊源。但笔者认为，仅从儒家和佛家的角度去解读汤用彤与传统文化的关系是远远不够的。实际上，汤用彤对道家道教文化的研究和体悟也达到了相当高的水准，道家文化对他的影响和启示，并不在儒家和佛家文化之下。对于汤用彤的"道家情怀"，笔者认为不仅体现在他对道家道教的"同情默应"的深入研究上，而且其立身行己在三教兼宗中最具道玄特色。汤用彤自青年时期就对道家怀有非同寻常的敬意，并于日常生活之中身体力行，力求实现理性的升华，所以他对于道家道教的研究多有自己独到的真知灼见，深得其内涵之精髓，为学术界所称颂。

汤用彤年方 21 岁即在《清华周刊》第 20 期（1914 年 11 月）发表《新不朽论》，立论以为："如能发明药品，能去人身自发之毒，则人必可不死，是身体不朽，亦非不可见之事实，惟在此药品之发明耳。""然若能有法去此毒，死亦可逃，古之所谓长生药者，无乃指药能去此毒者而言耶。"[①] 该文结合当时科学前沿成果，重新诠释了道家"长生药"的现代意义，表达了他对借助发展现代科学手段而使生命不朽的无限向往和期待。他 25 岁那年在致清华知友吴芳吉函中说："吾羡老氏之高远，而不信其可行于世。"[②] 汤用彤景慕老子，但是年少时的他困惑于寻觅不到道家玄远之学落实在现实社会中操作层面的途径，因而感慨世人陷于迷途不知自返于道。

汤用彤性喜不争，恬淡中和，著述中常盛赞隐士高人之"嘉遁"（语出《周易·遁卦》），并以此来论知识分子的理想人格。而按冯友兰和南怀瑾先生的说法，道家正是渊源于隐士思想，而后演变为老庄或黄老学派。汤用彤还以此道家的"嘉遁"理想来力劝时任驻美大使的胡适，在完成国难期间的历史使命后"功成身退"。其语典出《老子》第 9 章："功成身退，天之道也。""功成身退"符合自然之道，它是一种政治智慧，也是一种明智的人生抉择。故而汤用彤以此立场来劝诫胡适

---

① 汤用彤：《新不朽论》，《汤用彤全集》第 5 卷，河北人民出版社 2000 年版，第 37—38 页。

② 吴芳吉：《吴芳吉集》，巴蜀书社 1994 年版，第 1217—1219 页。

（特别是在胡适拟参加国大会议和出任国府委员之际）不要参与国民政府做粉饰太平的装饰。①

道家道教通过回归自然的方式返本复性以发现真实自我（包括身体和心灵方面），汤用彤颇为欣赏这种思想所蕴含的现代价值。因为违背自然之道是世乱祸首和罪恶的根源，道家则对消除这种异化，发扬人之自然本性早有清醒的自觉。汤用彤读《道藏》札记特选录元代李鹏飞著《三元延寿参赞书》序一段曰："所谓养生者，既非垆鼎之诀，使惮于金石之费者，不能为；又非吐纳之术，使牵于事物之变者，不暇为。郭橐驼有云：'驼非能使木寿且孳也，以能顺木之天而致其性焉耳。'仆此书不过顺夫人之天，皆日用而不可缺者。故他书可有也，可无也，此书则可有也，必不可无也。"② 汤用彤按云："很好！"③ 汤著皆尽量避免表现出自己的主观好恶，而此处难得的感叹表明了他对道家基于人本性需要而敬重生命的普世价值的共鸣与契赏。

汤用彤以无为而治的理念，主管治理北京大学、西南联大等院校，绩效显著。汤一介先生对父亲为人行事的道家"无为"作风颇有感受。他说："我记得他当哲学系主任只管两件事：一是聘请教员，二是指导学生选课。其他事他大多不闻不问。这可能也是他少与人发生矛盾的原因之一。当时哲学系只有一个半时助教，管管日常收发；文学院也只有一个办事员。我认为，这样精简的机构是比较适合学校的运作的。人员少了矛盾少了，就可以行'无为之治'。"汤用彤的学生郑昕于1956年接任北大哲学系主任时说："汤先生任系主任时行无为而治，我希望能做到有为而不乱。"汤一介先生对此评论道，现在看来，"无为"比"有为"确实高明。④

---

① 参见耿云志主编：《胡适遗稿及秘藏书信》第36册，黄山书社1994年版，以及汤用彤《思想检查自述稿》（未刊）。

② 《三元延寿参赞书》详论生活起居各方面的养生之道，载《正统道藏·洞神部·方法类》深字帙。

③ 汤用彤：《道藏资料杂抄》，《汤用彤全集》第7卷，河北人民出版社2000年版，第583页。

④ 汤一介：《昌明国故，融会新知》，《汤用彤选集》，天津人民出版社1995年版，第14页。

无为而治是一种极高明的原则，需要大智慧的人物恰如其时地推行，对于中下之才和一些急需魄力进行关键领域改革和突破的时代，过于强调形式上的不作为，而不深入无为之真谛，则难免失于皮相。因为道家的"无为"之教，并非让人什么都不去做，而是制止违反自然规律的行为，避免做错误蠢事的瞎折腾，从而达到"无不为"的最佳效果。吴宓云：汤用彤"治事处世，纯依庄老，清净无为，以不使一人不悦为原则。"① 这一描述颇为符合《道德经》第 27 章中"常善救人，故无弃人，常善救物，故无弃物"的圣贤气象。难怪冯契说"鲁迅在《出关》中说，同是一双鞋子，老子的是走流沙的，孔子的是上朝廷的。汤先生有点像老子。"② 作家刘绍棠在《想起老校长》一文中形容汤用彤"这位哲学界的老前辈，很像鲁迅先生笔下的《出关》中的老子"③，比喻可谓贴切。邓艾民也说汤用彤有似推崇老庄的阮籍那样发言玄远。④

以上各种观点分别是就汤用彤的道家品格中不同方面而言的，似与他为新儒家或佛学家之说相矛盾，然而却都表明了他与道家的密切联系。其实，说汤用彤是道家、儒家、佛家也好，是现代学者也罢，它们在汤用彤所达到的"接通华梵，会通中西"的境界里，都是相通的。人们各从自己的感知结构来认识汤用彤的学术和人格趣向，难免有盲人摸象之感。因此，不可以过于执着于用新儒家、新道家、新佛家这些标签和名相来局限住对于汤用彤的研究。对此问题，汤用彤生前也没有自下定论，甚至这对于他来说根本构不成一个问题。而另一方面，会通中西印的境界是需要有具体内容来支撑的，新儒家、新道家、新佛家这些提法也可以丰富我们对于汤用彤思想维度的认识。总之，运用之妙，存乎

---

① 吴宓在 1938 年 10 月 5 日记中还说："汤用彤君对友，于私情上甚为关切。然其事故最深，故亦最得人心。（被举为教授会主席。现任哲学系主席，兼研究院主任，继胡适也）。"《吴宓日记》第 6 册，三联书店 1998 年版，第 359 页。

② 冯契：《忆在昆明从汤先生受教的日子》，《国故新知》，北京大学出版社 1993 年版，第 38 页。

③ 刘绍棠：《想起老校长》，《刘绍棠文集》第 10 卷，北京十月文艺出版社 2003 年版，第 413 页。

④ 邓艾民：《汤用彤先生散忆》，《燕园论学集》，北京大学出版社 1984 年版，第 63 页。

一心，我们提出概念的目的是为了方便对于事物的研究，但是要规避概念的局限性和简单化的倾向，以求对事物认识的全面性和客观性。①

总之，汤用彤对道教研究的贡献，不仅表现在具体的结论上，而且表现在他对宗教文化的通盘把握，奠定了中国学者道教研究的基本思路和方法。近些年，道教研究尽管取得长足进展，但依然是亟待大力开发的学术领域。时至今日，对于道教史研究的深化，我们仍然无法绕开汤用彤所确立的具有划时代意义的研究视角和方法。特别是他对早期道教的奠基性研究，为后人于道教史继续开拓树立了光辉榜样。

---

① 参见赵建永：《汤用彤的道家品格》，《中国道教》2013 年第 3 期。

第七章

玄学研究

——开创魏晋玄学与三教关系研究

学界论介汤用彤佛教研究的文章最多，而对作为他研究佛教重要背景的魏晋玄学则讨论得相对较少。只有深入探讨汤用彤关于玄学史体系建立的缘由、过程及主旨，才能更好地把握他的学术成就。本章在前贤基础上，尽可能全面利用汤用彤其他已刊和未刊的有关成果对其玄学研究重新加以审视，阐述汤用彤研究魏晋玄学的背景、历程、贡献和意义，希望有助于拓展对其学术思想的认识以及相关研究的深化。

第一节　魏晋玄学的开创历程
——哲学断代史研究的典范

中国现代意义上的魏晋玄学研究，学术界公认是由汤用彤开创的。他率先提出以"有无之辨"来概括魏晋时期的主要思想论争，并由此出发，历史地考察各派思想的演变，从而揭示出玄学发展的主线。这是他对中国学术史具有里程碑意义的一大贡献。魏晋玄学的主要方面，像玄学各派的演变、自然名教之争、言意之辨、玄学与佛教关系、本末有无之争等问题之讨论，皆由《魏晋玄学论稿》中诸文所揭橥，是中国哲学史上颇具原发性的学术创获。

一、《魏晋玄学论稿》的结集

以往学界认为，汤用彤在抗战期间没有继续研究佛教史而转向魏晋玄学，是因为1938年他到云南后，两箱《大正藏》丢失于运途中，手头缺乏佛教资料。而从现存汤用彤读书札记来看，这一说法则可修正。实际上，他早在1932年就已开始了对玄学的研究。他的《壬申（1932）读书札记》（第一册缺失）第二册中继汉代佛教初传东土的研究之后，即是《魏之玄学》、《晋代儒道释①》、《章安玄义》、《顿渐三说》、《佛性》、《性理无二》等篇。其中《魏之玄学》认为何晏、王弼、阮籍、嵇康等玄学家的"无为论"是讲"knowing Being"（体会形而上之存在），说明他此时已注意到玄学的本体论特点，并将其放在儒道释关系发展史的整体链条中来研究。而本体论的发现正是现代学术意义上的魏晋玄学研究创始的主要标志。

冯友兰虽然此前已涉足玄学研究，但是并未发现玄学区别于汉代经学的本体论特征。冯友兰著《中国哲学史》特辟《南北朝之玄学》上、下两章来讨论何晏、王弼到郭象等玄学家。他在时段界定上将玄学与佛学同归于南北朝时期，这种朝代上的误置，受到人们的非议。盖因他所谓"南北朝"是从广义而言，包括了魏晋，所以在人物上也研究了何晏、王弼等人。1934年8月，此书上下卷由商务印书馆出版，玄学一章虽然会在更早写出，但从时间上看，只能证明冯友兰的玄学研究成果是发表在前的，至于汤用彤是不是基于冯友兰的研究，以及汤用彤对玄学的研究实际上是否在冯友兰前面，尚待更多证据的发现。

冯友兰自评："我的《中国哲学史》两卷本在三十年代发表以后，我

---

① 内有：（一）释因道以起（二）老子化胡之说（三）儒释（四）问题等章节。

总觉得其中的玄学和佛学部分比较弱，篇幅不够长，材料不够多，分析不够深。在四十年代，卜德先生翻译下卷的时候，我曾经对其中的玄学部分作了一些补充……"①汤用彤对冯友兰早期发表的玄学研究成果有明显的突破和发展，而冯友兰晚年则对汤用彤的魏晋玄学研究体系有所丰富和推进。冯友兰认为《中国哲学史新编》经过改写的玄学和佛学部分与两卷本的有关内容相比，材料、篇幅没有加多，但是分析加深的原因是抓住了玄学和佛学的主题来说明它们发展的线索。此前，张岱年写成于1935 至 1937 年间的《中国哲学大纲》以"中国哲学问题史"为副题，虽发掘出了本根论问题，但依然没能揭示出中国哲学的本体论问题。②因此，冯友兰特别指出："汤先生在魏晋玄学研究中，最突出的贡献在于提出玄学的本体论问题，这是研究魏晋玄学的一把钥匙。"③汤用彤揭示了玄学的本体论特征，为学界凭借这一指针抓住玄学乃至中国哲学的主题并厘清其发展线索，开辟出前进的道路。

通过汤用彤 1932 年到 1937 年因"七七事变"才中断的 8 册读书札记④，我们可以看出，他对玄学及其与佛教关系的认识呈逐步加深的轨迹，并力图充分反映魏晋南北朝佛教与中国本土的玄学、道教、儒家思潮由冲突到融合的进程。《汉魏两晋南北朝佛教史》出版后尽管誉满学界，然而他仍不满意，多次欲加修订。从这些札记可以看出，他拟补充的内容当指玄学及其与道家道教和儒家之间关系方面。这也可求证于1938 年出版此书时，他给王维诚信中所说：

> 彤到滇已三月，因西南联合大学文学院移设蒙自，遂复来此地。……彤去年本欲于今年休假期间进研五朝玄佛之学，但现值变乱，虽稍稍观览，然未能专心。……现于魏晋学问，又有所知，更

---

① 冯友兰：《中国哲学史新编》第四册，人民出版社 1986 年版，第 1 页。
② 参见张岱年：《中国哲学大纲》"第一部分 宇宙论"，中国社会科学出版社 1982 年版。
③ 李中华：《北京大学举行汤用彤先生诞辰九十周年纪念会》，《哲学研究》1983 年第 6 期。
④ 这些札记的部分按语，已作为附录整理收入《用彤先生有关"中国佛教史"的若干材料》。详见汤用彤：《汉魏两晋南北朝佛教史（增订本）》，北京大学出版社 2011 年版。

觉前作之不足。①

汤用彤认为《汉魏两晋南北朝佛教史》对中国本土思潮反映得不够充分，故而开始专门研究魏晋玄学。这是因为玄学虽是老庄思想的新开展，但也是对儒家经典的新诠释，而且还是佛教得以融入本土文化的桥梁。汉魏晋南北朝时期的玄学是当时本土文化的典型形态，佛教必须依附于其下才能为国人所接受。理清佛教与玄学融和的过程，须先理清玄学自身的理论根源及其相互关系。因此，汤用彤在完成《汉魏两晋南北朝佛教史》后，由对佛教的研究进入对玄学和道家道教的研究，是合乎逻辑的发展过程，只有如此才能更进一步说明佛教中国化的过程。这都说明汤用彤佛书的丢失只是他研究玄学的表面原因，其深层原因是想深入探究中国哲学未曾中断的传统。他倘若没有丢失佛书，只不过会更加侧重玄学与佛教的关系而已。由此亦可见，他是站在中国文化通史研究的高度来写玄学断代史，特别注重玄学思想发展的前因后果的连续性，因此可以说他的玄学研究是"断代史不断"。

汤用彤《癸酉（1933）读书札记》第一册中有《玄风之南渡》、《理字原起》、《颜延之与佛教》、《判教》诸篇，以及《汉上易传》、《周易要义》、《周易正义》、《郭氏传家易说》、《易原》、《周易集解》、《周易集解纂疏》等易学书注引京房、马融、郑玄、荀爽、宋衷、王弼、韩康伯、向秀等人关于大衍之数、太极义、穷理尽性等问题的笔记。这说明汤用彤研究汉代宇宙论向魏晋玄学之本体论演进的过程，是从先理清汉魏间易学之变迁入手的。这为他日后写《王弼大衍义略释》、《王弼之〈周易〉〈论语〉新义》做了准备。此时他已找到以对"大衍义"的解析作为切入点，来揭示汉代象数易学与玄学本体论易学之根本差别。而此差异发生过程亦即汉学向玄学之具体演变。由此，他后来明确指出："王弼注《易》，摈落象数而专敷玄旨。其推陈出新，最可于其

---

① 《汤用彤致王维诚信一通》，耿云志主编：《胡适遗稿及秘藏书信》第24册，黄山书社1994年版，第511—512页。

大衍义见之。"① 通过汉魏间易学变迁之迹的梳理，他从哲理上揭示出玄风渐兴之进程。第二册是以"理为佛性"主线所写关于佛性问题的资料摘抄和札记。"穷理"一节中写生公、谢候之"见理"到僧宗"性理不殊"的演变，并注明"此与顿（悟）义有关"；末有"辨体用"一节。这些研究说明印度佛教虽对中国思想有重大作用，但仅是助因，并不能改变中国文化的根本性质和发展方向。

在以上研究的基础上，汤用彤于 1936 年开设"魏晋玄学"课程。这是现知最早正式使用"魏晋玄学"名称的课程，也是其玄学史研究逐渐为学界所知的开始。他为了纪念这一年讲授此课，而为其幼子命名为"一玄"，可见他对玄学的重视。解放前，学界虽感到这一阶段的思想形态有其特色，但还没有形成固定的名称，有人称之为"清谈"、"玄谈"、"思辨之学"、"魏晋思想"、"汉唐玄学"、"五朝学"等等。孙尚扬认为："自用彤始，学界统称魏晋思想为魏晋玄学。"② 汤用彤首先用"魏晋玄学"来概括魏晋时期的思想，今天这一名称已为学界所普遍采用。

在西南联大期间，汤用彤对玄学用力更多，并想以问题为中心来写一部《魏晋玄学》，抗战中因生活极不安定而未完成，但他于 1939 至1947 年期间陆续写成 9 篇开拓性的论文，可视为此书中的部分章节。

1939 年，汤用彤关于魏晋玄学的第一篇专文《读〈人物志〉》发表于昆明《益世报》读书双周刊第 119 至 121 期，旨在探讨魏晋玄学思想的渊源。该文经修订后，于次年定名为《读刘劭〈人物志〉》发表于《图书季刊》新 2 卷 1 期。

1940 年，汤用彤在《国立北京大学四十周年纪念论文集》发表《魏晋玄学流别略论》和《向郭义之庄周与孔子》。前文是其魏晋玄学研究的总纲，扼要评述了玄学思想发展史。后文论析了向秀、郭象《庄子注》以"儒道为一"的思想。随后，他写成《言意之辨》综论魏晋

---

① 汤用彤：《王弼大衍义略释》，《汤用彤全集》第 4 卷，河北人民出版社 2000 年版，第 54 页。
② 孙尚扬：《汤用彤》，东大图书公司 1996 年版（台北），第 206 页。

玄学方法论，并以此视角比较了汉代经学与魏晋玄学的根本不同。该文当时未正式发表，1942 年曾由北京大学文科研究所油印散发。

1942 年，汤用彤《王弼大衍义略释》发表于《清华学报》第 13 卷第 2 期。1943 年，《王弼圣人有情义》发表于《学术季刊》第 1 卷第 3 期；《王弼之〈周易〉〈论语〉新义》发表于《图书季刊》新 4 卷第 1、2 期合刊。这三篇论文以王弼作为个案研究来"以分释全"，阐明了宇宙构成论到本体论在汉魏之际的转变。《王弼之〈周易〉〈论语〉新义》一文 1947 年由奥地利汉学家李华德译成英文刊于美国《哈佛亚洲研究杂志》①，引起了西方学术界的重视。

1946 年，汤用彤《谢灵运〈辨宗论〉书后》②发表于天津《大公报》10 月 23 日《文史周刊》第 2 期，详论道生顿悟说在中国哲学史上的意义。《魏晋思想的发展》是根据石峻记录的汤用彤在联大一次演讲整理而成③，1947 年 7 月发表于《学原》第 1 卷第 3 期，后来作为附录收入《魏晋玄学论稿》。该文综述魏晋玄学的产生发展及与外来佛教的关系，可视为汤用彤对自己玄学研究的总结。

汤用彤既运用中国传统考据方法，又以西方科学的研究方法分析玄学家们的著作，作出严谨细致的解释和结论，从而开创了对魏晋玄学的研究，并奠定了魏晋玄学的整体研究框架和方向。他关于玄学和佛教史

---

① Wang Pi's New Interpretation of the I Ching and Lun Yu（Translation and Notes by Walter Liebenthal），*Harvard Journal of Asiatic Studies*，Volume10，No. 2. 李华德（Walter Liebenthal，1886—1982）曾英译《肇论》（其中发挥了汤用彤的相关论述）、《六祖坛经》。

② 《魏晋玄学流别略论》和《谢灵运〈辨宗论〉书后》在刊印前的底稿，由时任汤用彤助手的杨辛先生手书。它们既是汤用彤开创魏晋玄学研究的奠基之作，也是杨老翰墨生涯早期硕果仅存的书法创作，集学术性、思想性、艺术鉴赏及文物价值于一体，珠联璧合，弥足珍贵。古人云"字如其人"、"书为心印"。杨老手书的汤文，工整清晰，一字不苟，几如碑帖，以后如能集成专辑影印出版，诚不失为学界和艺坛一段佳话。

③ 该文底稿由石峻正楷手书，汤用彤于其上略加增删后发表，今存北京大学燕南园。我们目前正在新编的《汤用彤全集》，不论如何齐全，终究以其作品的最终成果为主，很难反映他的写作过程。而从手稿反复修改的墨迹中，更能亲切体会到汤用彤对著作精益求精的精神和治学的风格。影印手稿作为一种更为鲜活的文本，见证了一代宗风的形成轨迹，可视为其艺术和学术的共同结晶。

的研究与教学对中国哲学史学科建设作出了划时代的历史性贡献。

北京大学出版社 2010 年推出的"汤用彤学术精选集"之二《魏晋玄学论稿及其他》就充分展现出了汤用彤在魏晋玄学及相关领域研究的治学硕果。与这套"精选集"中的《隋唐佛教史稿》、《印度哲学史略》和《印度佛教汉文资料选编》三册不同，《魏晋玄学论稿及其他》旨在选取汤用彤最有学术价值的论文汇编成集，包括《魏晋玄学论稿》、《往日杂稿》、《康复札记》三部分。其中的《魏晋玄学论稿》是汤用彤玄学研究中最具代表性的文字。除此之外，《魏晋玄学论稿及其他》还有不少关于印度哲学、佛教①、道教、西方哲学等学科的论文，内容丰富、考订细密、行文古朴厚重，长期受到学界的关注，也都是该领域的经典传世之作，令人能够从中领略到汤用彤治学的概貌与脉络。

中华书局曾于 1983 年 5 月出版了经汤一介先生在 20 世纪 60 年代初和 70 年代末到 80 年代初整理的《汤用彤学术论文集》，虽也收入了《魏晋玄学论稿》、《往日杂稿》、《康复札记》，但仅 23 万字，且早已绝版。而《魏晋玄学论稿及其他》出版前又经汤一介先生和编校人员重新审定，增补了十万字的内容，并非对以往著作的简单再版。其中增加了以往的版本多未收入的重要文献，如《魏晋玄学论稿》的《小引》和《引用书简目》。这两篇重要文献甚至在河北版和佛光版《汤用彤全集》中都被疏漏了。

二、玄学研究的影响

汤用彤晚年将上述 1938 至 1947 年发表的九篇论文略加修订②，汇集成《魏晋玄学论稿》，1957 年由人民出版社印行，1962 年、1983 年中华书局再版，迄今在大陆和台湾已再版十多次，但仍供不应求。汤用彤为《魏晋玄学论稿》新写有《小引》和《引用书简目》。《小引》系

---

① 其中增录了汤用彤与胡适研讨佛教史若干有价值的新材料。

② 笔者曾将《魏晋玄学论稿》与其原稿对勘，发现汤用彤的修订多在字句的表述方面，如删简了一些中英文对照的范畴中的英文词。关于汤用彤对待旧作的态度，王元化有很高的评价。详见王元化：《谈汤用彤》，汤一介、赵建永编：《汤用彤学记》，三联书店 2011 年版，第 71 页。

于《魏晋玄学论稿》首版前夕，汤用彤在助手汤一介先生协助下写成。《小引》从多方面对其魏晋玄学研究工作加以解说，这对于进一步揭示玄学发展的线索，以及了解他的治学理路及其当时的思想状况都颇有价值，可以作为阅读其《论稿》的一种向导或序言。《引用书简目》则不仅写明其资料来源，还列出相关的较为可靠版本的信息，为学界更好地阅读该书和研究书中的问题提供了便利。

蒙文通在《魏晋玄学论稿》首版刊行之际就致函汤用彤评论该书："体大思精，分析入微，实魏晋以后之奇书。论诸家异同，如辨缁渑，于古人思想体系和造诣，论之极深，于各家学术问题范围，所论亦广。""其每造一句、每下一字皆有来历。此唯精熟古书而后能之。""读论首小引，于兄拟作诸章，不免小憾，但读之及半，然后知未作各章亦可不续作，倘读得此书明了者，亦可以循旨补作。"①

《魏晋玄学论稿》既有对资料的全面、认真的梳理，也深蕴着他对往哲先贤深刻的同情之了解，更包含着他对西方哲学方法、范畴不露斧痕的精熟运用。书中对玄学主要问题进行深入分析，揭示出魏晋思想与汉代思想之区别，总结了玄学的主要发展阶段，对玄学代表人物的思想作出了精湛的评述，呈现出魏晋玄学的起源、发展、流变的清晰轮廓及其内在线索，而且将当时佛教般若学放在玄学思潮中予以研究，开文史哲结合以研究玄学与佛教的风气，与其《汉魏两晋南北朝佛教史》堪称双璧。

《魏晋玄学论稿》虽说只是薄薄的一本论文集，但它清晰地勾画出魏晋玄学思想发展史的轮廓，已具备了专著的规模，至今仍哺育着学界对魏晋玄学的研究。李泽厚认为："汤用彤七万字的《魏晋玄学论稿》能抵得上别人七十万字。书不在乎多，文章也不在乎长，就是看有没有分量。"②《魏晋玄学论稿》的朴实厚重及其典范作用，我们可从玄学研

---

① 蒙文通：《致汤锡予书》，四川大学历史文化学院编：《蒙文通先生诞辰 110 周年纪念文集》，线装书局 2005 年版，第 36 页。
② 李泽厚：《没有新意就不要写文章》，李泽厚、刘绪源著：《该中国哲学登场了？——李泽厚 2010 年谈话录》，上海译文出版社 2011 年版，第 120 页。

究界领军学者的以下评论中略窥一斑。

张岱年认为：汤用彤对于魏晋玄学的研究，也是开风气之先。[①] 许抗生教授更具体地指出："《魏晋玄学论稿》已经不是一般的论文集，而实是一部简明的且思想又是十分深刻的《魏晋玄学》专著。从某种意义上说，它是我们当代魏晋玄学研究的一部奠基著作。它开启了我们一代魏晋玄学研究的新的时期。我们可以这样说，从本世纪五十代起，时至今日，我们学术界所开展的魏晋玄学的研究，都是在汤先生的《论稿》一书的思想基础之上展开的，皆是在对《论稿》一书的思想加以这样那样的发挥而已。"[②]

王元化说："他在《魏晋玄学论稿》中谈到王何、阮嵇、向郭诸人时，绝无一字一句涉及西方哲学。他所具有的深厚的西方哲学功底，倘不细察，是无法从字里行间寻找蛛丝马迹的，如撒盐水中，化影响于无形，不留任何痕迹。正如陆游诗中所云'功夫深处却平夷'。就这一点来说，我觉得他的史著和胡适的《中国哲学史大纲》是显然不同的。这种分歧，追其根源，可以从两人对中国文化如何吸收西学的看法方面去究其底蕴。用彤先生很早就倡中外文化融贯说，主张将西学化于中国文化中。这不仅是一种理论，而且他把这理论严格地贯彻到撰写学术著作的实践里。"[③]

孔繁说："汤用彤先生对魏晋玄学的研究，是他对中国思想史的一

---

① 张岱年：《深切怀念汤锡予》，汤一介编：《国故新知》，北京大学出版社 1993 年版，第42 页。

② 许抗生：《汤用彤先生对魏晋玄学研究的贡献》，张岱年、汤一介等编著：《文化的冲突与融合——张申府、梁漱溟、汤用彤百年诞辰纪念文集》，北京大学出版社 1997 年版，第 171 页。

③ 王元化还说："我虽然没有机缘拜识用彤先生，亲聆他的教诲，但用彤先生的著作，却一直是我作为指导自己治学道路的良藏。六十年代初，我撰《文心雕龙》讲疏时，曾向熊十力请教佛学；但使我更获教益的却是用彤先生的两本著作：《汉魏两晋南北朝佛教史》与《魏晋玄学论稿》。拙著中所述魏晋玄风与般若性空之学的关系，悉本汤说。十力先生自开户牖，多一家之言，长于启迪思想。用彤先生则偏重于史实的阐发与剖析，有助于理解当时的思想源流和各家各说之间的错综复杂关系。正由于这缘故，我在书中每每引证用彤先生的说法，而未及十力先生的著作。"王元化：《谈汤用彤》，汤一介、赵建永编：《汤用彤学记》，三联书店 2011 年版，第69—70 页。

大贡献。自汤先生以后，研究玄学的著作虽不断出现，然而尚未见到有能超过汤先生者。""汤先生有关研究玄学的著作是他为我们留下来的宝贵的文化遗产，我们应当永远加以珍视。"①

余敦康先生说："实际上，我所从事的不过是一种常规研究，是在汤用彤先生学术工作的基础上起步的。汤用彤先生于四十年代写成的《魏晋玄学论稿》，站在哲学的高度，指出汉魏思想发展的基本线索乃是从宇宙论向本体论的转变。这个看法使我受到很大的教益和启发，我只是把这个看法向社会政治的领域延伸，试图证明玄学本质上是一种以本体论的哲学为理论基础的内圣外王之道。这种不同于汉代经学思潮的新型的内圣外王之道凝结了当时人们的哲学追求和价值理想，成为那个时代的时代精神的精华。"②

楼宇烈先生说："汤老在学术上的博大精深，他的专著和论文，对我在学术上的成长是有深刻影响的。我对魏晋玄学研究的兴趣，可以说完全是在汤老《魏晋玄学论稿》一书的启迪下萌发起来的。"③

《魏晋玄学论稿》成为学人窥探玄学的启蒙书的缘由，汤一介先生做了精辟的概括，可做该书的定论："《魏晋玄学论稿》虽未包含先生打算写的全部问题，但仍可以说'魏晋玄学'中的最主要的问题已经得到圆满的解决，至少我们可以说没有认真研读过《魏晋玄学论稿》的学者，要想在'魏晋玄学'的研究上取得新成果是很困难的。"④

学界一致肯定汤用彤对魏晋玄学研究所作的突出贡献表现在：（一）他勾画出魏晋玄学发展的基本轮廓，揭示出玄学缘起、性质及其发展阶段。（二）他提出言意之辨等重要研究课题，并作出深入分

---

① 孔繁：《本体论玄学之发现》，汤一介编：《国故新知》，北京大学出版社1993年版，第79、80页。

② 余敦康：《自序》，《何晏王弼玄学新探》，齐鲁书社1991年版，第1—2页。

③ 楼宇烈：《"文化之研究乃真理之讨论"——读汤老两篇旧文》，《燕园论学集》，北京大学出版社1984年版，第79页。

④ 汤一介、孙尚扬：《〈魏晋玄学论稿〉导读》，《魏晋玄学论稿》，上海古籍出版社2001年版，第2页。

析。（三）他指出玄学发展的基本线索，认为其中心问题是"辨本末有无之理"，这对分析玄学家的各自特点及异同，提供了可遵循的衡量标准。（四）他精辟而辩证地论证了玄学与佛教的关系，认为佛学深受玄学影响，同时也使玄学深化。（五）经过他具有拓荒意义的研究，引起了学界对魏晋玄学的注意，开始真正将其作为一种理论思维形式进行研究，从而明确了玄学在中国哲学史上的地位，填补了从魏晋至隋唐的一段空缺。①

以上学者们对汤用彤《魏晋玄学论稿》影响的评价是恰如其分的，也是众多魏晋玄学研究者的共同感受。汤用彤对魏晋玄学思想渊源、学术方法、哲学特质、发展阶段以及历史影响等难点展开专题研究，构建起全面系统的学理体系，尤其是对早期玄学的形成，致力最多。他关于玄学特质是"以本体论'体用'方法融合儒道的观点，对二十世纪魏晋玄学研究的基本思路，产生了决定性的影响"。② 因此可以说，学术界关于玄学的研究基本是在汤用彤的基础上起步的。

三、对汤用彤玄学研究的再认识

以往学界对于汤用彤玄学研究的评论美中不足的是，多以《魏晋玄学论稿》为依据，然而该书只是汤用彤研究玄学的部分论文的结集，并非他玄学研究的全貌。汤用彤在发表玄学论文之前，《汉魏两晋南北朝佛教史》就已用本体之学来界定玄学。但是，作为一部关键性的经典论著，其中有关玄学的内容至今尚未得到应有的关注和较为确切的阐释。更为重要的是，汤用彤的玄学讲义、笔记和往来书信中许多关于玄学的重要研究成果也多被忽视，如他在玄学方面的未刊稿有：《魏晋玄学》提纲、《扬雄的〈法言〉》、《名理家言》③、《玄学读

---

① 李中华：《北京大学举行汤用彤诞辰九十周年纪念会》，《哲学研究》1983 年第 6 期。
② 王晓毅：《魏晋玄学研究的回顾与瞻望》，《哲学研究》2000 年第 2 期。
③ 该提纲分为名理（王符、傅玄）、名目、观人、才性、谈论、治平全在知人（"谁知之，圣人知之。何以能知？因中和、中庸也"）诸节，总结"名理派之所以盛"其因有三："（一）承汉代制度及名士之风气；（二）因魏晋君主之主刑名（法）；（三）因汉代以来道家渐盛（道）。"

书笔记》①、《何邵〈王弼传〉玄理略释》、关于章太炎《读郭象论嵇绍文》的笔记、《向郭与支道林》、《列子与向郭》等。因此，我们对汤用彤玄学研究成就的探究还存在着很大的发展空间。

汤用彤自开设玄学课程后经常讲授，由此留下了不少讲义纲要和学生们的听课笔记，有待学界充分发掘。在西南联大时期，汤用彤常就玄学问题与冯友兰讨论。冯友兰曾说等汤用彤的魏晋玄学讲义出版了，要拿来修订他的《中国哲学史》。《汤用彤全集》卷四收入两种西南联大时期魏晋玄学听课笔记，其中《魏晋玄学听课笔记之一》系根据冯契1942 到 1943 年间听课的记录整理而成。它不仅可丰富汤著《魏晋玄学论稿》的内容，而且还可以结合冯契的相关回忆文章，了解冯契"转识成智"思想产生的渊源。

季羡林 1946 年初入北大，即以"学生教授"或"教授学生"的身份听汤用彤讲授魏晋玄学课。他说"我觉得每一堂课都是一次特殊的享受，至今记忆犹新，终生难忘。"② 还说自己是汤先生"班上的最忠诚的学生之一，一整年没有缺过一次课，而且每堂课都工整地做听课的笔记，巨细不遗。这一大本笔记，我至今尚保存着"。季老将其珍藏于自己的书库中，并坚信它"有朝一日总会重见天日的。"③ 现存汤用彤当年的《魏晋玄学讲课大纲》比较简略，还缺失了六章。季老听此课的翔实记录，将有助于世人了解"魏晋玄学"一课的全貌。

汤用彤不仅首次用"魏晋玄学"的名称来概括魏晋时期的思想文化，并用欧洲语言将魏晋玄学系统介绍到西方。1947 年，他在美国加州柏克莱大学讲授"The History of Chinese Thought from Han to Sui Dynasty"（中国汉隋思想史）一课主体内容也是玄学。④ 此讲义宣讲了

---

① 此为西南联大时期的一册笔记本，内有魏初事、刘表、魏晋思想与文学、言意、儒道等篇。

② 季羡林：《〈文化的冲突与融合〉序》，张岱年、汤一介等：《文化的冲突与融合——张申府、梁漱溟、汤用彤百年诞辰纪念文集》，北京大学出版社 1997 年版，第 1 页。

③ 季羡林：《回忆汤用彤先生》，《光明日报》1997 年 5 月 28 日第 7 版。

④ 此课程英文讲义收入《汤用彤全集》第 4 卷，河北人民出版社 2000 年版，第 187—255 页。

中国传统的自由和正义的价值观，可谓东学西渐史上的重要篇章。

汤用彤自 1948 年回国后再没有魏晋玄学的新作发表，其原因如今常引起人们的种种猜测。李兰芬认为：汤用彤对玄学研究的中断究竟何因，无从考证，但通过他为何研究玄学，及其从不同角度对正始玄学与竹林玄学、元康玄学的比较和评论，也许对理解他中断玄学研究的原因有所帮助。① 这种解释有一定道理，也有必要不断努力探索真相。

笔者在这一问题上的观点是，尽管汤用彤在《魏晋玄学论稿·小引》中说自己对以往的玄学旧作在"解放初期，我不敢想它，也不愿提到它，更谈不上出版它了"②，但汤用彤在此后的魏晋玄学研究其实并没有完全中断。经过建国初的思想改造运动，特别是他在 1956 年康复后，其道教、佛教读书札记中仍涉及玄学领域。研究玄学只是他在三教互动中来整体考察理学发生史的一个关键环节，在对玄学主要问题予以揭示后，他自可不必再全力投入其中。因而，汤用彤无论是开始玄学研究还是大体上结束玄学研究，都是为了在原有基础上更进一步接续展开自己对外来佛教文化与本土文化关系的梳理。

汤用彤研究玄学的初衷和规划，从他的未刊遗稿中可以得到揭示，如其一份玄学提纲里面着重标出"圣人（郭注）……'任理而起吾不得已也。'……自然＝不得不然……"，可见他研究玄学在很大程度上是为了揭示理学缘起的脉络。未刊稿中尤为值得注意的是他《魏晋玄学》一书的写作提纲。早在 1940 年，他已为《魏晋玄学》一书草拟纲目 12 章，分别是：

（1）读《人物志》；（2）五变；（3）言意之辨；（4）魏晋玄学流别略论；（5）贵无一（王弼）；（6）贵无二（道安、张湛）；（7）贵无三（嵇阮）；（8）崇有（向郭）；（9）不真空义；（10）玄家人生学；

① 李兰芬：《论汤用彤对魏晋玄学的理解》，《中国哲学史》2003 年第 2 期。
② 汤用彤：《小引》，《魏晋玄学论稿及其他》，北京大学出版社 2010 年版，第 3 页。

（11）自然与名教；（12）自然与因果。①

1959 年，汤用彤又将该书的纲目增订为 21 章：

（1）五变（附荆州之学）；（2）魏初名理之学；（3）言意之辨；（4）本末有无之争；（5）王弼、何晏贵无；（6）嵇康、阮籍贵无；（7）张湛、道安贵无；（8）裴頠崇有；（9）向郭崇有；（10）支道林崇有（即色）；（11）王弼与郭象之异同；（12）支愍度心无义；（13）僧肇不真空义；（14）道生顿悟义；（15）谢灵运《辨宗论》；（16）自然与名教；（17）自然与因果；（18）自然与人生；（19）玄学与文学；（20）玄学与经学；（21）结语。②

此篇涵括了玄学的各类重要问题，对了解汤用彤的玄学研究体系意义重大，但盖因被水浸过，不易辨认，而未整理录入《汤用彤全集》。汤用彤晚年打算对研究了 30 余年的玄学进行系统总结，去世前不久还由汤一介先生等助手协助准备整理出版《魏晋玄学讲义》③，我们从《魏晋玄学》提纲的章目中亦可以略窥其梗概。在 1964 年 5 月汤用彤去世后的次月，汤一介先生呈交《郑昕主任请转陆平校长》函（未刊），对汤用彤遗稿做出整理的计划，并提出："《魏晋玄学讲义》1966—1967 年进行这项工作，由汤一介负责，李长霖协助。"④但这一计划由于"文革"而中止。改革开放后，一部分整理好的讲义篇章先行发表于《哲学研究》、《中国哲学史研究》等书刊，及时推动了学界对玄学问题的研究。《魏晋玄学讲义》的相关内容现大多已整理收入《汤用彤全集》。

总之，汤用彤依靠对民族传统的深切理解，借助现代学术观念和

---

① 该手稿现存湖北省博物馆。

② 该手稿现存北京大学燕南园。

③ 《陈垣、陈寅恪、汤用彤、顾颉刚著述情况》，《古籍整理出版情况简报》第 7 号，1962 年 7 月 30 日中华书局编印；转载于《历史研究》1962 年第 5 期。

④ 该手稿现存北京大学燕南园。

方法，建立起魏晋玄学研究的基本框架，为后人进一步研究奠定了坚实基础。他对玄学性质、方法的探讨最受称道，后来学者多沿此方向深入，并取得了丰硕成就。汤用彤的玄学论著的影响不仅仅局限于玄学研究本身，而且关涉学人对中国学术内在生命力求索的态度和方法问题。①此话题过于宏大，于此不赘。近年我国的魏晋玄学研究虽在不少方面上取得了很大成就，但仍属于对汤用彤玄学研究体系的丰富或发展。因此，认真学习和系统梳理总结汤用彤的玄学研究，将有助于对魏晋玄学和中国哲学史研究方向的把握和更深入的探讨。当前的魏晋玄学研究，要超越汤用彤的研究范式，必须建基于充分继承汤著玄学研究体系之上，而《汤用彤全集》续编中汤著玄学遗稿的刊行，必将在这一过程中起到良好的促成效用。②

第二节　本体论的发现
——中国哲学史研究的划时代贡献

汤用彤认为王弼援道入儒，用道家的贵无思想重新解释了《周易·复卦》，发展出"以无为本"和"体用一如"的观念。他指出："今日欲知汉代宇宙学说如何演为魏晋玄学之本体论者，需先明汉魏间易学之变迁。"③

---

① 杜维明撰文指出："在大多数中国学者随着西潮而进行支离破碎的考据学风中，有少数动心忍性的学坛高人，不顾欧风美雨的袭击而究心于中国学术内在生命力与内在逻辑性的探索。他们因对文化问题思考得沉痛迫切，所提出的学术见解便有血有肉和时代精神紧密联系；同时，又因为他们能站在独立运思的超然立场，不顾现实权势的干扰，所以能坚守学术的客观立场而不落'影射历史'的俗套。在这少数令海内外学术从业员景仰的前辈学坛高人中，汤用彤先生对魏晋玄学的思想模式提出了全面而深入的观点。本文的目的即是根据汤先生所标示的线索对魏晋玄学所象征的生命形态与认识方法作一初步的检视，而以王弼'圣人体无'一观念为运思焦点。"杜维明：《魏晋玄学中的体验思想——试论王弼"圣人体无"观念的哲学意义》，《燕园论学集》，北京大学出版社1984年版，第197—198页。

② 参见赵建永：《汤用彤：〈魏晋玄学论稿及其他〉》，《哲学门》2013年第2册，北京大学出版社2013年版，第369—381页。

③ 汤用彤：《王弼大衍义略释》，《汤用彤全集》第4卷，河北人民出版社2000年版，第53页。

他认为汉魏易学变迁表现在：由形而下（器、末、用）转变到追求形而上（道、本、体）；由宇宙生成论转变到本体论层面。在他看来，汉学与清言之别要在是否执五行象数。玄学不执着于具体物象之说明，宇宙之构造质料，不阐释阴阳五行与象数，专致对宇宙本体之阐释，这是王弼玄学易学与汉代象数易学所不同之处。

一、宇宙发生论到本体论的转变

在汉代经学与魏晋玄学的区别上，汤用彤认为："汉代儒生多宗阴阳，魏晋经学乃杂玄谈。于孔门之性与天道，或释以阴阳，或合以玄理，同是驳杂不纯，未见其间有可轩轾。性道之学，儒经特明之者，自为《周易》。王弼之《易》注出，而儒家之形上学之新义乃成。"① 而在《周易·复卦》的注释中，典型地体现出汉学与玄学之不同。

《周易》里的复②卦（坤上震下），以一阳始生而得名③，为雷在地中之象。《易传》通过对复卦初爻象征意义的解释，丰富了复卦的内涵。复卦内卦为震，得乾卦自强不息之健行；外卦为坤，有厚德载物之象。由于复卦之象兼综乾坤，德合天地，故后人在解释复卦时也常用乾坤两卦的注解。复卦以其初爻在易象系统中极微妙的特殊位置，而居十二辟卦之首。④ 汤用彤总结郑玄、虞翻、荀爽诸说道：

> 复卦向以为一阳始生，主六日七分，当建子之月，为人君失国而还返之象。至王弼始轻历数之说，而阐明其性道之学。⑤

---

① 汤用彤：《王弼之〈周易〉〈论语〉新义》，《汤用彤全集》第 4 卷，河北人民出版社 2000 年版，第 72—73 页。

② "复"的语源学考察及含义辨析，详见赵建永：《"复"的思想观念及其现代意义》，《学园》2003 年总第 14 期。

③ 苏舜钦：《苏学士文集》卷十三，《四部丛刊·集部》。

④ 相关研究参见赵建永：《〈周易·复卦〉初爻的诠释进路》，《周易研究》2004 年第 2 期。

⑤ 汤用彤：《王弼之〈周易〉〈论语〉新义》，《汤用彤全集》第 4 卷，河北人民出版社 2000 年版，第 80 页。

通过汉易与玄学易对复卦解释上的重要差异，汤用彤疏理出汉代学术向魏晋玄学演变的一条重要线索。汤用彤首倡玄学是本体论，并将汉代经学向魏晋玄学的发展看作是中国哲学史上从宇宙生成论（或构成论）向宇宙本体论的转变。这可通过对《周易·复卦》"显题化"① 的诠释，而逐步彰显出来。

《周易·复卦》卦辞曰："复：亨。出入无疾，朋来无咎。反复其道，七日来复。利有攸往。"《彖传》解释此卦辞为：

> 复亨，刚反，动而以顺行，是以出入无疾，朋来无咎。反复其道，七日来复，天行也。利有攸往，刚长也。复，其见天地之心乎！

《彖传》发挥了卦辞的反复学说，以反复乃天行，即自然变化历程；创造性地提出"复"是天地之"心"，即天地中心法则。郑玄谓：

> 复：反也，还也。阴气侵阳，阳失其位，至此始还反。②

由剥至复体现出阴阳消长盈虚的过程。汉代象数易学以"卦气说"来解释复卦初爻之象。荀爽注《复卦》曰：

> 复者，冬至之卦，阳起初九，万物所始，吉凶之先，故曰见天地之心。③

荀爽以对应冬至的复卦"初九"来象征阳气回复，把此复始的一阳爻视

---

① "未显题化"到"显题化"的西方诠释学原则在中国经典解释中的运用，参见陈鼓应：《〈老子〉与〈周易〉经传思想脉络诠释》，《诠释与建构——汤一介先生 75 周年华诞暨从教 50 周年纪念文集》，北京大学出版社 2001 年版。

② 王应麟辑《周易郑康成注》，《四部丛刊·经部》。

③ 李鼎祚《周易集解》引。

为"天地之心"。故而在汤用彤看来，汉学执滞于经验，本天人感应之义，由物象之盛衰，明人事之隆污。魏晋玄学则不然，它"已不复拘拘于宇宙运行之外用，进而论宇宙万物之本体。汉代寓天道于物理。魏晋黜天道而究本体，以寡御众，而归于玄极；忘象得意，而游于物外。于是脱离汉代宇宙之论（Cosmology or Cosmogony）而流连于存存本本之真（Ontology or theory of being）"。① 由此，他得出结论说："玄学与汉学差别甚大。简言之，玄学盖为本体论而汉学则为宇宙论或宇宙构成论。"②

常言道"讲易见天心"③，汤用彤对于这句名言的解释甚得玄学之真意："所谓易见天心，即从变化中可见本体。"④ 他认为此可于王弼《周易》复卦注见之：

> 复者，反本之谓也。天地以本为心者也。凡动息则静，静非对动者也。语息则默，默非对语者也。然则天地虽大，富有万物，雷动风行，运化万变，寂然至无，是其本矣，故动息地中，乃天地之心见也。若其以有为心，则异类未获具存。

王弼用"反本"来诠解复卦大义。此返归之本就是用复卦初爻来表示的"动息地中"的"天地之心"。复卦在十二消息卦中属"息卦"。从汉易"阳息《坤》"卦变说⑤的解释，到"动息地中"玄学本体论的解释，两者文句虽有相似处，但用意却有根本差异。正像汤用彤所说，辅嗣治

---

① 汤用彤：《魏晋玄学流别略论》，《汤用彤全集》第 4 卷，河北人民出版社 2000 年版，第 48—49 页。

② 汤用彤：《王弼圣人有情义释》，《汤用彤全集》第 4 卷，河北人民出版社 2000 年版，第 67 页。

③ 唐玄宗时中书令张说《恩赐丽正殿书院赐宴应制得林字》诗云："东壁图书府，西园翰墨林；诵诗闻国政，讲易见天心。"见《千家诗》。

④ 汤用彤：《崇本贵无》，《汤用彤全集》第 4 卷，河北人民出版社 2000 年版，第 408 页。

⑤ "一个卦体中，凡阳爻去而阴爻来称'消'，凡阴爻去阳爻来为'息'。故'消''息'，实为卦中阴阳消长变化之名。"消息之法西汉孟喜所传，虞翻注《易》常用它解释卦变。如虞翻注《复》："阳息《坤》"，是说复卦卦象显示，在坤卦中的阳爻来而初六阴爻已去。刘大钧：《周易概论》，巴蜀书社 1999 年版，第 87—88 页。

《易》，多读世儒作品，于作注时，并有所取材。王氏之注因其于性道之学深有所会，故于儒道经典之解释，于前人著述之取舍，均随意所适。以合意为归，而不拘拘于文字。虽用先儒书卷之文，而只因其可证成一己之玄义。① 而天地之心作为本体的特性是寂静的，并且至静之道体（天心）不是在万有之外之先而独立存在②，"静"（体）与"动"（用）是同一事物的两个方面。汤用彤指出，王弼体用一如之说，魏晋世人多引上述复卦注以阐明其义。

汤用彤对此"复"的思想极为重视，在《魏晋玄学纲领》手稿中将复卦注的"复"字用双圈着重标出③，并在多种著述中反复致意，详加析解。他认为王弼复卦注说明了玄学"以无为本"的本体论。在此基础上，他进一步指出，不同于汉学"体用分为二截"，玄学的基本特点则是"即体即用"："玄学主体用一如，用者依真体而起，故体外无用。体者非于用后别为一物，故亦可言用外无体。""体用不可划为二截，有之于无，动之于静，固非对立者也。"④

汤用彤结合王弼的乾坤卦注来诠释复卦注，从而分析出"体用一如"的含义：

　　　天地之心即天地之体，称心者谓其至健而用形者也。以其至健而总统万形（乾卦注），又不失大和同乎大顺，则永保无疆（看坤卦"应地无疆"注）。万象纷纭，运化无方，莫不依天地之心而各以成形，莫不顺乎秩序而各正性命。万有由本体而得存在，而得其

---

① 汤用彤：《王弼之〈周易〉〈论语〉新义》，《汤用彤全集》第 4 卷，河北人民出版社 2000 年版，第 78 页。

② 复卦王弼注"故曰复，则至于寂然大静，先王则天地而行者也。动复则静，行复则止，事复则无事也。"这是从虚静为本，引申出无为而治的政治思想。许抗生、李中华等：《魏晋玄学史》，陕西师范大学出版社 1989 年版，第 104—105 页。

③ 只有重要问题他才用此标识。汤用彤：《魏晋玄学纲领》，《汤用彤全集》第 4 卷，河北人民出版社 2000 年版，第 126 页。

④ 汤用彤：《王弼大衍义略释》，《汤用彤全集》第 4 卷，河北人民出版社 2000 年版，第 59 页。

性（故不能以有为心）。而本体则超越形象笼罩变化（故本体寂然至无）。总之，宇宙全体为至健之秩序。万物在其中各有分位各正性命。自万有分位言之，则指事造形，宛然各别。自全体秩序言之，则离此秩序更无余物，犹之乎波涛万变而固即海水也。①

在汤用彤看来，王弼注中的"天地之心"指的是决定天地万物之所以然的本体，"心"字是主宰、支配意，指以刚健之德，使其形体发挥作用。他还说："王弼既深见本末之不离，故以为物象虽纷纭，运化虽万变，然寂然至无，乃为其本。万殊即归于一本，则反本抱一者，可见天地之心，复其性命之真。宇宙本体与现象的关系可以借用佛教常用的波水之喻来表达，纷纭之万象只不过是本体的表现形态。"② 汤用彤所言宇宙全体的"至健之秩序"，相类于"理一"、"一本"；万物在其中各有分位各正性命，相类于"分殊"。这为"一多相摄"、"理一分殊"思想的产生奠定了基础。汤用彤通过王弼"天地之心"注，特别强调指出其中秩序（order）、法则、天理之本的蕴意，于此再次表现出他对理学之"理"缘起脉络的关注。

二、体用一如的阐明

随着玄学的兴起，汉代关于宇宙起源、结构和演变的争论发展为"有无（动静）之辨"，本末、有无关系成为讨论的中心。汤用彤说："魏晋玄学以本末为主干。本末之问题，即讨论有无之事。对于有无之用法，虽各有不同，无为老子说的，即无名，是在形名以外。凡有形的都有名。所谓无，是在形名以外的本体。它自己无形体，而为形名之本体。无为形器之上的东西，有为形器之下的东西。玄学乃辨本末、有无

---

① 汤用彤：《王弼大衍义略释》，《汤用彤全集》第4卷，河北人民出版社2000年版，第59页。

② 汤用彤：《魏晋玄学流别略论》，《汤用彤全集》第4卷，河北人民出版社2000年版，第46页。

之分也。"① 王弼复卦注通过"动"和"静"来说明"无"和"有"的关系，以此论证了玄学"以无为本"的基本命题。王弼强调万物存在的统一根据，又认为此根据表现在万物之中，只有通过万物才能把握它。这在理论思维上有相当的深度和意义。为进一步说明有无、本末的体用一如的关系，汤用彤在《王弼之〈周易〉〈论语〉新义》一文又重申：

> 夫万形咸以无为体，由道而得其性。然则苟欲全其性，必当不失其本。如欲不失其本，必当以无为用。以无为用者，即本体之全体大用。故真欲全性葆真者，必当与道合一，体用具备。故复卦注曰："复者，反本之谓也。天地以本为心者也。"天地之心，即本体之大用。反本即反于无，而以无为用，又曰以无为心。若有物安于形器之域，而昧于本源，则分别彼我，争端以起。故王氏又曰："若其以有为心，则异类未获俱存矣。"②

这种一源无间的本末体用关系还可以用动静语默之间的关系来表明，汤用彤对王弼复卦注"动息则静，静非对动者也，语息则默，默非对语者也"句解释为："动静相对，相对之本身是无对的，即一切现象与本体，并不是相对，所谓相对变化只是在本体内之变化，体用是不能分开的。以语默说明本末之关系，默为天、自然的，语为有意志的、人为的，所以语息则默，默非对语者也。本体之外无末，末末之间有相对，本与末之间则无也。"③ 汤一介先生继而指出："本体之无"存在的形式是"静"、是"常"。盖动是变态，静是常态，"动息则静"，即由变态恢复到常态，因此静是绝对的，动是相对的，绝对的静并非和相对的动处在相对的地位。所以"天地虽大，富有万物"，它千变万化，可是它的本

---

① 汤用彤：《崇玄贵有》，《汤用彤全集》第4卷，河北人民出版社2000年版，第434页。

② 汤用彤：《王弼之〈周易〉〈论语〉新义》，《汤用彤全集》第4卷，河北人民出版社2000年版，第80—81页。

③ 汤用彤：《崇本贵无》，《汤用彤全集》第4卷，河北人民出版社2000年版，第408—409页。

体则是恒常不变的。① 由此可见，复卦王弼注揭示出派生万有的本体是寂然常静的"无"；相对的现象变化虽繁复，但万变不离其宗，要从中发现如如不动的本体，以常御变，动中求静，以静制动。

汤用彤认为王弼论性情实自动静言之。为更好地看清这点，他接着考察了乾卦的诠释进路。《周易·乾卦·彖辞》为"乾：元、亨、利、贞。"《彖传》解曰："大哉乾元！万物资始，乃统天。云行雨施，品物流形。大明终始，六位时成，时乘六龙以御天。乾道变化，各正性命，保合大和，乃利贞。首出庶物，万国咸宁。"王弼注乾卦赞美"乾元之德"曰："大明乎终始之道，故六位不失其时而成，升降无常，随时而用，处则乘潜龙，出则乘飞龙，故曰时乘六龙也。乘变化而御大器，静专动直，不失大和，岂非正性命之情者耶。"汤用彤解释为：

> 大明乎终始之道，即明足以寻极幽微，亦即指圣人茂于人之神明，圣人体道之全，以无为心，故大明乎终始之道，谓无幽不照，无理不格，故能率性而动，动必应理，用行舍藏，生杀予夺，均得其宜。夫如是即所谓正其性葆其真也。②

这是说，只要明了返于本体之道，就可以应理处顺，得性之正，而全其真，各得其所，实现太和的境界。③ 汤用彤另联系《老子》十章"抱一"注和十六章"知常曰明"注进行解释："万有群生欲得其母，全其性（所以生也），必须开扩智慧，知返本复命。返本者归于无，以无为用（亦作以无为心，失母居成者则以有为心者也），如是则得性命之常。'以无为用'，即《老子》之抱一，亦即返本复命之智，即圣人茂于人之神明也。"由此汤用彤认定王弼与荀融书所言"圣人茂于人者神明"、

---

① 汤一介：《郭象与魏晋玄学》，湖北人民出版社1983年版，第274页。

② 汤用彤：《王弼圣人有情义释》，《汤用彤全集》第4卷，河北人民出版社2000年版，第68页。

③ 汤一介先生接着进一步把《周易·乾卦·彖辞》"乾道变化，各正性命，保合太和，乃利贞"解释成"普遍和谐"的理论依据。

"神明茂故能体冲和以通无"说的就是"神明茂者即能体冲和之道而返于无也"。① 王弼的本体之学往往以政事为例证，体现了玄学与政治哲学的密切联系。

通过以上分析，汤用彤指出王弼诠释《周易·复卦》的特点是，反象数，主时位，皆本于其本体之学。王弼注《易》，旨在发挥其于性道之学之真知灼见。故往往改弃旧义，另立新说。而其遗旧创新处，正为其真知所在，极可注意。② 不同于以往宇宙构成论（cosmology）的解释，"天地"一词自王弼始就具有本体论（ontology）的含义。汤用彤指出，"天地"在王弼书中的用法有二：一就体言，天地即为本体（太极）；二就用言，则为实物。汤用彤对复卦王注中"天地虽大，而寂然至无为本"一句的解释为：

> 夫寂然至无之体并非一实物（非如元气），而其天地之用亦非离体而独立存在（非如汉人所谓之两仪）。如是则天地之与太极中间具体用之关系，即体即用，则天地即太极也。③

这种体用关系，在汤用彤看来，因无时间先后，故非实物之由此生彼。《老子》第一章王注虽用"先"字，但均"只是逻辑之先而非时间之先"。④

由汤用彤以上论述可见，王弼援道入儒，用道家的贵无思想别开生面地解释了《周易·复卦》，发展出"体用一如"的观念。他指出，复卦的解释"至王弼始轻历数之说，而阐明其性道之学。"王弼扫象反本

---

① 汤用彤：《王弼圣人有情义释》，《汤用彤全集》第4卷，河北人民出版社2000年版，第65页。

② 汤用彤：《王弼之〈周易〉〈论语〉新义》，《汤用彤全集》第4卷，河北人民出版社2000年版，第80页。

③ 汤用彤：《王弼大衍义略释》，《汤用彤全集》第4卷，河北人民出版社2000年版，第61页。

④ 汤用彤：《王弼大衍义略释》，《汤用彤全集》第4卷，河北人民出版社2000年版，第61页。

之说，为后人发明复卦所蕴之天道人性，一贯同源之理，开辟了道路。①
如，程颢接着讲："复卦非天地之心，复则见天地之心"，传道即传己之
心，反本内求即可。朱熹作《复卦赞》云："全体妙用，奚独于斯！潜
阳壮阴，而曰昭哉！此天地心。"②汤一介先生认为，王弼的"体用一
如"、"本末不二"等思想，实对中国传统哲学的发展起过很大影响，
如后来华严宗讲"一多相摄"，宋儒讲"理一分殊"实际是这些思想的
继承和发展。③

汤用彤通过对汉易与玄学易变迁之迹的梳理④总结出汉学与玄学的
重大差异，玄学为本体论而汉学则为宇宙论或宇宙构成论："玄学主体
用一如，用者依真体而起，故体外无用。体者非于用后别为一物，故亦
可言用外无体。汉学主万物依元气而始生。元气永存而执为实物。自宇
宙构成言之，万物未形之前，元气已存。万物全毁之后，元气不灭。如
此，则似万有之外、之后别有实体。如依此而言体用，则体用分为二
截。汉儒如京房等之太极太一，本指天地未分之浑沦（即马融之北辰
星，固亦本诸元气说）。浑沦固无形无名，似玄学家所谈之体，然此则
体其所体，非玄学之所谓体也。《老子》云有生于无，语亦为汉儒所常
用。但玄理之所谓生，乃体用关系，而非谓此物生彼（如母生子等），
此则生其所生，亦非汉学所了解之生也。汉学元气化生，固有无物而有
气之时（元气在时空以内）。玄学即体即用，实不可谓无用而有空洞之
体也（体超时空）。"这里汤用彤明确肯定玄学达到了"体用一如"的

---

① 参见赵建永：《〈周易·复卦〉初爻的诠释进路》，《周易研究》2004年第2期。
② 《晦庵先生朱文公文集》卷八十五，《四部丛刊·集部》。
③ 参见汤一介：《郭象与魏晋玄学（增订本）》，北京大学出版社2000年版，第42—43页。
④ 汤用彤首先注意到了荆州学派宋忠易学的新转折。周立升教授在此基础上有进一步论证。
（详见周立升：《宋衷易学探论》，刘大钧主编《大易集述》，巴蜀书社1998年版。）王弼对荆州学派
新易学的继承和发展，使易学进入玄学阶段。王弼通三玄，在综合儒道之基础上，以老庄解易，使
易学研究焕然一新。汤用彤盛赞其说推陈出新，"立论极精，扫象数之支离，而于后世之易学并有
至深之影响，诚中华思想史上之一大事因缘也。"（汤用彤：《王弼大衍义略例》，《汤用彤全集》第
4卷，河北人民出版社2000年版，第54—55页。）从汤用彤对易学在汉魏晋时期地位演变的梳理中
可知，玄学中《周易》之学兴起的时间最早，而地位亦最高，故可谓三玄之首。

思维高度，并成为后世玄学研究中的主流观点。

关于王弼的玄学本体论能否达到"体用一如"程度的问题，学界近些年来又有新的探讨。如朱伯崑先生认为，王弼讲本体论是无可非议的，只是还没有达到体用一如的地步。[①] 持此类不同见解的代表性疑问是，如果王弼已达到"体用一如"的高度，那么以"体用一源"为特征的宋明理学的诠释空间在哪里？因而认为汤用彤可能存在过度诠释的问题。笔者认为：王弼学说虽含有体用一如的意思，但只是在本体论范围内的一个基础框架，也没有作为命题提出，而宋明理学则在本体论和心性论层面上，明确提出了"体用一源，显微无间"的命题，并历经程颐、朱熹、王阳明等人的不断阐发而日趋精致严密。因此，理学的"体用一源"较玄学的"体用一如"而言，还是有广阔诠释余地的。宋明理学发生的根源，正是在于综合创新发展了玄学的体用观和言意之辨的方法以及佛道思想。

三、本体论的研究范式

在中国哲学发展史上，魏晋玄学占有特殊位置。对于魏晋玄学的探讨虽早已存在，但汤用彤首创从哲学本体论角度来解释玄学，他提出不同于汉学"体用分为二截"，玄学特点是体用一如。他揭示出玄学的本质乃本体之学的思想，在中国哲学史的研究中具有里程碑式的意义。玄学本体论的发现，是中国哲学史研究的重大突破，极大深化了学界对中国哲学的认识，并为后来的魏晋玄学研究确定了起点和方向。

现代意义上的魏晋玄学研究是在西哲东渐的时代背景下发生的，因而用比较哲学的方法来探讨往往会有新的发现。魏晋玄学讨论的问题与西方哲学中的形上学非常相似。中国传统哲学以人生哲学为主题，魏晋玄学虽然也由人生出发，但是其核心问题是"无"与"有"的本末之争。汤用彤以学贯中西的视野指明，这是本体论的问题。汤用彤虽然没有在西方哲学方面公开用中文发表专著，但从他对魏晋玄学的精深研究中可以看出

---

① 朱伯崑：《易学哲学史》第 1 卷，华夏出版社 1994 年版，第 294—296 页。

他西方哲学的修养很深。对此，汪子嵩有精辟之见："国外有些学者曾提出中国哲学有没有本体论的问题，为此争论不休。这是因为他们所了解的中国哲学主要只是孔孟的儒家思想，而魏晋玄学因为它特殊的抽象思辨性，当时即使中国学者也很少研究。……汤先生既运用了中国传统的研究和考据方法，又以西方科学的研究方法分析了玄学家的著作，做出严谨和细致的解释和结论，从而开创了魏晋玄学的研究。"①

汤用彤的《魏晋玄学论稿》于 1957 年结集出版后不久，牟宗三著成《才性与玄理》一书，由香港人生出版社 1962 年 9 月初版。他从源自道家的"境界形态的形而上学"的视角，对汤著提出的玄学本体论论断系统地加以推进和深化，成为最早对《魏晋玄学论稿》作出的公开回应。改革开放后，玄学成为国内中国哲学史研究的热点之一，并向汤用彤等人开辟的道路复归。

1979 年，许抗生先生首先撰文《略论魏晋玄学》指出："我还是同意汤用彤所讲玄学是研究世界的根本、本质，或世界存在的依据等本体论问题，并以本末、有无为其辩论中心这一见解的。这一见解，比较能揭示出玄学的本质特征。"② 汤一介先生的名著《郭象与魏晋玄学》③ 率先摆脱教条主义的束缚，接续汤用彤玄学研究的思路做了精辟阐发，完成了汤用彤在《魏晋玄学论稿·小引》所说"对向、郭崇有义本应多加阐述"的遗愿，成为新时期魏晋玄学研究的代表作。他还撰文评论道："用彤先生的'魏晋玄学'研究的主要贡献，是他提出了魏晋玄学是一种不同于汉

---

① 汪子嵩：《魏晋玄学中的"有""无"之辩——读〈汤用彤全集〉》，《北京大学学报》2001 年第 2 期。

② 许抗生：《略论魏晋玄学》，《哲学研究》1979 年第 12 期。

③ 汤一介著《郭象与魏晋玄学》（湖北人民出版社 1983 年初版）全面论述了魏晋玄学产生与发展的进程以及玄学与三教的关系，具体分析了郭象的哲学体系与方法及其同向秀、王弼、张湛等人的思想联系与区别。从中能够看出该书受到汤用彤的治学方法，及马克思主义学说、西方哲学等多方面的影响。傅伟勋认为该书富有诠释学创见，并将之与钱穆的《庄老通辨》、牟宗三的《才性与玄理》相并举。（傅伟勋：《从西方哲学到禅佛教》，三联书店 1989 年版，第 383 页。）《郭象与魏晋玄学》的增订本（北大名家名著文丛，北京大学出版社 2000 年初版）删去一些时代的痕迹，新增改了十余万字的内容。

学的本体之学，至今中外学者大都以此为根据把研究推向纵深发展。其关于魏晋玄学派别之论断、'言意之辨'、'贵无三派'、'向郭之庄周与孔子'、'圣人学致问题'等均为发前人之未发，而启发了后来之研究者。"①

康中乾的专著《有无之辨——魏晋玄学本体思想再解读》在汤用彤研究的基础上，深入探讨了"有"、"无"范畴的意蕴，考察了汤用彤玄学本体论的研究范式对后人的直接和间接影响，并用现代西方哲学的现象学和存在论来解读魏晋玄学的本体论思想，拓深了汤用彤将玄学的哲学特质定性为"本体之学，为本末有无之辨"的论断。书中认为：中国传统哲学中虽没有纯正西方哲学意义上的那种"本体论"（Ontology）思想，但魏晋玄学提出了"有无"、"本末"、"一两"、"动静"等哲学范畴，并用这些成对的范畴探讨了现象之后的本质问题。所以，魏晋玄学虽然没有西方"本体论"那种理论形式，却的确有类似的理论内容。正因如此，才有必要重提和强调汤用彤关于玄学乃本体之学的看法，也才有理由用本体论来概括魏晋玄学的哲学实质。②

李翔海教授发表《"境界形上学"的初步形态》一文，通过比较中国与西方本体论特质的异同，否定了把玄学归结为讨论宇宙万物之自然本性的论断，并对玄学基本理论特质作了总结性阐发。他指出：汤用彤对魏晋玄学的论断之所以产生了广泛而深远的影响，不仅在于他十分注重从汉代经学到魏晋玄学的承继与变革来把握魏晋玄学，而且与他注意把魏晋玄学放在中国哲学发展演进的整体链条上来评断其基本理论特质的思考方法密切相关。在魏晋玄学中，中国哲学从发展成熟到摆脱经验性思维，而进入以理性思辨方式探讨宇宙人生恒常本体的新阶段。正是汤用彤孤明先发，首先指出了这一点。这是他"对于中国哲学史研究的划时代的历史性贡献"。"考之于中国哲学史，汤用彤的上述论断确实有着颇为深刻的真知灼见，因而长期以来成了学界理解魏晋玄学的基本范式，在一定的意义上堪称代表了魏晋玄学研究

---

① 汤一介：《〈汤用彤全集〉评介》，《中华读书报》2001 年 1 月 3 日。
② 详见康中乾：《有无之辨——魏晋玄学本体思想再解读》，人民出版社 2003 年版。

的时代水平。"① 该文以"境界形上学"的初步形态来界定魏晋玄学的基本理论形态，凸显了汤用彤关于玄学本体论是为了安顿生命意义和提升人生境界，这一长期未引起学界充分注意的说法。

综上可见，在汤用彤开辟的魏晋玄学本体论研究框架的基础上，学界从不同角度深入挖掘了中国哲学所具有的不同于西方哲学的特质，梳理了中国哲学的民族性与时代性，显发了中国哲学的学科自觉性和独立性。这说明随着中西文化交流的深化，学界对彰显中国哲学自身特质的重要意义有了越来越充分的认识。

第三节 本末之争与三教关系的总结
——理学发生史的考察

如果说言意之辨是玄学的方法论，那么本末之辨则是儒道释处理相互间根本论争的基本方式。汤用彤揭示出本末之辨问题的意义不亚于其对言意之辨的发现。他这方面的研究成就对于三教关系研究具有方向性的意义，但尚未引起学界的充分注意。本节以魏晋南北朝本末之辨到理学缘起为中心，对汤用彤关于"反本"② 观念源流的考辨进行梳理，进而揭示其汉魏两晋南北朝研究的治学思路和独具慧眼的问题意识，希望有助于理清魏晋南北朝时期复杂的三教关系及理学缘起的脉络。汤用彤是对儒道释三教发展史有着通盘把握的前辈大师，系统总结他在这方面的贡献，是推进当前玄学与三教关系研究的一条捷径。

一、三教会通的契合点

魏晋玄学本末之辨中由末达本的"反本"说，是儒道释由差异到会通的契合点和生长点，在魏晋南北朝成为时代思潮的中心问题，以此为纲

---

① 李翔海：《"境界形上学"的初步形态——论魏晋玄学的基本理论形态》，《哲学研究》2003 年第 3 期。

② "反"通"返"，汤用彤文稿中大多用"反"字，少数用"返"，为返本还原之义。

便可一以贯之地把魏晋南北朝玄学史乃至中国思想史上许多表面互不关联的现象贯穿起来。它在佛教中国化的进程中起了重要的催化作用，也是儒学复性论兴起的重要环节。对这一问题的揭橥，肇自汤用彤。从其《魏晋玄学论稿》、《魏晋玄学讲义》、《汉魏两晋南北朝佛教史》等著述来看，"由用达体"、"由末达本"的"反本"问题是魏晋南北朝时代思潮的中心问题。汤用彤以此三教共通的问题维度为切入点，透过纷纭的史料，以"反本"贯通众说，梳理出汉魏两晋南北朝佛教与道家、儒家复杂的冲突与融合的互动关系，从而打通了中国哲学史研究的难关。

"反本"简言之，即返回本体从而实现自己的生命本性，亦即与超越性的天道为一的人生境界。像归真、复命、通玄、履道、体极、存神①等等，均为反本之异名。② 汤用彤认为"由末返本"是魏晋南北朝儒道释本末（体用）之争的实质。他通过对这一时期儒道释异中之同、同中之异的分疏，指出三教由冲突至融合的关键是它们在本体（反本）观上的会通：

> 魏晋以来，学问之终的，在体道通玄。曰道，曰玄，均指本源。三玄佛法均探源反本之学。释李之同异，异说之争辩，均系于本末源流之观念。党释者多斥李为末，尊李者每言释不得其本。而当时又常合玄佛为道家，以别于周孔之名教。道训与名教之同异，亦为本末之别。③

---

① "存神"是道教求长生的重要方法，早期佛教借用之以诠释其根本教义。汤用彤《竺道生与涅槃学》一文中有"存神之论"一节，考证罗什之前其所谓"神"者，有二义：一为"沈于生死之我，一为神明住寿"。（汤用彤：《竺道生与涅槃学》，《汤用彤全集》第5卷，河北人民出版社2000年版，第100—102页。）杨立华博士引证汤用彤《读〈太平经〉书所见》之说，考察了《太平经》到上清经中"存神"观念的演变过程。杨立华：《论道教早期上清经的"出世"及其与〈太平经〉的关系》，《北京大学学报（哲学社会科学版）》1999年第1期。

② 汤用彤：《汉魏两晋南北朝佛教史》，《汤用彤全集》第1卷，河北人民出版社2000年版，第205页。在《太平经》中所谓"反本"即指返回于道。详见汤一介：《魏晋南北朝时期的道教》，陕西师范大学出版社1997年版，第59页。

③ 汤用彤：《汉魏两晋南北朝佛教史》，《汤用彤全集》第1卷，河北人民出版社2000年版，第352页。

这段话总括了他对魏晋南北朝时期儒道释关系的整体看法，极富通识，对于厘清三教异同，颇为关键。汤用彤首先抓住中印共具的皆本人生而重视本体的核心特性，指出深具道家特色的人生反本说①，是印度佛教转变为中国佛教的生长点。

与西方哲学多"为知识而求知识"不同，印度人士以智慧觉迷妄，因解脱而求智慧。②佛教原为解脱道，与人生关系尤切。佛教初来，立足未稳，只得依附固有文化传统，汉代为佛道，魏晋为佛玄。汉代佛道主精灵不灭，但因业报相寻，致落苦海，解脱之方，在息意去欲，识心达本，以归无为。及至魏吴，神与道合说兴。由末达本，损以至无。因诸佛之玄鉴，还神明于本无。所谓成佛，即是顺乎自然，亦即归真反本。如支谶、支谦之学旨在探人生之本真，使其反本，其说主体是神与道合，即"归于元气，所谓归虚反真是也"。③汤用彤在西南联大讲授"魏晋玄学"课程时又做了更为详细的解释：

> 所谓"道"，即元气，即理，即天地之心。个人之神本即道，因种种后天之关系，神乃受到限制而不能与道合。……神欲解脱种种限制，即在认识其本体。如能认识其本体，即重新与道合一也。④

由上可见，汉代佛道之反本，在探心识之源。而魏晋佛玄之反本，在辨本无末有之理。此中变迁之关键，系乎道术与玄学性质之不同。"贵无

---

① 孙尚扬教授《本体与境界——论汤用彤的玄学观》一文以汤用彤梳理玄学中人生境界从"反本"到"期逍遥"的变迁之迹为例，论述了汤用彤对魏晋玄学中道家思想的开掘、理解和阐扬。《道家文化研究》第二十辑，三联书店2003年版。

② 汤用彤：《印度哲学史略》，《汤用彤全集》第3卷，河北人民出版社2000年版，第42页。"禅之用在洞悉人之本原。"（汤用彤：《汉魏两晋南北朝佛教史》，《汤用彤全集》第1卷，河北人民出版社2000年版，第105页。）汤用彤未刊手稿提纲《佛法之性质》中"智慧"一节写道："在奥义书中，世界——流溢（becoming）；解脱——反本——知其道而自反"。

③ 汤用彤：《汉魏两晋南北朝佛教史》，《汤用彤全集》第1卷，河北人民出版社2000年版，第108—111页。

④ 汤用彤：《魏晋玄学听课笔记之一》，《汤用彤全集》第4卷，河北人民出版社2000年版，第340页。

贱有，反本归真，则晋代佛学与玄学之根本义，殊无区别。"①

　　汤用彤十分注重道生的"反本顿悟"说对魏晋玄学的转折作用及对宋明理学形成的影响。当时流行的《泥洹经》将一阐提人排除在成佛可能性之外。道生充分发扬具有主体性人格蕴意的"四依"精神，融合中印思想而提出佛性本有，返本顿得，并开"理为佛性"之说。此义为其顿悟说的基础，于阐提成佛义亦有关。"返本即心性之自然发露，即明心见性"②，故而成佛的根据不在本性之外，不应舍近求远，而应顿悟，见性成佛。

　　道生与王弼都强调"反本"，他们所用复返的思维方法是相同的，但所返之"本"的内容却大异。王弼所谓"本"为本体论，道生则指心性之源。这一变迁过程体现出宇宙本体论到心性本体论的转化。道生提出反本顿悟说以后，成圣成佛乃为众生均可企及之人格。此后，"超凡入圣，当下即是，不须远求，因而玄学乃转一新方向，由禅宗而下接宋明之学"。③ 从以上"反本"观念的演变，可以看出佛教与儒道从格义到会通的进程。这表明"反本"之说是儒道释三教由差异到会通的契合点，促进了佛教的中国化进程。

　　南朝时，佛教随着势力的日渐强盛，在迎合玄风的同时，还力图辨明究竟孰为根本，这就引出本末之争，以定其先后。汤用彤认为本末之辨可从多角度来看：

　　（一）若以道玄为本，佛老均可为本，儒家经世之教便成了末。魏晋玄学以老庄为宗。圣人本无，故《般若》谈空，与《老子》虚无之旨，并行不悖，均视为得本探源之学。周孔圣人，虽亦体无。然名教乃

---

① 汤用彤：《汉魏两晋南北朝佛教史》，《汤用彤全集》第 1 卷，河北人民出版社 2000 年版，第205 页。

② 汤用彤：《魏晋玄学听课笔记之一·结论》，《汤用彤全集》第 4 卷，河北人民出版社 2000 年版，第 394 页。《汉魏两晋南北朝佛教史》也有类似表述："盖佛性本有，反本而得。然则见性成佛（是由顿悟）者，即本性（或本心）之自然显发也。"《汤用彤全集》第 1 卷，河北人民出版社 2000 年版，第 479 页。

③ 汤用彤：《谢灵运〈辨宗论〉书后》，《汤用彤全集》第 4 卷，河北人民出版社 2000 年版，第 101—102 页。

帝王行化之术，遂常视为支末。时人谈儒术沿用玄学观点。梁皇侃《论语集解义疏》解"颜回不违如愚"，以为颜子贤人，庶几乎以无为体。但心复为未尽，故仍不超于形器之域。于此仍为本末有无之辨，儒佛所讨论之中心问题相同。①

（二）释道互争高下，则皆以己为本，以对方为末。从佛家立场言，佛遣三弟子（孔子、颜回、老子）教化震旦。准此，则佛为本，孔老俱为末。像范泰、谢灵运皆称"六经典文，本在济俗为政。必求性灵真奥，岂得不以佛经为指南耶"（《高僧传·慧严传》宋文帝语引）。明僧绍《正二教论》谓惟佛能通玄体道，穷源尽性，而仅许孔老为善权救物。孙绰《喻道论》亦谓"周孔教极弊，佛教明其本"。与此相反，依道教说，孔子问学于老子，老子西行化胡，儒佛皆属道门教化之列。《三破论》谓老明虚无，佛仅形象。总之，三教于此各尊其所信之道，谓能达心源之本，而鄙他教为末。②

在南朝三教本末关系的激烈争辩中，三教一本同源论逐渐占据主导地位。宗炳、张融、顾欢、萧子良、梁武帝、北周武帝等都宣扬儒道释虽三训殊路，但致本则同，所体无异，于用有殊。对此汤用彤作了精审的概括："是谓同归一本。但心之感受不同，见理深浅殊异，故救物之方，行化之迹，各有殊异。明其本者，直探心性之源。循其迹者，各设方便之术。"③ 在汤用彤看来，他们都以为当时三教有着相通的理论基础，即有一共同的本体作为依据，并本着这一思想来阐发儒道释三教"殊途同归"的理念。

汤用彤深信儒道释三家之学通过"本末"问题的争论，在追求"反本"（体道通玄）这一点上达成了共识，实有其充分的文献史实证

---

① 汤用彤：《汉魏两晋南北朝佛教史》，《汤用彤全集》第1卷，河北人民出版社2000年版，第354页。

② 汤用彤：《汉魏两晋南北朝佛教史》，《汤用彤全集》第1卷，河北人民出版社2000年版，第352—354页。

③ 汤用彤：《汉魏两晋南北朝佛教史》，《汤用彤全集》第1卷，河北人民出版社2000年版，第354页。

据。他对当时三教本末之争总结道：南朝玄风盛时，三教类认其宗极（亦曰本、体）相同，而其高下，不过在能否证此宗极，"因其以体为一，故南朝常有齐三教之言"。① 汤用彤作此通论，并没有忽视与此"一本"相左之说。如，周颙反驳张融《门律》所言道佛"逗极无二，致本则同"时说：

> 《般若》法性，《老子》虚无，为本一末殊，本末俱异耶。若谓本一则佛老必有一为本，一为末。若谓本末俱异，则将有二本耶。②

在汤用彤看来，周氏意谓老子之虚无，实不及佛法之即色非有。本固无二，致本者是佛而非老子。这表明佛道二家分先后，仍为本末之争。虽然周颙曾有二本殊归的提法，但汤用彤认为总体来说：

> 一本之说，玄学佛法之所同信。魏晋以来，玄谈佛法所求者道。道一而矣。③

"道一而矣"一语源出《孟子·滕文公上》："道一而已"，语意与同篇"天之生物也，使之一本"相类。宋明理学家在批判继承佛、道二教的本体观后，又借用《孟子》此语，以与佛道抗衡。在宋明理学中，"一本"、"二本"之说成为"理一分殊"提法的重要来源。④ 汤用彤总结南朝三教本末之争时，注意考辨"一本"、"二本"之语，反映出他对理

---

① 汤用彤：《汉魏两晋南北朝佛教史》，《汤用彤全集》第 1 卷，河北人民出版社 2000 年版，第 498 页。

② 汤用彤：《汉魏两晋南北朝佛教史》，《汤用彤全集》第 1 卷，河北人民出版社 2000 年版，第 353 页。

③ 汤用彤：《汉魏两晋南北朝佛教史》，《汤用彤全集》第 1 卷，河北人民出版社 2000 年版，第 353 页。

④ 李畅然：《〈孟子〉"一本""二本"的说法在宋代理学话语中的用法辨析——兼论"理一分殊"提法的来源》，《北京大学研究生学志》2003 年第 2—3 期。

学渊源的关注。同归一本是当时儒道释三教的共同信念，由此，它们取得了初步的认同与融合。

汤用彤认为，孔孟之时，虽已有本末之说，但直到秦汉之际仍为本根论，未及本体层面。魏晋时期玄学中的"本"是指本体，而南朝所谓"本"者，系指心性之源。[1] 这一变迁过程体现出本体论到心性论的转化。自然与名教之同异，乃至言意之辨（得意为本，名言为末），都可以归结为本末之别。本末之辨在南朝时成为时代思潮的核心问题。它上承魏晋时玄学的本无末有之辨，下启宋明理学的体用之说。就此汤用彤指出：

> 魏晋以讫南北朝，中华学术界异说繁兴，争论杂出，其表面上虽非常复杂，但其所争论，实不离体用观念。而玄学、佛学同主贵无贱有。以无为本，以万有为末。本末即谓体用，《般若》之七宗十二家，咸研求此一问题，而所说各异。[2]

> 五朝之所谓本末，略当后世之所谓体用，本末既为当世所讨论之中心问题。故他种之争论，往往牵涉及此。[3]

玄学本末之辨所蕴含的体用与心性，后来皆成为宋儒讨论的中心问题。本末之争在形式上是孔老释排座次，而从思想深层看，本末理论蕴含着三教关于理想秩序的终极依据。故而慧远《沙门不敬王者论》谓佛教超越世俗的理由为："求宗体极者不顺化。""反本求宗者，不以生累其神。""悟彻者反本，惑理者逐物。"[4] 至若《夷夏论》谓："圣道虽同，

---

[1] 汤用彤：《汉魏两晋南北朝佛教史》，《汤用彤全集》第1卷，河北人民出版社2000年版，第355页。

[2] 汤用彤：《汉魏两晋南北朝佛教史》，《汤用彤全集》第1卷，河北人民出版社2000年版，第250页。

[3] 汤用彤：《汉魏两晋南北朝佛教史》，《汤用彤全集》第1卷，河北人民出版社2000年版，第355页。

[4] 汤用彤解释说："悟彻者反本，不为物化，而能化物。惑理者逐物，为物所化，以致自堕其宗极。"汤用彤：《汉魏两晋南北朝佛教史》，《汤用彤全集》第1卷，河北人民出版社2000年版，第274页。

而法有左右","佛是破恶之方，道是兴善之术"。这些论述方式均本于本末体用之说。由是，汤用彤概括当时世人的共识为：

> 夷夏之道本固相同，而其异者方法之支末耳。本末之分，内学外学所共许。而本之无二，又诸教之所共认。此无二之本，又其时人士之所共同模拟追求。模拟未必是，追求未必得。但五朝之学，无论玄佛，共以此为骨干。一切问题，均系于此。……此等特质，吾人所当注意者也。①

夷夏之争在一定程度上也可归属到本末之辨。因此，从殊途同归于"一本"的角度来看，玄学与佛教固为同气，其精神上可谓契合无间。其时佛玄合流，士人甚至天师道世家往往乐与义学僧人交游，亦为在共同本体的玄理上之结合，而忽略了其具体的宗教信仰。正是有见于返于"一本"可以解释三教皆能认可的根本问题，所以汤用彤特别提醒人们注意"此等特质"。三教虽各自保持着独立形态，但在反本问题的阐发上，相互不断进行对话和渗透，并从外在功能上的互补加深到内在思想的融通。抓住返于"一本"这一核心问题，就找到了一条主线把魏晋南北朝玄学史上众多表面无关的问题贯穿起来。

　　汤用彤首创从本末之辨的角度来解释三教之争，归结出"玄学家之中心问题是本末有无之争"②，玄学是以"由末返本"的方式融合儒道释，从而开启了玄学与三教关系的学术研究。汤用彤的研究范式影响广泛而深远，缘于他注重把反本问题置于中国思想演进的全体中评判其根本特性的治学方法。在汤用彤的研究基础上，任继愈主编的《中国哲学发展史》把魏晋南北朝三教融合论细分为三类：

　　一为本末内外论：存同而重异，以本为主，以内为主，本末内外不

---

① 汤用彤：《汉魏两晋南北朝佛教史》，《汤用彤全集》第 1 卷，河北人民出版社 2000 年版，第 355 页。

② 汤用彤：《本末有无之争》，《汤用彤全集》第 4 卷，河北人民出版社 2000 年版，第 317 页。

是平等地位。

二为均善均圣论：存异而重同，认为三教各有其作用，地位平等，调和倾向更加明显。

三为殊途同归论：先异而后同，或迹异而理同，完全承认三教在形式上有差别，甚至对立，但认为在基本原理和最终目标上一致。

以上三类皆是本末之辨的不同表现形式，其中属于"一本"说的殊途同归论对于文化融合作用最大，它帮助人们开阔胸怀，克服民族、地域差别造成的此疆彼界之殊，以便较冷静地比较三教异同，异中求同，而不是一味地排斥他教或外来文化。这种文化上开放的传统，是中国人接受佛教的重要思想条件。① 魏晋南北朝三教冲突的影响是相互的，因此三教本末论争的过程也是他们互相吸收的过程，并为唐宋更深层次的融合奠定了基础。

任继愈、冯契和汤一介诸先生的相关论著都是在汤用彤所开启方向上的继续推进和深化。由此，三教关系成为中国哲学史研究的重要内容，延续至今。本末体用之辨对于三教会通具有特殊重要的意义，是将来玄学和理学发生史研究的主要突破口。因此继承和发扬汤用彤的三教比较研究的传统，有助于解决三教关系的学术难题，从而提高中国哲学史的整体研究水平。

二、跨文化对话下梳理三教关系

汤用彤研究反本论，是基于以下理念：外来文化的输入必须找到与本地文化相符合的地方，并顺应本土文化的特性，才能在本土生根发展。② 儒道释三种文化体系中都存在着"反本"或"复"的观念③，这一思想共性，使它们在遭遇相互间的文化碰撞时能够融摄对方的思想。

---

① 任继愈主编：《中国哲学发展史》（魏晋南北朝卷），人民出版社 1988 年版，第 900—909 页。

② 汤用彤：《文化思想之冲突与调和》，《汤用彤全集》第 5 卷，河北人民出版社 2000 年版，第 279 页。

③ 详见赵建永：《"复"的思想观念及其现代意义》，《学园》2003 年总第 14 期。

实际上，无论东方人还是西方人，都有"由事物起源来决定事物本质的思维习惯"①。汤用彤之所以能独具慧眼地揭示出返于本体的问题，与他以外国哲学为参照物，反观中国哲学，以实现视域融合的研究方法密切相关。

汤用彤早年寄心于玄远之学，留学美国所写第一篇文章就是《前苏格拉底时期的"存在"概念》②，反映了他对终极问题的关注。汤用彤的《哲学概论》讲义认为人只有返回本体才能见到真理，并非常重视柏拉图"洞穴比喻"关于理念世界（本）与现象世界（末）的区分，而这正是白璧德新人文主义及学衡派哲学观的基础。

汤用彤一直想采用文德尔班（Windelband）写西洋哲学史的方法，以问题为中心写一部《魏晋玄学史》，而"反本"问题正是其中关键所在。他对王弼《周易·复卦注》"复者，反本"一语极为重视，认为王弼以道家思想来诠解儒经《周易·复卦》"反本"大义，发展出"以无为本"和"体用一如"的本体观念，标志着中国哲学成熟到摆脱经验思维而进入以理性思辨天人之际恒常本体的新时期。通过汉易与玄学易在《复卦》解释上的"新陈代谢"，汤用彤梳理出汉代学术向魏晋玄学演变的基本线索，即把汉学向玄学的发展视为宇宙生成论到本体论的转变。

汤用彤认为汉代哲学类似于古希腊哲学中的宇宙生成论，玄学则类似亚里士多德的本体论。魏晋玄学的本体思想与西方哲学本体论也有差异，玄学虽是本体之学，"但非西洋之本体，其范围较之更大也"。③"西洋之本体为自然，故学术之进步即科学之进步，中国人所讲的本体

---

① 赵敦华：《史实与学说之间：儒家政治哲学之起点》，《西方哲学的中国式解读》，黑龙江人民出版社 2002 年版，第 382 页。

② Yung Tung Tang, "The Concept of Being of the Pre-Socratic Period", *THESES WRITTEN IN HAMLINE UNIVERSITY (1918—19)*. 现存汤用彤有关札记、讲义中常用"being/non-being"来分析玄学的"有、无"问题。

③ 汤用彤：《魏晋玄学听课笔记之二·绪论》，《汤用彤全集》第 4 卷，河北人民出版社 2000 年版，第 395 页。

为玄，故学术之发达只限于玄学。"① 他特别指出，中国之言本体者，未尝离于人生。所谓不离人生者，即以本性之实现为第一要义：

> 实现本性者，即所谓反本。……反本之说，即犹今日所谓之实现人生。②

在汤用彤看来，"反本"是针对人生意义和价值问题而发，目的是为理想的主体性人格寻求本体论的依据。作为人生本性的本体是内在具有的，因而达到本体就是"反本"。这深刻地揭示了玄学本体论相异于西方哲学本体论之处在于，它总是与人生意义和境界相联系的。

汤用彤还说：斯宾诺莎"反思知识"（reflective knowledge）的方法中"心理中的秩序的发现，就是发现外面的秩序，如同中国的反本而见天心"。真理不用外求，通过反省内求，即可辨别真、假的观念。发现真理，就是发现自己。此与孔孟的求其放心同，不过一为知识，一为道德。③ 汤用彤精通西方哲学史，然而选择"大陆理性主义"为研究重点，此中又以与道家和理学在思想上最接近的斯宾诺莎哲学用力最久。其原因当为对东西方心之所同然之"理"的探寻。可见他非常注意通过比较来发掘中国哲学不同于西方哲学的自身理论特质，明其大异，进而求其大同。

汤用彤对"反本"问题的关注，可溯源自清华读书时所写《道德为立国之本议》和《理学谵言》。他从返本开新的高度强调，应对儒学之道"返而求之"，"取他国之淳粹，炉铸于本国之精神"，以免使固有

---

① 汤用彤：《魏晋玄学听课笔记之二·绪论》，《汤用彤全集》第 4 卷，河北人民出版社 2000 年版，第 395 页。

② 汤用彤：《汉魏两晋南北朝佛教史》，《汤用彤全集》第 1 卷，河北人民出版社 2000 年版，第 205 页。

③ 汤用彤：《欧洲大陆理性主义》，《汤用彤全集》第 5 卷，河北人民出版社 2000 年版，第 411—412 页。

道德"一往而不复返"。① 他认为理学继承发扬了孔子以道德解释心性的真精神，是救国良药，"本国之学术实在孔子。孔德之言性者，实曰理学"，"顾我国学者，不知本末，无烛远之眼光……不亦惑乎？盍也返其本耶？"② 在他看来，作为道德心性学高级形态的"全体大用"的宋明理学才是返到了真正的"本"。

汤用彤在《理字原起》中，勾画出理学之"理"自汉至唐的渊源。③ 这是他毕生学术创作的落脚点。他将宋明理学与汉魏晋南北朝儒道释互动联系起来考虑的思路，可见诸其"魏晋玄学"一课的开场白：魏晋玄学之重要，"就学术之演进而论，宋明理学虽然影响极大，然其源头活水却在玄学，故或可说理学实魏晋玄学之继续；就魏晋玄学与佛学之关系而论，前者并非受后者影响而立，相反，魏晋佛学乃玄学之支流。仅此二点，即可足见研究玄学价值之大。"④

汤用彤致力于梳理反本说的演变，原因在于反本复命说是复性论崛起的重要环节。汤用彤未刊稿《佛性本有始有（唐初——唐末的争论)》论及禅儒关系从梁肃至李翱的学术演变。任继愈的研究生毕业论文《理学探源》，按照汤用彤的以上思路，从宋明理学产生渊源的角度，探究了玄学本末之辨到理学体用问题在中国哲学史上逐步递变的轨迹，认为梁肃《止观统例》以儒释佛旨在导万法之理而复于实际（性之本)，李翱继此而发，提出复性论。⑤ 随后，钱穆 1945 年、1955 年分别撰成《记魏晋玄学三宗》和《王弼郭象注易老庄用理字条录》接续了汤用彤辨析玄学儒道会通趋向的研究，阐明了"道"、"理"概念的演

---

① 汤用彤：《道德为立国之本议》，《中国哲学史》2010 年第 4 期。

② 汤用彤：《理学谲言》，《汤用彤全集》第 5 卷，河北人民出版社 2000 年版，第 6、32 页。

③ 汤用彤：《理字原起》，《汤用彤全集》第 5 卷，河北人民出版社 2000 年版，第 435—437 页。汤一介先生编选的汤用彤文集《理学·佛学·玄学》（北京大学出版社 1991 年版）里文章编排顺序反映出汤用彤由理学救国到后来梳理佛教、玄学以见理学渊源的思路。

④ 汤用彤：《魏晋玄学听课笔记之一·绪论》，《汤用彤全集》第 4 卷，河北人民出版社 2000 年版，第 305 页。

⑤ 任继愈：《理学探源》，《燕园论学集》，北京大学出版社 1984 年版。任继愈讲，此文记录着当年汤先生领导下的学生们的治学方法和思路，其中也凝聚着汤先生的心血。

进过程。① 钱穆晚年研究朱熹仍是在进一步解决此问题。时至今日，从三教互动的背景下探寻"理"学缘起的来龙去脉，依然是值得大力开掘的一流学术问题。

汤用彤通过剖析反本问题，发掘出佛教与儒道本位文化的融合对于催生宋明理学的历史作用：两晋南北朝时，佛教脱离道术附庸的地位而与儒、道因见不同而冲突，由此产生"本末体用"之论以解决三教矛盾。此后三教会通理论渐趋成熟，佛教与中国文化因见真实相合而调和。由此，他总结出不同文化冲突到融合的交互影响的规律，立论高远，堪称其学术精魂所在。汤用彤从魏晋玄学及三教关系的发展中，阐明了人生反本说在佛教中国化进程中的指引作用，并归纳出本末（体用）范畴的思想结构。而体用范畴的确立，构筑了后世道教哲学、佛学和理学发展及三教会通，乃至中西文化论争的基本诠释架构。

汤用彤梳理理学缘起脉络，目的不是为学术而学术，而是要将中西汉宋的门户用理性来打破并融会贯通，从而促成民族文化的复兴。正是希望通过反本复性的道德心性学来说明中国哲学之主体精神，基本走考据学道路的汤用彤才会对宋明理学特别关注。他主要从事的佛教与儒道等本土文化关系探讨蕴含着一种深切的时代关怀，即东西文化关系及中国文化出路的问题。而梳理三教关系的意义正是在于为这一时代课题的解决提供历史镜鉴。他对于中西文化问题的理解是先于三教关系问题而存在的。所以，其三教关系梳理不仅是客观性历史认知的对象，更是为中国文化的前途问题服务的。汤用彤首先从三教关系的历史现象中得到启发，寻求文化融合规律以为参照，用来探寻他所关注时代课题的解决途径。可见，在汤用彤那里，佛教与中国本土儒道文化关系同中西学关系是密不可分的。

综上可见，对本源之理的追寻体认，诚为魏晋以来学问的终极关怀问题。汤用彤的上述论断确为不易之论，长期以来成为学界理解玄学及

---

① 钱穆：《庄老通辨》，三联书店 2005 年版，第 357—378、379—418 页。

三教关系的基本范式。通过对三教各自"反本"观念的比照分疏可以看出它们之间的异同。田光烈在纪念汤用彤的文章里，从玄学、理学和禅学对《周易·复卦象辞》诠释的比较中进一步指出："三家的观点有些相似，而实际却不同。似者在方法论，不同者在本体论。"① 在笔者看来，儒道释异中之同在于皆以反本（内在超越）为特点②，即所谓"一本"；三家之学都是用"返"（复）的方法论，但各自所推崇的本体内容（境界）却有层次上的差异：儒家是复性（伦理道德层面）；道家（教）是复命（身体及身心层面）；佛家是复其本源清净心（真如本体的心识层面），此为同中之异。从这种三教一本的文化格局中可以揭示出，为什么中国历史上三教并存，却没有发生过宗教战争的根源所在。③

① 田光烈：《〈周易·复卦象辞〉集释——玄学·理学与禅学之比观》，汤一介编：《国故新知：中国文化的再诠释——汤用彤诞辰百周年纪念论文集》，北京大学出版社1993年版，第231页。
② 参见汤一介：《儒道释与内在超越问题》，江西人民出版社1991年版，第1—51页。
③ 参见赵建永：《从汤用彤论玄学"反本"问题看三教会通——以理学发生史为中心》，《中国哲学史》2012年第3期。

结　语：

汤用彤在现代学术史上的
地位与影响

　　作为承上启下的一代宗师，汤用彤先生的治学经历是 20 世纪中国学界之启蒙、求索到跻身世界学林历程的缩影。他在呈现佛教中国化历史进程的同时，为外来文化中国化规律的探索打下了基础。他对这些问题的研究成果具体表现为：在以现代学术的研究方法对中、西、印三大文化系统进行比较和会通的基础上，开辟了哲学、宗教学中多项新的学科领域——中国佛教史学科的创立、道教史学科的奠基、现代宗教学学科新局面的打开、魏晋玄学断代史的开创、儒道释三教关系与理学缘起脉络的梳理、西方哲学通史乃至马克思主义的传介，以及比较文化学的开拓诸多方面。即此亦可见，汤用彤的学术史研究与他对外来文化中国化规律的探索，是同一问题的两个方面。他对不同文化双向交流互融的识见，业已为当代文化发展趋势所证实。

　　汤用彤具有良好的家学底蕴，熟稔中国经典，于中国文化精神心领神会，登堂入室。他蝉蜕于中国传统学术研究之形骸，以西学之石，攻中学之玉，其融合中外的研究方法为后人提供了治学之方便法门。汤一介先生指出：中国传统思维方式的缺陷是偏重直觉和整体，这使得中国传统哲学缺乏必要的逻辑分析和论证，忽视对事物的深入解剖。因此，我们必须改进传统思维方式，在发扬其重视事物统一性之所长的同时，吸纳西方逻辑思维的优势。① 逻辑分析方法使我们得以采用更为专业的研究方法、研究视角，获得对研究对象更为深刻与系统的认识。汤用彤正是这样引入西方学术研究方法，创立并丰富了诸多新学科研究的内容。如，他将宗教引入了中国哲学研究的视野，彰显了宗教哲学的价值和地位。可以说，汤用彤的学术成就已将学科建设提升到专业学说建设的层面上来，为 20 世纪中国哲学、宗教学等学科的确立打开了通途，拓展和丰富了中国学术研究的内容，受到国内外学者的普遍推崇。在使用西学研究工具的同时，汤用彤兼取与传统治学门径内在相通的"同情默应、心性体会"方法，从整体上把握研究对象，避免了支离与琐碎。他使用跨文化和跨学科研究方法，形成了材料翔实、观点公允、眼光高远之学术思想体系和新型研究范式。其核心内容有如下方面：

第一，以"昌明国故，融会新知"为治学宗旨，探索"国故"向"新知"转换与整合的途径。

在具体研究中，汤用彤并不止步于意会或是章句之学，而是从旧材料中发现新问题，用比较分析的方法究其前因后果，以穷义理而明真相。由此，他在众多领域内取得了重大建树。如，其在儒道释三教互动乃至中外文化交流的背景下，对佛教史的三期划分、文化融合三阶段理论、道家到道教的演变、玄学与佛教关系、本末有无之争与理学缘起脉络等问题，皆有首发之功。后学循此，犹如武陵人入桃花源，豁然开朗。

汤用彤"国故新知"的卓越之处是在此基础上的以主体性人格阐扬民族文化主体性，探求个体与民族的终极价值。汤用彤论衡三教和中外文化都是从人生的终极关怀上来阐明自己的看法。从其研究来看，我们可以得到如下启示：本体观的会通在中西文化由冲突至融合的过程中亦

---

① 参见汤一介：《当代学者自选文库：汤一介卷》，安徽教育出版社 1999 年版，第 796—797 页。

将会有关键意义。中西体用之辨在促进全面实现现代化中的重要作用上，逐渐证实了这一点。赵敦华教授通过中西形而上学共有的有无（being/non—being）之辨来说明两者之间的公度性，从中西形而上学的差异之处揭示出相同相似之处，以验证"知其大异，进而求其更大之同"的道理。①

汤一介先生全面继承并弘扬了汤用彤的学术理念，其哲学思想的核心正是中西文化在本体观层面的会通。他认为：唐宋以来儒道释三家趋于合流，这与他们的思想体系均以"内在超越"为特征密切相关。以"内在超越"为特征的中国文化与以"外在超越"为特征的西方文化颇有不同。从文化发展看，中国哲学文化应该包融"外在超越"的意义："对于人类社会说，要求有一种外在的超越力量来约束人……能否在一更高的层次上考虑建构一哲学体系，它既包含以'内在超越'为特征的哲学，又包含以'外在超越'为特征的哲学，使东西哲学与文化得到有机的结合。"② 汤一介先生还说，一种健康的社会必须具备两个支柱：一是社会道德教化系统，二是健全完备的政治法律制度。这两套系统互为支撑，缺一不可。③ 道德境界可使人实现"内在超越"，但还需法律制度制约以实现"外在超越"。当代强调德治与法制相结合，实际就是"内在超越"与"外在超越"的贯通。这一实现全面现代化的理路，在当今社会的核心价值观建构中得到了体现。

诗云："周虽旧邦，其命维新。"（《诗经·大雅·文王》）汤用彤对中国传统文化进行创造性的诠释和转换，赋予它新的时代意义，力图将其转化为实现现代化的精神动力。他的佛道教研究，发明了高僧和高士

---

① 赵敦华：《中西形而上学的有无之辨》，《北京大学学报》1998 年第 2 期。赵敦华教授通过比较中西哲学的有无之辨，显示出二者在"以无为本"、"以有为体"、"有无相待"等方面都有可比性和公度性。中西文化虽有歧异，也有可内在相通处。以西方文化为研究对象的"西学"是中国现代学术的一部分，我们对西学的研究，最终目的亦在于将西方文化中的先进理念中国化。

② 汤一介：《当代学者自选文库：汤一介卷》，安徽教育出版社 1999 年版，第 568—569 页。汤用彤率先用"内在超越"（immanent transcendence）来诠释中国哲学的研究，参见赵建永：《汤用彤未刊稿的学术意义》，《哲学门》2004 年第 2 册。

③ 汤一介：《汤一介学术文化随笔》，中国青年出版社 1996 年版，第 300 页。

对卓绝人格和生命意义的执着追求，使他们的人文主义光芒免于雪藏，并启发今人在喧嚣尘世寻觅人生之终极价值以安顿生命。他从传统儒学中阐发出主体性道德人格在现代社会的实现路径，这将提醒国人在物质现代化中不失精神追求，在文明多元化中不断民族血脉。

第二，从对外来文化中国化规律的探讨中，提振民族文化自信心，为世界文化发展提出建构性意见。

汤用彤的学术研究，是其道德救国论的具体实践。上世纪初，中西文化冲突激烈，全盘否定中国传统之风甚嚣尘上，民族命运亦处生死存亡之际。汤用彤不愿固步书斋，为学术而学术。他希望以学术研究树立民族自信，其使中国佛教史研究摆脱对外国学术研究的依附，即是对此的践行。他更希望从历史文化研究中发掘民族精神的恒久生命力，如其对印度佛教冲击下的儒道发展历史的抽丝剥茧就意在证明：中华文化之生生不息有异域文化之浸润滋养，异域文化亦赖中华文化得以开枝散叶，中华文化对异域文化之化用与包容清晰可见。他实践"学衡"理念，即是希望在保持中国传统文化精神主体地位的前提下，化外来先进理念为我所用。汤用彤的学术研究，昔日曾为西方文化冲击下的中国文化提供自信，今天则适足给文化兴国之路以启发和镜鉴。

真正的学者是属于全人类的，汤用彤之卓绝即在于此。他不停留于关注已经过去的史实，更着力于从历史上的文化现象中总结出规律，推演世界的文化走向——他关注的不仅是书斋经典，更关心将经典化为生命智慧和人类前行的思想资源。他以跨学科的研究方法，厘清了佛教等外来文化与儒家、道家道教等本土文化由冲突至融合的历史过程。以其全部研究为背景，他将中外文化交流史所提供的历史经验上升为规律性的认识，证明了不同文明互鉴互融之可能与必然，并应用于现实的文化建设。

当今全球由西方文化中心主义转向多元化，世界正进入新轴心时代。汤用彤的会通观有助于学者理性地面对他者文化，阻止新的文化霸权主义的形成，并对各文明间的良性互动以及"多元一体化"的文化重建都极具借鉴意义。可以说，仁者之心使汤用彤的治学超越"器"的具体功用，而臻于"道通为一"之境界，并在"全体大用"的层次上实现了古今中西文明的"视域融合"，提出了高瞻远瞩的文化预见。

汤用彤以延续民族文化命脉为己任，以提高中国学术研究的世界地位为报国途径，推动了中国学术走向世界。他在印度学、佛教和魏晋玄学等领域的研究都属于世界一流学术水准，有助于启发我们建立当代学术权威话语体系，并促进中外学术界间的交流互动。本书虽然试图重点论述汤用彤与许多国外权威学者的交往切磋，但是对于汤用彤那些堪称具有世界意义的学术研究，尚属以管窥天，挂一漏万，有待进一步研究。

终其一生，汤用彤温润如玉，有醇儒之风，领袖学林，引无数学人折腰，这缘于他的杰出成就的内在价值及其对后世产生的深远影响。

一者，其学术研究成果为后学铺垫基石，尤其是在印度哲学、中国佛教史、道教史、宗教学、玄学研究等方面，后人只有通过他的研究成果才能在这些领域有所推进。而且汤用彤关注的一些问题给后人指明了研究方向。如，在宋明理学中，"一本"、"二本"之说成为"理一分殊"提法的重要来源，这些论见现在仍能启发学界的研究思路。

再者，汤用彤教学南北四十余年，滋兰树蕙，其融贯中西的学术观点和治学方法哺育了众多弟子。后学在魏晋玄学、道家道教、儒学、佛教、印度学、西方哲学和比较哲学等方面取得了丰硕成果，夯实了中国学术研究基础，推动了若干学科研究方法的革新。当代学界广袤森林中的丛丛繁盛，或是根植于他曾精耕细作的学术土壤，或是他当年撒下的学术种子在开花结果。

汤用彤治学之始，传统文化枉担误国之罪名。但他以"虽千万人吾往矣"（《孟子·公孙丑上》）之精神逆时而动，倡扬"国粹"以获新知。一个世纪后的今天，中国正在经历着的"国学热"回应了他的召唤。汤用彤毕生，中西文化冲突不绝如缕，然他于森严的文化对垒中，以切实的文化研究预言不同文化融合之可行。汤一介先生继其志，接续深入探讨了文化发展平等交流的双向选择问题。① 针对"文明冲突论"，他提出应倡导符合儒家思想的"文明共存论"。② 近一个世纪以来，虽然世界局部冲突不断，但是文明对话的呼声日益增强，不同文明只有平等交流才能实现世界和平与发展已经成为共识。于此思之，汤一介先生之识见，可谓明矣！

"太上有立德，其次有立功，其次有立言"（《左传·襄公二十四年》），此三"立"，亦称"三不朽"，汤用彤咸可谓得之。他虽以立言而得以立功，然其本愿，实以立德为第一要义。一个世纪前的 1911 年，汤用彤之父汤霖手书"事不避难，义不逃责"以训子孙，"承百代之流而会乎当今之变"的家风世德赋予年轻的汤用彤以浩然之气。在对典籍的溯本求源中，主体性道德人格的激励使他以天下国家为己任。他深信个体道德之提升乃为国家强盛之根本，其首篇论文《道德为立国之本议》是为此理想之鉴证。

以此，少年之时，汤用彤即躬行实践，致力于从传统中寻觅昌明先贤道德之方。他赴美求学之时，师从美国新人文主义宗师白璧德。这位较早发现了"东方"之内涵，并与中国传统儒家精神相契合的新人文主义思想家，将人文主义建立在科学与理性以及对个体人格的尊重之上，这启发汤用彤寻找道德主体的实现途径。对弘扬民族精神的殷殷祈望，使汤用彤对"道藉人弘"的高僧表现出执着的热情——理想人格，穿越千年，相遇于斯。他以坚忍不拔之毅力，致忧国忧民之思，于道德、于学术，慷慨以从；于名利、于富贵，淡然而却。先生之道德人格与文化影响，历久弥新。一个多世纪里，汤用彤及其后人秉此相传——"士不可不弘毅，任重而道远"。先生于此，可谓得矣。

---

① 参见汤一介：《文化的双向选择》，《佛教与中国文化》，宗教文化出版社 1999 年版。汤一介：《论文化的互动认知》，乐黛云编：《季羡林与二十世纪中国学术》，北京大学出版社 2001 年版。Tang Yi-jie, The *Entry of Indian Buddhism into China*：*The Merger of Two Cultures*：*An Outline*，*Confucianism*，*Buddhism*，*Daoism*，*Christianity and Chinese Culture*，Washington，D. C.：The Council for Research in Values and Philosophy，1991.

② 汤一介：《评亨廷顿"文明的冲突？"》，《哲学研究》1994 年第 3 期。汤一介：《中国传统文化对"和平与发展"问题可有之贡献》，《走向未来的人类文明：多学科的考察——第二届"北大论坛"论文集》，北京大学出版社 2003 年版。

综而言之，汤用彤的治学态度、研究成就、方法和教育理念促进了中国传统学术的现代转型与创新，并仍将对我国 21 世纪的哲学、宗教学等学科建设，以及中国文化的发展产生深远影响。作为学衡派中坚人物，汤用彤的一些思想曾被低估，现在回顾和梳理他的学术研究工作，"继往"之余，更为"开来"。这不仅是对系统总结他的治学思路和方法有重要意义，也将更有效地促进中国哲学和文化研究范式的发展创新，为中国人文学科的未来发展谕示一条新的出路。

自汤霖、汤用彤至汤一介先生的百年家学家风薪火相传，是中国学术现代转型和新陈代谢的典型体现，其人其学，足为世范。谨节录最近树立的《汤公三代论学碑》碑文于此，以志其道，以广其传。

汤霖先生：事不避难，义不逃责，素位而行，随遇而安。固吾人立身行己之大要也，勿戚戚于功名，勿孜孜于逸乐。

汤用彤先生：探求真理必须从继承和发展本民族文化与吸收和融合其他民族文化中求得，所以要昌明国故融会新知。

汤一介先生：中国传统文化的最高理想是万物并育而不相害，道并行而不相悖。在不同文明之间可以通过对话交流实现共存共荣，实现一个在全球意识观照下的文化多元发展的新局面。中国文化主张真善美，主张天人合一、知行合一、情景合一。中国文化主张所讲的天道和人道统一起来就是一个人类非常和谐与美好的社会。确立中华民族文化的主体性使中国文化在二十一世纪的返本开新中会通中西、古今之学，重新燃起思想火焰，这是当代中国哲学家的责任。我对中国文化非常热爱，因为我爱我的祖国，就必须爱我的祖国的文化。一个国家必须有自己的文化传统，只有珍惜自己文化传统的国家，才是有希望的国家。

先贤筚路蓝缕于前，吾辈当如何之？

附录一：

汤用彤已刊论著系年

为研究汤用彤著作版本提供方便，本目录把历年汤著之再版、重印本尽可能收入。

1914 年

《惜庐笔记》，《益智》第 2 卷第 3 期。

《道德为立国之本议》，《益智》第 2 卷第 4 期。

佚文，《清华周报》第 1 号（3 月 29 日）。

《理学谵言》，《清华周刊》第 13—29 期。

《孤嫠泣》，《清华周刊》第 13、15、16 期。

《理论之功用》，《清华周刊》第 15 期。

《新不朽论》，《清华周刊》第 20 期。

《植物之心理》，《清华周刊》第 27—29 期。

1915 年

《快乐与痛苦》，《清华周刊》第 30、31 期。

《谈助》，《清华周刊》第 47 期。

《说今日》，《清华周刊》第 52 期。

《谈助》，《清华周刊》第 53、54、56、58、61 期。

1916 年

《谈助》,《清华周刊》第 63、64、65、66、68、70 期。

《护民官之末运》书评,《清华周刊》第 74 期。

《时象》、《市》书评两篇,《清华周刊》第 75 期。

《九十三年》、《书中宝藏》书评两篇,《清华周刊》第 76 期。

《说衣食》,《清华周刊》第 78 期。

《托尔斯泰传》书评,《清华周刊》第 78 期。

《侠隐记》书评,《清华周刊》第 78 期。

《欢迎新同学》,《清华周刊》第 80 期。

1917 年

《论成周学礼》,《清华周刊》第三次临时增刊。

1918 年

《小大之辨》,《清华周刊》第 94 期。

1919 年

声援五四运动宣言,藏中国国家博物馆。

1921 年

"Oriental Elements in Schopenhauer", *The Chinese Students' Monthly*, Vol. 17, No. 2, December 1921, pp. 119 – 124. 钱文忠汉译《叔本华思想中的东方因素》,载《中国文化研究》2001 年第 3 期。该文另载《跨文化对话》第七辑,2001 年 9 月。

1922 年

《评近人之文化研究》,《中华新报》首发;《学衡》第 12 期转载。

1923 年

《亚里士多德哲学大纲》(译 Edwin Waddace: *Outlines of Philosophy of Aristotle*),《学衡》第 17、19 期。

《希腊之宗教》(译 W. R. Inge: *The Legacy of Greece*, *Religion*),《学衡》第 24 期。

汤用彤讲,张廷休记:《叔本华之天才主义》,《文哲学报》第

3 期。

《释迦时代之外道》，《内学》第 1 辑。又载 1925 年《学衡》第 39 期。

1924 年

《佛教上座部九心轮略释》，《学衡》第 26 期。

《印度哲学之起源》，《学衡》第 30 期。

1925 年

《南开大学哲学系学程纲要（1925—1926）》，《南开周刊》第 1 卷第 7、8 号。

1926 年

《佛典举要》，《南大周刊》第 34 期。

1928 年

《南传念安般经译解》，《内学》第 4 辑。

《与胡适论禅宗史书》，《胡适文存》第 3 集。

1929 年

《印度哲学史——绪论》，《国立中央大学半月刊》第 1 期。

1930 年

《论〈新唯识论〉及其思想演变》，《中央大学日刊》1930 年 1 月 17 日。

《读慧皎〈高僧传〉札记》，《史学杂志》第 2 卷第 4 期。

1931 年

《唐贤首国师墨宝跋》，《史学杂志》第 2 卷第 5、6 期合刊。

《矢吹庆辉〈三阶教之研究〉》，《史学杂志》第 2 卷第 5、6 期合刊。

《摄山之三论宗史略考》，《史学杂志》第 2 卷第 5、6 期合刊。

《唐太宗与佛教》，《学衡》第 75 期。

1932 年

《竺道生与涅槃学》，《国学季刊》3 卷 1 号，1932 年 3 月。

《〈四十二章经〉跋》，《国风》1932 年第 9 期。

1933 年

《释道安时代之般若学述略》，《哲学论丛》5 月号。

1934 年

《评〈唐中期净土教〉》，《大公报》1934 年 3 月 17 日。

《王维诚〈老子化胡说考证〉审查书》，《国学季刊》4 卷 2 号，7 月 1 日。

1935 年

《复陈寅恪信》，1935 年 4 月 14 日。

《读〈太平经〉书所见》，《国学季刊》5 卷 1 号。

《释法瑶》，《国学季刊》5 卷 4 号。

《谈助》节录，载《吴宓诗集》，中华书局 1935 年 5 月初版。

1936 年

"The Editions of the *Ssǔ-Shih-Êrh-Chang-Ching*", Translation by J. R. Ware, *Harvard Journal of Asiatic Studies*, Volume I Number I.

《汉魏佛教的两大系统》（第一届中国哲学年会报告摘要），《哲学评论》第 7 卷第 1 期。

《关于〈肇论〉》（第二届中国哲学年会报告摘要），《哲学评论》第 7 卷第 2 期。

1937 年

《中国佛教史零篇》，《燕京学报》第 22 期。附录：T'ang Yung-t'ung，NOTES ON THE HISTORY OF CHINESE BUDDHISM.

《大林书评》：《评〈考证法显传〉》、《唐贤首国师墨宝跋》、《矢吹庆辉〈三阶教之研究〉跋》，《微妙声》第 3 期。

《大林书评》：《评日译〈梁高僧传〉》、《评〈小乘佛教概述〉》，《微妙声》第 8 期。

1938 年

《汉魏两晋南北朝佛教史》上下册，商务印书馆 1938 年初版；中华书局 1955 年、1963 年、1983 年、1988 年再版。

1939 年

《读〈人物志〉》，昆明《益世报》"读书双周刊"第 119—121 期。

1940 年

《读刘劭〈人物志〉》，《图书季刊》第 2 卷第 1 期。

《魏晋玄学研究两篇：〈魏晋玄学流别略论〉、〈向郭义之庄周与孔子〉》，《国立北京大学四十周年纪念论文集》。

1942 年

《王弼大衍义略释》，《清华学报》第 13 卷第 2 期。

《印度哲学的精神》，《读书通讯》第 41 期。

1943 年

《文化思想之冲突与调和》，《学术季刊》第 1 卷第 2 期文哲号，1942 年 1 月。

《王弼圣人有情义》，《学术季刊》第 1 卷第 3 期。

《王弼之〈周易〉〈论语〉新义》，《图书季刊》新 4 卷 1、2 合刊。

《向郭义之庄周与孔子》，《哲学评论》第 8 卷第 4 期。

1944 年

《隋唐佛教之特点》，《图书月刊》第 3 卷第 3、4 期。

1945 年

《印度哲学史略》，独立出版社 1945 年初版，1946 年再版；中华书局 1960 年初版，1988 年再版。

为国共商谈致蒋介石、毛泽东电文，10 月 1 日，藏清华大学档案馆。

1946 年

《谢灵运〈辨宗论〉书后》，天津《大公报》10 月 23 日《文史周刊》第 2 期。

为合理调整教师待遇致国民政府主席函，藏中国第二历史博物馆。

1947 年

与朱自清、钱端升等教授发表《为反内战运动告学生与政府书》，1947 年 5 月 29 日。

"Wang Bi's New Interpretation of the *I Ching* and the *Lun-yü*", Translation and Notes by Walter Liebenthal, *Harvard Journal of Asiatic Studies*, Volume 10（1947）: 124 – 161.

1948 年

《论格义——最早一种融合印度佛教和中国思想的方法》，《哲学比较研究——拉达克里希南 60 寿辰纪念文集》（London: Allen and Unwin, 1951）。

1949 年

《纪念解放后第一次校庆》，《北大周刊》1949 年 12 月 16 日。

1950 年

《五四与北大》，《文汇报》1950 年 5 月 4 日第 8 版。

1951 年

《新年笔谈》，《新建设》1951 年 1 月 1 日。

《"有益士林"的武训》，《学习》1951 年 6 月 16 日。

1953 年

《加强锻炼，进一步搞好体育活动》，《北京大学校刊》第 4 期，1953 年 11 月 18 日。

1954 年

《认清我们的职责，迎接祖国第一个宪法》，《光明日报》1951 年 9 月 23 日。

1956 年

汤用彤、任继愈合著《魏晋玄学中的社会政治思想略论》，上海人民出版社 1956 年版。以《魏晋玄学中的社会政治思想和它的政治背景》为题，收入刘泽华等著《中国政治思想史研究》，湖北教育出版社 2006 年版。

《贯彻唯物的精神克服教条主义》，《哲学研究》1956 年第 3 期。

1957 年

《改善科学院和高等学校的关系——在科学院学部会议上的书面发言》，《光明日报》1957 年 5 月 28 日。

《魏晋玄学论稿》，人民出版社 1957 年 6 月初版；中华书局 1962 年、1983 年再版；台北育民出版社 1980 年收入《玄学·文化·佛教》出版。

1958 年

《发扬革命干劲，促进文字改革》，《语文建设》1958 年第 3 期。

1961 年

《康复札记四则："妖贼"李弘·云中音诵新科之诫·何谓"俗讲"·佛与菩萨》，《新建设》1961 年 6 月号。

《针灸·印度古医书》，《新建设》1961 年 7 月号。

《漫话中国美学》，《光明日报》1961 年 8 月 19 日。

《谈一点佛书的"音义"》，《光明日报》1961 年 10 月 19 日。

《寇谦之的著作与思想》，《历史研究》1961 年第 5 期。

1962 年

《论中国佛教无"十宗"》，《哲学研究》1962 年第 3 期。

《关于慧深》，《文汇报》1962 年 10 月 14 日。

《从〈一切道经〉说到武则天》，《光明日报》1962 年 11 月 21 日《史学》版。

《往日杂稿》，中华书局 1962 年版。

1963 年

《给巨赞的信（关于东汉佛教的几个问题的讨论）》，《现代佛学》1963 年第 2 期。

《中国佛教宗派补论》，《北京大学学报》1963 年第 5 期。

1964 年

《读〈道藏〉札记》，《历史研究》1964 年第 3 期。

1972 年

《魏晋玄学论稿》，庐山出版社 1972 年翻印（台北）。

1973 年

《汉魏两晋南北朝佛教史》，汉声出版社 1973 年 4 月影印长沙排印初版（台北）。

1975 年

《汉魏两晋南北朝佛教史》，鼎文书局 1975 年出版（台北），1976 年、1982 年、1985 年再版。

1979 年

《汉魏两晋南北朝佛教史》，商务印书馆 1962 年 2 月影印胡适用本（台北），1979 年 7 月、1991 年 9 月、1998 年再版。

1980 年

《魏晋玄学与文学理论》，《中国哲学史研究》1980 年第 1 期（创刊号）。

《贵无之学（下）——道安与张湛》，《哲学研究》1980 年第 7 期。

《〈高僧传初集〉按语选录》，《文献》第 1 辑。

《隋唐佛教史稿》（一），《中国哲学》第 3 辑，三联书店。

《隋唐佛教史稿》（续一），《中国哲学》第 4 辑，三联书店 1981 年版。

《五代宋元明佛教事略》，《中国哲学》第 5 辑，三联书店。

《隋唐佛教史稿》（三），《中国哲学》第 6 辑，三联书店 1982 年版。

《隋唐佛教史稿》（四），《中国哲学》第 7 辑，三联书店。

《隋唐佛教史稿》，中华书局 1982 年初版。

《汉魏两晋南北朝佛教史》，蓝吉富主编《现代佛学大系》第 27 册，弥勒出版社 1982 年重印商务初版（台北）。

1983 年

《汉魏学术变迁与魏晋玄学的产生》，《中国哲学史研究》1983 年第 3 期。

《关于英国经验主义》，《外国哲学》第 4 辑，商务印书馆 1983 年初版。

《汤用彤学术论文集》，中华书局 1983 年初版。

1984 年

《崇有之学与向郭学说》，《燕园论学集》，北京大学出版社 1984 年初版。后作为附录收入上海古籍出版社"蓬莱阁丛书"本《魏晋玄学论稿》2001 年版。

《隋唐佛教史稿》，蓝吉富主编《现代佛学大系》第 26 册，弥勒出版社 1984 年版（台北）。

1986 年

《论晋宋间佛教》，《中国哲学与中国文化》1986 年初版。

1987 年

《汉魏两晋南北朝佛教史》上下册，骆驼出版社 1987 年版（台北），1996 年 1 月再版。

1990 年

《嵇康、阮籍之学》，《中国文化》1990 年第 2 期。

1991 年

《理学·佛学·玄学》，北京大学出版社 1991 年 2 月初版；淑馨出版社 1992 出版（台北）。

1992 年

《高僧传》校注，中华书局 1992 年初版。

1994 年

《汉文佛经中的印度哲学史料》，商务印书馆 1994 年初版。

致吴芳吉函，《吴芳吉集》，巴蜀书社 1994 年初版。

1995 年

《贵无之学——王弼》，《道家文化研究》第 8 辑，上海古籍出版社 1995 年版。

汤一介编选《汤用彤选集》（"中国现代社会科学家选集丛书"），天津人民出版社 1995 年 12 月初版。

黄夏年编《汤用彤集》（"中国近现代著名学者佛学文集"），中国社会科学出版社 1995 年 12 月初版。

1996 年

《读〈瑜伽师地论记〉》,《佛学研究》1996 年第 4 期。

1997 年

《读经札记三则》,《佛学研究》1997 年第 6 期。

1998 年

《隋唐佛学之特点——在西南联大的讲演》,《法音》1998 年第 5 期（转载）。

2000 年

《汤用彤全集》7 卷本（312 万字），河北人民出版社 2000 年 9 月初版。

《魏晋玄学论稿》（书前有汤一介、孙尚扬:《〈魏晋玄学论稿〉导读》），上海古籍出版社 2001 年版（蓬莱阁丛书）。

孙尚扬编:《汤用彤学术文化随笔》，中国青年出版社 2000 年版。

2001 年

《汤用彤全集》8 卷本，佛光文化事业有限公司 2001 年版（台北）。

2002 年

汤用彤讲授，武维琴整理:《汤用彤先生谈印度佛教哲学》，《中国哲学史》2002 年第 4 期。

2005 年

孙尚扬编:《汤用彤选集》，吉林人民出版社 2005 年版。

《魏晋玄学论稿》，上海古籍出版社 2005 年版。

2006 年

《印度哲学史略》（收于"世纪人文系列丛书·世纪文库"），上海古籍出版社 2006 年版。

《汤用彤论佛》，司马琪主编:《十家论佛——十家论丛》，上海人民出版社 2006 年版。

汤用彤作，赵建永译:《〈中国佛教史零篇〉说明》，载季羡林主编《神州文化集成·汉魏两晋南北朝佛教史（增订本）》，昆仑出版社 2006

年版。

2007 年

《隋唐佛教史稿》，江苏教育出版社 2007 年版。

汤用彤作，赵建永译：《叔本华天才哲学述评》，《世界哲学》（原《哲学译丛》）2007 年第 4 期。

2008 年

汤用彤著，赵建永整理校注：《佛典举要》，《中国哲学史》2008 年第 2 期。

2010 年

汤用彤著，赵建永整理校注：《道德为立国之本议》，《中国哲学史》2010 年第 4 期。

汤用彤著，赵建永整理校注：《论成周学礼》，《中国哲学史》2010 年第 4 期。

2011 年

《汤用彤、逯钦立、陈世骧关于〈文赋〉撰年的通信》，《中国社会科学报》2010 年 1 月 14 日。

《汤用彤先生治学语录》，汤一介、赵建永主编：《汤用彤学记》，三联书店 2011 年版。

2012 年

汤用彤著，汤一介、赵建永编：《会通中印西》，东方出版中心 2012 年版。

《汤用彤致胡适关于学科建设的信》，连载《中国社会科学报》2012 年 7 月 30 日、8 月 13 日、8 月 20 日。

汤用彤著，赵建永整理校注：《编辑汉文印度哲学史资料计划》，《中国哲学史》2012 年第 4 期。

汤用彤著，赵建永整理校注：《翻译英文印度哲学史资料的计划》，《中国哲学史》2012 年第 4 期。

《汤用彤南开时期讲义手稿》，《中国社会科学报》2012 年 8 月 27

日、9 月 3 日、9 月 10 日、9 月 17 日、2013 年 1 月 9 日学林版 5 期连载。

2013 年

《胡适南下时致汤用彤函考述》，《北京大学学报》2013 年第 3 期；人大复印资料《中国现代史》2013 年第 9 期全文转载。

2014 年

汤用彤著，赵建永整理校注：《从〈吕氏春秋〉看中国哲学史中的养生问题》，《中国哲学史》2014 年第 1 期。

汤用彤著，赵建永整理校注：《〈养性延命录序〉校勘札记》，《中国哲学史》2014 年第 1 期。

《哈佛大学兰曼档案中的名家信札——兰曼与汤用彤相关信函》，《中国社会科学报》2014 年 3 月 10 日学林版 B03。《新华月报》2014 年第 12 期全文转载。

附录二：

汤用彤未刊稿简目

现版《汤用彤全集》一至七卷未及收录的汤用彤各类著述，多为未刊手稿，拟分类整理收入《汤用彤全集》之续编：

西方哲学

汤用彤西方哲学遗稿有以下六类，基本未刊：一、1918—1919年写于汉姆林大学的论文10篇；二、哈佛大学时期文稿（三辑共五册，16开，32篇）；三、东南大学时期讲义8种；四、南开大学时期讲义5种；五、中央大学时期讲义2种；六、北京大学时期讲义11种。

一、1918—1919年写于汉姆林大学的论文

（一）哲学论文四篇：1. The Concept of Being of the Pre-Socratic Period（前苏格拉底时期的"存在"概念）。2. Mysticism in the Middle Ages（中世纪的神秘主义）。3. Epistemology of Spinoza, Locke and Kant（斯宾诺莎、洛克和康德的知识论）。4. Main Currents of Chinese Thought（中国思想的主流）存汉姆林大学图书馆。

（二）普通心理学四篇。①

（三）发生心理学两篇。

二、哈佛大学时期文稿

（一）哲学专辑

手稿第一册是三篇论文："Utility" as the Moral Criterion：A Critical Study of the English Utilitarianism from Hume to G. S. Mill（论作为道德衡量标准的"功利"——从休谟到约翰·穆勒的英国功利主义批判研究）。Kantian and Fichtean Ideas of Universal History（康德和费希特的普遍历史观念）。Schopenhauer's Philosophy of Genius（叔本华天才哲学述评）。

第二册中有：Post-Kantian Idealism（康德之后的唯心论）。Present Philosophical Tendencies（当前哲学的趋势）

汤用彤 1919 年在哈佛曾单独为吴宓讲授《欧洲哲学大纲》，对此吴宓评价"简明精要，宓受益最多"。1920 年 8 月又为吴宓讲授《印度哲学及佛教》。

（二）宗教学专辑

本辑中有：Outline of History of Religions（宗教史概论）、Origin and Development of Religions（宗教的起源与发展）、History of knowledge of Foreign Religions in the Western World（西方世界对外来宗教认识的历史）、Spinoza and Mediaeval Jewish Philosophy（斯宾诺莎与中世纪犹太教哲学）、Elements of Folk Psychology（《民俗心理学原理》读书笔记）、Mediaeval Metaphysics（中世纪的形上学），附：斯宾诺莎《伦理学》（Ethics）笔记，等等。

（三）逻辑学专辑

第一册中有笔记多篇：Definition of Cardinals（基数解说）、Theory of

---

① 他还注重哲学与心理学的教育作用。现存他 1938 年任西南联大哲学心理教育学系主任时对该系课程设置的安排意见："普通心理学、比较心理学、教育心理学、（心理生物学）保三门……"

Types（类型理论）、Problem of the Subject-Matter of Deductive Logic（演绎逻辑主题的问题）、Ordered Types（有序类型）、Assertion（命题）、Copernican-Newton Astronomy（哥白尼——牛顿天文学）、Problem of Boolean Algebra（布尔代数体系问题）、Consistency of Postulates（公设的一致性）、Huntington's Essay（亨顿的论文）、Equivalence of Postulate Sets（等价集公设）、Meaning of Equivalent Sets（等价集意义）、Resume of Mathematical Logic（数理逻辑概略）、Symbolism（符号论）等篇。

第二册是 Fundamental Concepts of Mathematics（数学的基础概念）和 Logical Theory（逻辑理论）的读书笔记。

三、东南大学时期讲义

Ethics（《伦理学》，8 册。以下英文讲义多为 32 开本，厚薄不等）。《伦理历史》（2 册，原题有"Ethics Addenda"）。An Outline of Ethics（《伦理学大纲》，打印稿）。Historical Sketch of the Important Ethical Theories（《重要伦理学说史纲》）。A Selected List of Books on Ancient Greek Philosophy（《古希腊哲学书目选》，1 册）。Idealism（《唯心主义》，13 册）。Activism（《行动主义》，8 册）。History of Philosophy（《西方哲学史》，1 册）。

四、南开大学时期讲义

History of Philosophy（《西方哲学史》，3 册，1925 年写）。Contemporary Philosophy（《现今哲学》，2 册）。Pragmatism（《实用主义》，1 册）附记有对选课学生作业的评判。Pragmatism and Education（《实用主义与教育》，1 册）。The Philosophy of Kant（《康德哲学》，2 册）。《南开大学课程纲要》载汤用彤还开设过"形式论理学"（逻辑）、"社会学纲要"，但其讲义尚未发现。

五、中央大学时期讲义

19th Century Philosophy（《19 世纪哲学》，8 册）。History of Modern

Philosophy（《近代哲学史》，2 册）。

六、北京大学时期讲义

在北大时他的西方哲学史教学选择大陆理性主义、英国经验主义作重点讲授。这两门课程讲义稿有 Continental Rationalism（《大陆理性主义》，现存 5 册），Descartes（《笛卡尔》，3 册）；英国经验主义讲义手稿 4 册，附有 Human's Moral Theory（《休谟的道德论》，短文 3 纸）。另有 1931 年开设课程 Descartes and English Empiricism（《笛卡尔与英国经验主义》）讲义打印稿百余纸。另有《哲学概论》的英文纲要一册。①

此外还有西南联大时笔记 Spinoza（《斯宾诺莎》，1 册）；Spinoza's Ethics（《斯宾诺莎的伦理学》）；1950 年上学期所写笛卡尔《沉思集》教材纲要，及授课形式和进度；"斯宾诺莎"课程纲要。另有零散西哲笔记数十纸，夹有对张岂之、杨宪邦等听课学生的评语。

中印哲学

中国和印度哲学类未刊稿有：一、资料汇编 20 多种；二、读书札记约 30 种；三、讲义及课堂笔记约 30 种；四、文章及写作提纲（约计百余种）；五、往来书信集；六、佚稿存目。

一、资料汇编

《经钞》一册（稿本印有"清华学校"字样）。《〈全唐文〉中的排佛思想》一册。《〈册府元龟〉杂抄》一册。《书目与杂志》。《关于三阶教、净土宗的材料》一册。《佛教史料杂钞》（全应二十三册，第一

---

① 《汤用彤全集》第 5 卷中的《大陆理性主义》（仅有导言、笛卡尔和斯宾诺莎部分内容）、《英国经验主义》是根据部分听课笔记整理；《哲学概论》据北大出版部印本整理，而这些新找到的讲义手稿更能体现课程的原貌，较学生课堂笔记条理清晰，不仅可供校补使用，也可使我们了解汤用彤对大陆理性主义、英国经验主义全面、系统而深入的研究。其中大多数内容，像理性主义与莱布尼兹、理性主义与经验主义之比较、集大成于康德等章节，尚待整理。

册尚未发现）。西南联大"佛典选读"课程资料。

《印度哲学》一册，封页原题："从日本书里记录下来的汉文资料索引参考"。《印度哲学史资料》一袋，有卡片、信封、提纲、笔记等手稿，另有影印资料等。汤用彤晚年病间曾为北大哲学系部分师生讲《印度佛教哲学》，并编有《印度佛教汉文资料选编》。

《〈道德真经取善集〉所引河上公注考察》、《〈黄帝内经〉笔记》、《〈养性延命录〉校勘记》、《〈云笈七签〉读后记》、《〈千金翼方〉养性篇札记》、《〈孙真人千金要方〉养性问题札记》、《〈册府元龟〉养生篇笔记》、《一九五六年零星笔记》、《〈太平御览〉笔记》、《敦煌资料》、《敦煌杂录稿底》、《道教经史资料》、《有关寇谦之、陆修静、陶弘景的资料》、《〈道德真经取善集〉所引河上公注考察》、《〈神灭论〉校释》、佛藏中的道教和医学史料等札记及资料汇编等。

二、读书札记

清华学校《读书札记》第一册中有《宗史》、《印度佛教初期理论》等篇。第二册有《印度六宗哲学（绪论中有：真正之印度人、亚利安人之来源、印度与中国、研究之方法等节)》、《五季佛化年表》等。

在东南大学时所写《Yoga》（瑜伽）一册、《涅槃》一册。

印度哲学提纲笔记50余页（内有"唯识家"等)、《翻译英文印度哲学史资料的计划》、《编辑汉文印度哲学史资料计划》。

《戊辰（1928）读书札记》第一册是《读阿含杂记》，第二册是《读般若杂记》。

《己巳（1929）读书札记》第一册有《高僧传笔记》、《南齐佛教》、《罗什以前人物之年代比较》等；第二册《汉魏六朝佛经目录笔记》、《鸠摩罗什法师大义及其弟子义》等；第三册有《三论宗史》等。

《庚午（1930）读书札记》第一册有《天台宗史》、《会昌法难》等；第二册有《华严宗史》、《高丽与佛教》、《哀江南赋》"关河"问题等札记。

《辛未（1931）读书札记》第一册中有《晋初人物》、《晋初中印学之融合（讲支遁之庄子、远公易学等）》、《汉晋间之儒道释》、《三教融合论》；第二册《三国晋南北朝佛教撰述》；第三册《三国晋南北朝佛教撰述（续）》、《朝臣反佛之言论》、《反佛言论及答》；第四册《罗什统系》、《道生之学说》、《谢永嘉辨宗论》、《读中论疏记》、《支道林顿悟义》、《顿悟之四说》、《道生出家之年》、《道生到匡庐之年》。

《壬申（1932）读书札记》第一册，待发现；第二册中有《四十二章经之取材、教理》、《牟子研究》、《魏之玄学》、《晋代儒道释》、《章安玄义》、《顿渐三说》、《佛性》、《性理无二》等。

《癸酉（1933）读书札记》第一册中有《求法之传说》、《竺佛图澄弟子之学问》、《晋代洛阳寺》、《道安在河北》、《道安译经与毗昙佛教》、《玄风之南渡》、《理字原起》、《北魏造像统计》、《真谛传》、《颜延之与佛教（有目无文）》、《判教》等。最后是《汉上易传》、《周易要义》、《周易正义》、《郭氏传家易说》、《易原》、《周易集解》、《周易集解纂疏》等笔记。第二册是以"理为佛性"主线所写关于佛性问题的资料摘抄和札记。

《甲戌（1934）读书札记》卷一中《汉代之佛教》分为：印度佛教背景之叙述、中国学术（又分述道家言、阴阳家言、神仙家等）、道教之酝酿、汉代佛教史迹、佛教名称、鬼道与神道、佛与道等十四章；卷二有《前期般若》、《玄风与佛理之初合》、《关于太平道》等内容。

《乙亥（1935）读书札记》第一册有《古旧道经》、《夷夏论》等内容；第二册有《三论宗》、《法瑶》、《道生》、《佛性》、《顿悟》。

1936年札记尚未找到。

《丁丑（1937）读书札记》。

《校点僧传初集总目》、《僧传校勘随记》、《僧传校勘札记》、《（僧传）校勘记》、《续僧传》、《高僧传分科分卷编制的次序》、《校勘用本》、《参考书目（附按语）》各一册，以及《赵城藏（南宋本）》、《思溪藏（南宋本）》、《径山藏（明本）》中关于《高僧传》的校勘笔记各一册。

三、讲义及课堂笔记

东南大学时英文讲义《印度学说史》7 册。

南开大学时讲义《印度哲学》2 册。

中央大学期间《印度学术史》油印本讲义。

1929 年写成毛笔手抄和油印合订本汉文讲义《印度学说史》十四章，封面原注"初次稿底本"。

北京大学铅印《印度哲学讲义》。

西南联大时期《印度哲学》讲义（现存尼泊尔一家图书馆）。

东南印刷公司代印中央大学讲义《汉魏六朝佛教史》。以上讲义罕有存世，可能已经是孤本。

北京大学出版组印《中国佛教史》全应三册，只找到两册。胡适曾收藏并引用该讲义，在他的藏书中或许还能找到。

现存听课笔记有他的研究生武维琴所记《印度佛教哲学》听课笔记。

《印度哲学与佛学》一册（笔记本印有"国立清华大学"字样）。《note in class》一信封装。《Misallacceaccs》一信封装。16 开大笔记本一册，封面缺失，中有：《印度佛教汉文资料参考提纲》（10 页）、《佛教的名词如何了解》（2 页）、《关于"人性"问题（佛教）》（4 页）、《吠檀多》（2 页）、《瑜伽》（Yoga）（2 页）、"巴利文"《沙门果经》（7 页）、《关于报应》（13 页）。1964 年 1 月 10 日所写"数论哲学考试题"（1 页）。

西南联大时期《佛典选读课程资料》。石峻曾藏有汤用彤手稿：《"佛典选读"叙目》、《中国哲学（从第三到第十世纪）》英文手稿，修改《僧肇学述》手稿、抄录《续藏经》的慧达《肇论疏》、《读慧达〈肇论疏〉述所见》修改批语，以及陈寅恪"赠锡予诗"（夹在一本藏书中）等手稿。季羡林、张岱之等先生还保留有听汤老课的课堂笔记（季羡林记录的魏晋玄学课一大本笔记最全）。

四、文章及写作提纲

玄学方面未刊稿有：《何邵〈王弼传〉玄理略释》、《魏晋玄学》一书写作提纲、联大时期《玄学读书笔记》一册、关于章太炎《读郭象论稿绍文》的笔记、《名理家言》、《向郭与支道林》、《列子与向郭》，等等。

《国立北京大学研究教授工作报告》，中华民国 23 年 6 月。

提纲《佛教对中国影响与现在中西文化关系之比较》中讲："中、印同：自然、Anthropocentric、心——人心之所同然、价值；中、西异：hylo-centric、自然、Kn. for sake，价值无有、心——known, consciences。"

有关《俱舍论》的英文稿，附黄心川教授整理翻译说明；《寺院与教育》；《佛法之性质》；佛性本有始有（唐初——唐末的争论）、扫相、悟入实相、"大空与小空之比较"等问题写作提纲 24 页；《魏晋南北朝隋唐哲学文选选目》；《科学研究与教材建设》，等等。

汤用彤任各级领导时的书面发言，如开学典礼上的讲话稿。他工作过的各高校档案馆的相关资料。

1957 年，在科学院学部委员会全体会议上，汤用彤的长篇书面发言。

散见的语录、学术观点，已搜集到数百条。这些语录凝聚着汤用彤的治学心得，虽属点滴片段，却多点睛之笔，闪耀着他为人为学的夺目光彩，足资启发。

此外尚有：《我的决心书》、1963 年《国庆感言》、《思想检查自述稿》，此类文章甚多。批注的作业。所读之书上的校注、眉批。还有1949 年"新政治协商会议筹备委员会便笺"数张，有待整理的零散手稿数百纸，等等。

五、往来书信集

拟收汤用彤与兰曼、胡适、吴芳吉、吴宓、陈烈勋、蒙文通、陈寅恪、熊十力、朱光潜、傅斯年、李济、陈铭枢、向达、郑天挺、王维诚、程毓淮、李小缘、逯钦立、伍非百、朱亦松、宓含瑞、塚本善隆、马寅初、张宗麟、周光倬，及致西南联大、教育部、北平公安局、中华全国教育工作者代表会议筹备委员会、中国新哲学研究会筹备会常务委员会、全国政协学习委员会、中苏友好协会总会、商务印书馆、中华书局、科学院图书馆、《人民日报》理论部等往来通信数百封。

尚存片段的书信及佚信存目数百种，如 1945 年致函挽留蒋梦麟；任继愈曾保存汤用彤所写关于宋明理学的信；关于中华大藏经的意见书等。藏书上陈寅恪、熊十力、梁漱溟、张颐、李济、饶毓泰、顾颉刚、容肇祖、罗常培、洪谦、唐兰、王明、王维诚、王利器、杨志玖等赠书题记上百种。

六、佚稿存目

与吴宓合著长篇章回体小说《崆峒片羽录》，原三万余言，拟撰三十回，仅存汤用彤所作部分回目；在南开大学时的演讲《气候与社会之影响》，等等。

后　记

　　本书完成于汤一介、李中华、乔清举三位先生的倾心指导之下。三先生学识渊邃，鱼渔俱授，令我不仅学到新型知识结构和方法，还明白了许多为人处世的道理，受益无穷。三先生于是书架构颇费匠心，文中每一进展无不凝聚着恩师心血。在三先生督导和严谨学风感召下，我反复改进，往往推敲百遍，才初步定稿。若无这番锤炼，其中五篇投稿《哲学研究》、《历史研究》皆旋即顺利刊出是不可能的。还有些章节经调整后发表于各种刊物，皆已随文注出。值此书脱稿之际，谨向恩师致以崇高敬意和由衷感谢！

　　回思前缘，感念殊深！自 1996 年至北大哲学系，蒙汤一介先生不弃，忝任助手，协助整理《汤用彤全集》。以校勘引文之需，因得览汤用彤所阅之书。由是略窥学问门径，遂欲疏寻其道德学问。读硕时，经李中华导师点拨，鼓励我把硕士论文与博士论文连璧来做。在南开读博，先生对我的关怀一如既往，又经乔清举导师倾囊相授，以及李翔海、严正、韩强、周德丰、吴学国诸师鼎力相助，使拙作水准进一步提升。乔清举教授是中国哲学史学史领域开风气之先的主要领军者，使我颇受惠于这一新兴学科的研究方法。因此，本书也是乔师主持的"中国哲学史学史"项目的一个阶段性成果。在北大做汤先生的博士后期间，李中华、魏常海、孙尚扬、张学智、王中江、李存山诸教授皆予悉心指教，使本书基本成型。

汤先生审订全书后，亲为撰序，屡屡催我尽快出版，并为我联系出版事宜。现在想来，我真是不该推辞先生的美意，没能让汤先生眼见其出版，怅憾何及！当时我对拙著总是心感不满，一直不断在修订完善。今年春该书被天津社科院评为后期资助出版项目，并在院里敦促和大力支持下终于定稿了。在写本书的十八年中，张岱年、季羡林、任继愈、饶宗颐、乐黛云、楼宇烈、杜维明、陈鼓应、余敦康、庞朴、许抗生、赵敦华、陈来、孙熙国、王守常、郭齐勇、王博诸先生都热心施教指点。他们循循善诱的教导和不拘一格的思路加持我无尽启迪和动力。还有很多可敬的师友给予我多方面的帮助，统此申谢！对大家的关爱，我深怀感激，非言语所能尽表。惟有奋力精进，感恩图报。

最后感谢家人对我的一贯支持。家严为史学教授，新中国成立初受业于陈寅恪弟子李旭，随后师从陈旭麓读研究生，并问学于汤用彤门生冯契。又家传藏书甚丰，笔者徜徉其间，耳濡目染。由是因缘，自然对前辈大师景仰有加，心驰神往。幼时常观父亲笔耕手稿排成校样，直至成书的全过程，后于杂志兼职，熟识编校业务。故校订久仰的汤著时如鱼得水，并为接此学脉而备感欣幸。正是这段整理先贤文稿的经历，让我真正踏入治学之门。

汤用彤作为纯粹的学人，向以最高标准要求自己的治学，完全不求世俗之声名。高山仰止，心向往之。多年来对汤著的整理研究已化入我的生命中，读书、思考、体悟和写作成为我存在的基本表现形式。在此过程中时有灵感闪现，将其及时记录并系统深化，乐莫大于是。为写本书积存的草稿虽已累箱盈箧，几近等身，但毕竟十年未磨成一剑，自愧无地！拙作悬"文章千古事，不写一字空"以为准则，虽尽发愚诚，仍自属奢望。疏误之处，若蒙方家赐正，无论只字片言，皆我之师。

本书完稿并非笔者研究汤学的结束，而是一个全新的开始。今后拟在尽快把汤用彤遗稿整理出版的同时，以研究他的学术思想为切入点，延伸到相关哲学文化领域：一是在汤用彤对汉魏晋南北朝儒、道、释研究的基础上，进而梳理三教互动关系史。二是通过对汤用彤及其师友们的研究，扩展到近现代文化史领域。这类问题，早在我负笈北大前就很感兴趣。如今，在新起点上，祈盼这项研究能为中国哲学文化的繁荣发展，以及文明交流互鉴规律的总结提供有益资源。这也是学术良心的"无上命令"要求学人必须负起的责任。

赵建永

2014 年 9 月于燕南园

责任编辑:郑牧野
封面设计:胡欣欣
责任校对:吕 飞

图书在版编目(CIP)数据

汤用彤与现代中国学术/赵建永 著. -北京:人民出版社,2015.3
ISBN 978－7－01－014571－6

Ⅰ.①汤⋯　Ⅱ.①赵⋯　Ⅲ.①汤用彤(1893～1964)-哲学思想-研究
　Ⅳ.①B261.5

中国版本图书馆 CIP 数据核字(2015)第 042088 号

汤用彤与现代中国学术
TANGYONGTONG YU XIANDAI ZHONGGUO XUESHU

赵建永　著

人民出版社 出版发行
(100706　北京市东城区隆福寺街 99 号)

北京瑞古冠中印刷厂印刷　新华书店经销

2015 年 3 月第 1 版　2015 年 3 月北京第 1 次印刷
开本:710 毫米×1000 毫米 1/16　印张:20
字数:260 千字　印数:0,001-2,000 册

ISBN 978－7－01－014571－6　定价:48.00 元

邮购地址 100706　北京市东城区隆福寺街 99 号
人民东方图书销售中心　电话 (010)65250042　65289539